本书是国家社科基金重大项目"深化对'五个必由之路'规律性认识研究"（23ZDA135）的阶段性成果。

·马克思主义研究文库·

新时代党的纪律建设理论与实践创新研究

王孟秋 | 著

光明日报出版社

图书在版编目（CIP）数据

新时代党的纪律建设理论与实践创新研究 / 王孟秋著 . -- 北京：光明日报出版社，2023.6
ISBN 978 – 7 – 5194 – 7315 – 0

Ⅰ.①新… Ⅱ.①王… Ⅲ.①中国共产党—党的纪律—党的建设—研究 Ⅳ.①D262.13

中国国家版本馆 CIP 数据核字（2023）第 113668 号

新时代党的纪律建设理论与实践创新研究
XINSHIDAI DANGDE JILÜ JIANSHE LILUN YU SHIJIAN CHUANGXIN YANJIU

著　　者：王孟秋	
责任编辑：杜春荣	责任校对：房　蓉　李　兵
封面设计：中联华文	责任印制：曹　净

出版发行：光明日报出版社
地　　址：北京市西城区永安路 106 号，100050
电　　话：010-63169890（咨询），010-63131930（邮购）
传　　真：010-63131930
网　　址：http://book.gmw.cn
E – mail：gmrbcbs@gmw.cn
法律顾问：北京市兰台律师事务所龚柳方律师
印　　刷：三河市华东印刷有限公司
装　　订：三河市华东印刷有限公司
本书如有破损、缺页、装订错误，请与本社联系调换，电话：010-63131930
开　　本：170mm×240mm
字　　数：246 千字　　　　　　　　印　　张：14.5
版　　次：2024 年 1 月第 1 版　　　印　　次：2024 年 1 月第 1 次印刷
书　　号：ISBN 978 – 7 – 5194 – 7315 – 0
定　　价：89.00 元

版权所有　　翻印必究

前 言

《说文解字》等有言,"纪,别丝也。""纪者,丝缕之数有纪也。""一丝必有其首,别之是为纪。众丝皆得其首,是为统。""纪散而众乱。"从词源释义上来解,"纪"与"统"互相补足。"律,均布也。""律者,所以范天下之不一而归于一。"据此释义,"律"也有统领规范之义。由此,"纪律"一词,必然具有维护集体利益,保证规范顺畅施行的话语内涵。将其延伸到"中国共产党的领导"这一政治语境中,加强纪律建设是推进党的建设新的伟大工程,维护党的领导权威,保证党的集中统一的题中应有之义。

本研究的基本依据

党的十八大以来,以习近平同志为核心的党中央高度重视党的纪律建设。例如,习近平总书记在强调党的纪律建设与党的领导之间的辩证关系时指出:"加强纪律建设是全面从严治党的治本之策",而"全面从严治党,核心是加强党的领导"。全面从严治党是新时代党的建设新的伟大工程的问题抓手,而党的建设新的伟大工程是确保党对中国特色社会主义伟大事业全面领导的根本保证。在新时代背景下紧抓纪律建设这一根本之策,不仅亮明了深化党的建设的戒尺,也高举起保证党的领导的"达摩克利斯之剑",不仅时刻警醒广大党员干部要从严从实要求自己,也向外界宣示了中国共产党治党务必全面从严的政治决心。从纪律本身的规范属性来看,加强党的建设和党的领导必须立规矩、强纪律。但是,如何历史地、逻辑地理析纪律建设与党的建设、党的领导密不可分的关系,进而明晰中国共产党的本质特征、制度优势,是亟待解决的理论与实践课题。

党的十九大将纪律建设作为党的建设布局之一单独提列出来，使其与党的政治建设、思想建设、组织建设、作风建设、制度建设并列，这一创新性举措更加凸显纪律建设的时代价值和现实意义。中国共产党历来重视纪律建设，而且，纪律严明是党的优良传统。但是，具体到每个历史阶段，党的纪律建设的问题抓手和现实举措是不同的。党在"站起来"时代着力解决的是社会主义革命、建设和改造过程中党的纪律的建章立制，在"富起来"时代着力解决的是改革过程中党的纪律的探索定制，在"强起来"时代着力解决的是实现中华民族伟大复兴征程中党的纪律的完善规制。在继承与发展的基础上，立足新形势新情况，解决新时代党的领导弱化、组织涣散、纪律松弛等问题，必然会有不同于以往时代纪律建设的新举措、新价值。但是，如何从"脉"与"承"的维度出发，明确十八大以来党的纪律建设的问题导向、理论创新、实践举措、时代特征、经验启示等，以及如何从"新"与"进"的维度着眼，将我们党的纪律建设与国外其他政党的纪律建设情况进行纵向、横向对比，从而更加坚定我们的政党自信，这些都是目前党的建设研究领域的学术前沿问题。

本研究的重要意义

第一，有助于深化马克思主义党建学说的研究。马克思主义经典作家认为，政党的建立必须基于共同的价值认同和一定的纪律约束。纪律原则的规定是保证党战无不胜的重要条件。我们对中国共产党这一马克思主义执政党的纪律建设问题的探讨必须追溯其理论根基与思想渊源。以此研究为契机，梳理包含政治原则、组织规则、工作要则、生活准则等纪律要求在内的马克思主义党建原则，并在梳理过程中明确十八大以来党的纪律建设继承并创新性地发展了马克思主义经典作家关于党的纪律建设的基本原则和具体观点，这无疑是对马克思主义党建学说的进一步深化。

第二，有助于推动中国共产党纪律建设创新实践的发展。"历史从哪里开始，思想进程也应当从哪里开始。"聚焦中国共产党的时空场域，理论与实践的良性互动是党的纪律建设的逻辑遵循。在近一百年的奋斗历程中，我们党以马克思主义经典作家关于无产阶级政党纪律建设的基本原则和理论观点指导实践，又在实践基础上不断推进纪律建设的中国化、时代化。以此研究为抓手，总结党的历史上关于纪律建设的经验和教训，深化认识党的纪律建设规律，其根本落脚点在于更好地推进党的建设新的伟大工程，在于实现党的坚强有力领导。

第三，有助于深化习近平新时代中国特色社会主义思想研究。习近平总书记高度重视党的纪律建设，将纪律建设置于"治本之策"的重要位置，对纪律建设的历史地位、内涵外延、价值意义及其机构改革、运行机制、监督反馈等问题进行了顶层设计和整体规划，并强调要以切实有效的措施确保纪律建设落实到位。纪律建设的理论与实践，是习近平新时代中国特色社会主义思想的重要内容体现。以此研究为依托，深耕习近平总书记关于党的纪律建设的重要论述，分析其背后蕴含的深刻逻辑和科学思维，对于把握习近平新时代中国特色社会主义思想的整体性和科学性大有裨益。

第四，有助于构建中国特色社会主义的政治话语体系。对新时代党的纪律建设的研究必须引入国际视野，以更加宽广的世界视域、更加深刻的世界情怀、更加深邃的世界思维来认识纪律建设之于中国共产党的重大意义。在西方民主政治的话语体系支配下，中国共产党曾经一度在关于党的领导、党的建设话语表达方面遭到围攻，缺乏话语主动权，处于不敢发声、不会发声，有理说不出、说出传不出的话语困境。以此研究为切入，向世界展示中国共产党纪律严明的形象，展现党的建设全面从严的决心，理直气壮地宣扬中国共产党领导的制度优势，构筑起中国特色社会主义的政治话语体系，是强起来时代的应有之义。

本研究的基本进路

第一，注重运用经典作家的相关论述分析问题。纪律建设不单是建党的组织原则、规范条文制定、纪律遵守要求等事实与理论的简单加总，其背后的本质属性、生成逻辑和经验规律等是更值得我们深思和把握的重要内容。

纪律建设不单涉及利益需求、矛盾化解、制度优势等现实因素，而且涉及行为组织学、心理学、传播学等领域的交叉理论知识。研究党的纪律建设问题不应就纪律论纪律，就党建论党建。为防止落入文本式解读的窠臼，本文回归到马克思主义经典文献中，重新发现纪律发挥建章立制作用的史料支撑，深耕纪律建设不断拓宽党的建设内涵的理论滋养，以此更加深刻地把握十八大以来党的纪律建设的内在规律和党的建设新的伟大工程的深层次逻辑，并涉猎相关学科尤其是政党组织学的基础理论，从而增强党的纪律建设研究的论证深度和分析力度。

第二，注重在尚付阙如的问题上投入更多精力。学界关于党的纪律建设基本问题的研究涉及面比较广泛，但重点问题把握不够突出，无论在宏观层面还是在微观层面，纪律建设都存在一些空白领域有待耕犁。例如，结合党建思想发展史，理析出十八大以来党的纪律建设在理论和实践方面的具体继承、发展和创新内容；结合党建学说发展史，探究十八大以来党的纪律建设理论与实践创新的时代背景、阶段性特征、现实意义；融合百年建党历程的纵向脉络以及当今时代方位的横向截面，总结出十八大以来党的纪律建设阶段性经验，等等。诸如此类的重点难点问题是目前研究的薄弱环节，而这些问题又是深入理解十八大以来党的纪律建设创新的重要突破口。

第三，注重对实证研究法和比较研究法的运用。实证研究法和比较研究法的缺位和运用不足既在一定程度上影响了分析、论证的充分性和厚重感，也不利于新思维、新观点的产生。进一步深化十八大以来党的纪律建设研究，需要重视运用实证研究法，通过收集数据、案例等实证资料，研究党纪党规的正面典型或负面案例，采用客观量化的方法对资料进行深度分析，使其与文献研究互为补充，以此形成规律性认识，增强论证的充分性；需要重视运用比较研究法，将十八大以来党的纪律建设情况与过去党的纪律建设情况进行纵向对比，与国外政党的纪律建设情况进行横向比较，以此增强分析论证的严密性和厚实度。

第四，注重将研究视野由国内向国际拓展延伸。目前学界的研究大都立足于对国内、党内情势分析问题，极少从国际视野看待党的纪律建设问题，这种研究视野的狭隘性在某种程度上导致中国共产党纪律建设的理论话语处于有理说不出去、有话传不出去的困境，不利于党政话语的交流互鉴和党建事业的反思借鉴。进一步深化十八大以来党的纪律建设研究，我们有必要将研究视野向国际拓展延伸，在国内国际双重维度中明晰十八大以来加强党的纪律建设的基本遵循，在国内国际双循环中深化对"首先加强政治纪律"的理解，在国内国际纵横对比中总结十八大以来党的纪律建设的基本经验。

目 录
CONTENTS

第一章 马克思主义政党纪律建设思想的历史流变 …………… 1
  一、马克思主义经典作家纪律建设的主要思想 ……………… 1
  二、中国共产党纪律建设的主要思想 ………………………… 14

第二章 新时代党的纪律建设创新内在机理 …………………… 35
  一、新时代党的纪律建设创新的理论遵循 …………………… 35
  二、新时代党的纪律建设创新的历史依据 …………………… 42
  三、新时代党的纪律建设创新的现实需要 …………………… 47

第三章 新时代党的纪律建设总体理论创新 …………………… 60
  一、纪律话语界定 ……………………………………………… 60
  二、纪律建设关系厘定 ………………………………………… 68
  三、政治纪律建设重要论断创新 ……………………………… 82
  四、组织纪律建设重要论断创新 ……………………………… 94

第四章 新时代党的纪律建设立纪与执纪实践创新 …………… 104
  一、"依规治党":构建系统完备的党内纪律制度规范体系 … 104
  二、"执纪必严":纪律执行要在从严从实上下功夫 ………… 126
  三、"四种形态":监督执纪的重要策略与创新手段 ………… 135

第五章 新时代党的纪律建设保障机制创新 …………………… 149
  一、"合署办公":理顺纪律检查和监察组织机构及其职责 … 149
  二、"纪律教育":注重纪律教育内容形式及其实效 ………… 169

三、"纪律自觉":守住为人、做事的基准和底线⋯⋯⋯⋯⋯⋯ 182

第六章　新时代党的纪律建设创新特点与经验⋯⋯⋯⋯⋯⋯ 189
一、新时代党的纪律建设创新的基本特点⋯⋯⋯⋯⋯⋯⋯⋯ 189
二、新时代党的纪律建设创新的经验启示⋯⋯⋯⋯⋯⋯⋯⋯ 197

参考文献⋯⋯⋯⋯⋯⋯⋯⋯⋯⋯⋯⋯⋯⋯⋯⋯⋯⋯⋯⋯⋯⋯ 208

后　记⋯⋯⋯⋯⋯⋯⋯⋯⋯⋯⋯⋯⋯⋯⋯⋯⋯⋯⋯⋯⋯⋯⋯ 217

第一章

马克思主义政党纪律建设思想的历史流变

从政党的演变与发展史来看，世界上任何一个政党都存在纪律上的自我约束，只不过不同类型的政党，其纪律要求的宽严程度不同、纪律约束的松紧程度不同。由于所处环境的复杂性、所追求目标的远大性以及所代表利益的普遍性，马克思主义政党往往比其他类型的政党在纪律要求上更高，在纪律建设方面投入的力度更大。从马克思主义经典作家马克思、恩格斯、列宁等到中国共产党的历任领导人都对党的纪律建设进行了不懈探索，形成了极为丰富的马克思主义政党纪律建设理论与实践。

一、马克思主义经典作家纪律建设的主要思想

无论是在马克思、恩格斯所处的时代，还是在列宁所处的时代，都存在无产阶级政党（马克思主义政党）及其在艰难环境下的革命实践活动。这就从客观上对无产阶级政党（马克思主义政党）的纪律建设提出了内在要求。顺应时代发展需要，马克思、恩格斯、列宁等马克思主义经典作家必然会对无产阶级政党（马克思主义政党）的纪律建设问题进行思考，也必然会在理论上和实践上进行大力探索。

（一）马克思、恩格斯的无产阶级政党纪律建设思想

马克思、恩格斯不仅是马克思主义的创立者，也是马克思主义纪律思想的奠基者。他们依据唯物史观，紧密结合无产阶级同资产阶级、资本主义社会弊端做斗争的革命实践需要，阐述了一系列具有原创性的纪律思想，初步形成了科学的纪律理论体系。

1. 从源头上阐明了纪律作为"一种上层建筑"的本质

纪律的本质问题是纪律和纪律建设领域的重要问题，直接影响人们对于纪律和纪律建设相关的其他重要问题的认识。随着唯物史观的逐渐形成和完

善，马克思、恩格斯对纪律本质问题的理解越来越科学和深刻。他们在《德意志意识形态》中明确指出，在市民社会中，"一切共同的规章都是以国家为中介的，都获得了政治形式。由此便产生了一种错觉，好像法律是以意志为基础的，而且是脱离其现实基础的意志即自由意志为基础的"①。马克思、恩格斯在这里尽管还没有将纪律与法律明确区别开来，还是从总体的"共同的规章"展开叙述，但其实际上在批判过去唯心主义历史观将一切本末倒置的错误认识中阐述了纪律的本质，即纪律是基于"现实基础"之上的一种意志。尽管他们在这里对纪律本质的认识还没有完全到位，但已经接近正确状态。马克思后来在《〈政治经济学批判〉序言》中明确指出："这些生产关系的总和构成社会的经济结构，即有法律的和政治的上层建筑竖立其上并有一定的社会意识形式与之相适应的现实基础。"② 在这里，马克思实际上已经完整、科学地揭示了纪律的本质，即纪律是一种建立在经济基础之上的政治上层建筑。因此，纪律并不是独立于世的"上帝之鞭"，也不是人类主观意志的产物，而是具有坚实的物质基础并对各成员之间的行为关系构成约束和规范的规则。

2. 基于唯物史观阐明了纪律所具有的鲜明阶级属性

阐明纪律所具有的鲜明阶级属性是马克思、恩格斯对纪律理论的重要贡献。阐明纪律所具有的鲜明阶级属性是他们立足于唯物史观的必然结果，因为有什么样的经济基础，就必然会产生什么样的纪律这一政治上层建筑。马克思、恩格斯在论述纪律的鲜明阶级属性时往往是从更广泛意义上考察"纪律"的，即不单单考察政党的纪律，还考察阶级纪律、军事纪律、资本纪律甚至某一社会的整体纪律。他们曾以波拿巴封建王朝为例，举证说明贵族特权阶级将纪律的阶级统治工具职能发挥得淋漓尽致。例如，波拿巴在对新兴资产阶级代言人尚加尔涅进行报复时，唆使陆军部长在纪律问题上同这位庇护者发生冲突，利用纪律这一政治强权对反对者进行施压，导致"秩序的英

---

① 中共中央马克思恩格斯列宁斯大林著作编译局．马克思恩格斯选集：第1卷［M］．北京：人民出版社，2012：212.
② 中共中央马克思恩格斯列宁斯大林著作编译局．马克思恩格斯选集：第2卷［M］．北京：人民出版社，2012：2.

雄除了服从纪律或提请辞职之外没有任何其他办法"①。当新兴的资产阶级发展到足以与这种封建特权反抗的时候，特权纪律就会被推翻，转向资产阶级纪律。资产阶级的统治纪律同样是不允许被侵犯的，"秩序党在自己的选举纲领中直截了当地宣布了资产阶级的统治，即保全这个阶级统治的存在条件：财产、家庭、宗教、秩序！"② 此外，马克思、恩格斯还认为，纪律的阶级性还体现为不同阶级及其政党的纪律具有不同特点。例如，他们指出："如果德国的中等阶级已经表明自己非常缺乏政治才能、纪律、勇气、活力和毅力，那么，德国工人阶级则充分证明了自己具备这些品质。"③ 显然，不同的阶级主张、阶级目标、阶级生活状态决定了德国中等阶级（资产阶级）与工人阶级在纪律的宽严程度上存在明显差异。

3. 基于多维视角从广义上阐明纪律的三重内容

自由资本主义时代复杂的社会现实以及对科学的纪律理论处于初步探索阶段的现实，使得马克思、恩格斯从更加泛化的意义上理解纪律的内容。综合起来看，马克思、恩格斯主要从三大视角理解纪律的内容。

第一，从历史视角理解军事组织纪律。在马克思、恩格斯生活的时代，欧洲正处于资产阶级新旧革命的爆发期，这促使他们首先关注军队纪律，理解军队的组织纪律。通过审视大量历史战争事件，马克思、恩格斯认为封建性质的旧式军队既表现出毫无纪律性的特点，又表现出将纪律简单粗暴地理解为绝对服从的特点。在他们看来，正是因为从上级到下级都不重视纪律的规范约束作用，暴动和叛离常常发生，政令往往无法上传下达，任何大规模的军事行动都变得不可能。军队的无纪律状态导致贵族和官僚在战争中被击溃，这给予新兴阶级军队以警醒，"只要普通士兵对于长官稍微随便一点，长官就会立刻感到纪律和绝对服从的必要。"④ 马克思、恩格斯基于历史视角还着重考察了资产阶级军队的纪律状况，认为资产阶级军队纪律继承了旧制度

---

① 中共中央马克思恩格斯列宁斯大林著作编译局. 马克思恩格斯文集：第2卷[M]. 北京：人民出版社，2009：186.
② 中共中央马克思恩格斯列宁斯大林著作编译局. 马克思恩格斯文集：第2卷[M]. 北京：人民出版社，2009：133.
③ 中共中央马克思恩格斯列宁斯大林著作编译局. 马克思恩格斯文集：第3卷[M]. 北京：人民出版社，2009：522.
④ 中共中央马克思恩格斯列宁斯大林著作编译局. 马克思恩格斯文集：第2卷[M]. 北京：人民出版社，2009：407.

下的"鞭子"纪律、"棍棒"纪律，其表现为强制性命令的绝对服从。对于军队纪律的落实和执行问题，马克思、恩格斯认为，一方面，树立上级威望是纪律服从的前提；另一方面，服从纪律需要建立在信任的基础上。他们从历史角度考察军队纪律的内容，基本明晰了军队组织建设是非曲直的基准线，为批判性地建设一支无产阶级军队、厘清组织纪律方面的要求提供了借鉴。

第二，从政治经济视角理解资本纪律。马克思、恩格斯认为，在资本原始积累的基础上，狂热的资本投机分子懂得实现资本价值的最有效方式是：劳动要有目的地进行，生产资料到产品的转化要适当地进行，使用价值要作为结果以恰当的形式产生出来。马克思指出，在这一过程中，"又会出现资本家的监督和纪律"。① 为了实现资本的保值和增值，资本家需要在劳动力、生产资料、产品等生产的关键节点上下功夫，即需要最大限度地使用劳动力，节省生产成本，缩减劳动开支，增加产品数量等。由此产生了对内"节流"的纪律需要，即一种压榨工人的剥削纪律。勤劳和节约都是实现资本增值的内部条件，是对内"节流"的有效做法。不管其目的如何，资本家具有勤劳和节俭的"美德"，这点是毋庸置疑的。"普遍的勤劳，由于世世代代所经历的资本的严格纪律，发展成为新的一代的普遍财产。"② 资本家自身会为了财富、利润疲于奔命，不辞辛劳，同时也会希望并要求为其创造财富的工人劳作不息。而与这种普遍勤劳相适应的严格的资本纪律，其目标导向在于实现最大数量的工人最长时间的不间断劳作，以便不断占有更多的劳动价值，实现自身财富的积累，满足资本无止境的致富欲望。具体来说，为实现工人普遍勤劳的纪律是一种"棍棒纪律"，工人注定了"从9岁起无论精神上或肉体上都要在棍子下面生活一直到死"③。它也是一种"饿死人的纪律"，工人们"不是在和看得见的可以击败的敌人作斗争，而是在和饥饿与匮乏、贫穷与露宿作斗争，和自己的、由于富人的残酷而达到疯狂地步的激情作斗争"。④

---

① 中共中央马克思恩格斯列宁斯大林著作编译局. 马克思恩格斯全集：第49卷［M］. 北京：人民出版社，1982：44.

② 中共中央马克思恩格斯列宁斯大林著作编译局. 马克思恩格斯文集：第8卷［M］. 北京：人民出版社，2009：69.

③ 中共中央马克思恩格斯列宁斯大林著作编译局. 马克思恩格斯全集：第37卷［M］. 北京：人民出版社，2019：157.

④ 中共中央马克思恩格斯列宁斯大林著作编译局. 马克思恩格斯全集：第2卷［M］. 北京：人民出版社，1957：546.

第三，从无产阶级革命视角理解政党纪律。自由资本主义时代的无产阶级革命运动往往缺乏必要的纪律或者纪律不够严格，没有形成对付敌人所需的足够强大的力量。马克思、恩格斯较早看到这一点，并将无产阶级革命运动走向失败的原因之一归结为无产阶级"还不知道如何适当地表达他们的共同利益，还没有发现最适合于斗争的组织形式，更没有发现保证胜利所必不可少的纪律"①。在马克思、恩格斯看来，无产阶级要具有纪律性，归根到底必须依靠无产阶级政党，即依靠强有力的无产阶级政党对广大无产阶级群众的组织和引导。鉴于此，他们特别重视和强调无产阶级政党加强纪律建设，以严格的纪律来增强无产阶级政党的领导力、组织力、号召力。无产阶级政党的纪律构成了马克思、恩格斯广义上的纪律内涵的重要内容。

4. 初步构建无产阶级政党纪律建设的科学思想体系

马克思、恩格斯在指导无产阶级革命运动的过程中、在亲身参与创建无产阶级政党的过程中以及在吸收非无产阶级政党建设的经验教训的过程中逐步形成了无产阶级政党纪律建设思想。尽管马克思、恩格斯没有对"党的纪律建设"进行明确、直接的论述，但他们关于对派别主义的批判、对权威的论述、对廉洁的论述、对党的纲领的论述等，构成了无产阶级政党纪律建设的基本原则和规范，初步形成了无产阶级政党纪律建设的科学思想体系。

第一，无产阶级政党必须严格遵守党的章程和纲领。马克思、恩格斯非常看重无产阶级政党的章程和纲领。一方面，他们多次亲自起草或者参与指导起草无产阶级政党的章程和纲领。例如，马克思、恩格斯共同起草了世界上第一个国际性无产阶级政党共产主义者同盟的党章《共产党宣言》，马克思亲自起草了第一国际（国际工人联合会）的纲领性文件《国际工人协会共同章程》等；另一方面，马克思、恩格斯还将是否拥有党纲和党章看作无产阶级政党是否得以建立、是否成为真正的无产阶级政党的关键标志。"只要这种纲领还没有制定出来或者还处于萌芽状态，新的党也将处于萌芽状态"②。在他们看来，如果无产阶级政党没有党章和党纲，那么，这个党要么还是处于潜在性的形成状态中，要么就只是地方性的小党而不是国家范围内的大党，

---

① 中共中央马克思恩格斯列宁斯大林著作编译局. 马克思恩格斯文集：第3卷［M］. 北京：人民出版社，2009：323.
② 中共中央马克思恩格斯列宁斯大林著作编译局. 马克思恩格斯选集：第4卷［M］. 北京：人民出版社，2012：271.

更不可能是世界范围内的无产阶级政党。可见，体现党的目标、原则、性质、策略等重要内容的党章和党纲就相当于党内法律，在无产阶级政党的整体建设中处于至关重要的地位，是体现一个政党之所以是无产阶级政党的根本标志和决定性因素。马克思、恩格斯历来主张广大党员必须严格遵守党章和党纲，以此既增强全党上下的团结性，又增强党战胜敌人、实现革命目标所需要的力量。在马克思、恩格斯看来，广大党员不严格遵守党章和党纲，缺乏纪律性，将导致其在各项活动中呈现出一盘散沙的状态，因而必然不能取得革命的胜利。针对无产阶级革命活动的失败，恩格斯在《桑维耳耶代表大会和国际》一文中明确指出，这"主要的是没有任何服从纪律的支部！没有任何党的纪律，没有任何力量在一点的集中，没有任何斗争的武器"。[①] 无产阶级政党必须严格遵守党的章程和纲领的思想是马克思、恩格斯对无产阶级政党纪律建设思想的核心贡献之一。

第二，无产阶级政党必须反对非正常的派别主义和密谋活动。从无产阶级革命运动史来看，马克思、恩格斯时代的无产阶级革命活动尚处于早期。这既决定了无产阶级急需壮大自己的先锋队组织——无产阶级政党，以便更好地带领无产阶级自身同敌人做斗争，又决定了由无产阶级群众变为无产阶级政党成员的部分党员必然存在着素质不高、个人主义、小集团思想严重等问题，而这很容易导致部分党员在党内形成非正常的派别主义和密谋活动。从无产阶级政党的发展史来看，马克思、恩格斯时代的无产阶级政党同样还处于发展的早期，其政党运行的各种体制机制尚处于不健全的状态，其政党文化也还明显带有旧式政党文化的"痕迹"，而这同样很容易导致部分党员在党内形成非正常的派别主义和密谋活动。例如，部分成员只顾个人利益而不顾他人利益，只顾党内部分成员的利益而不顾全党的整体利益，只顾党员自身利益而不顾无产阶级群众的利益等。例如，有部分党员为了追求绝对的个人利益，而不接受党的纪律的约束，甚至要求绝对的自由，要求取消政府、取消政党、取消组织的无政府主义。例如，有些党员在小圈子内密谋私立，而不愿意通过民主的方式进行公决。这些非正常的派别行为和密谋活动严重污染了广大党员的思想、混乱了党内各项方针主张、影响党组织内部的团结

---

① 中共中央马克思恩格斯列宁斯大林著作编译局. 马克思恩格斯全集：第 17 卷 [M]. 北京：人民出版社，1963：519.

和凝聚力,使无产阶级政党难以形成强大战斗力。

鉴于非正常的派别主义和密谋活动会给无产阶级政党造成重大危害,马克思、恩格斯多次同派别主义和密谋活动等非无产阶级的思想和行为进行斗争。例如,针对在部分党组织中存在建立小团体、秘密团体的趋势,他们在工人政党的各项决议中多次明确指出,"无论现在和今后,成立任何真正的秘密团体都是绝不许可的"。① 针对党内存在宗派这种非正当的派别活动,恩格斯多次批判其危害性,并强调在无产阶级政党内不存在宗派纪律是一件好事。② 他们开展的多次批判派别主义和密谋活动的行动,有助于廓清党内存在的思想迷雾,使无产阶级政党尽量保持组织的纯洁性,减少了党内存在的派别主义、密谋活动等非正常现象,维护了党的团结统一,在当时的条件下能够确保无产阶级政党形成集中基础上的战斗力。

第三,无产阶级政党必须强化对廉洁纪律的建设和遵守。在没有严格制度的约束下,资本主义社会普遍存在的私有制、自由化以及个人主义极容易导致社会成员做出为满足私利、私欲而损害公众利益的事情,也极容易导致资本主义政党成员做出因私损公、贪污腐败等违纪违法事情。早期的无产阶级处于资本主义制度和资本主义文化熏陶的大环境下,其在加入无产阶级政党后难以在短时间内完全消除思想上存在的资本主义私有制、自由化、个人主义等"旧迹",也就难免会出现因私损公、贪污腐败的行为。马克思、恩格斯在《共产党宣言》中指出:"共产主义革命就是同传统的所有制关系实行最彻底的决裂,毫不奇怪,它在自己的发展进程中要同传统的观念实行最彻底的决裂。"③ 要真正做到同资本主义所有制实现彻底决裂并不是一件容易的事情,而要真正做到同资本主义各种错误的、腐朽的传统观念实现彻底决裂更是一件难上加难的事情。更何况早期的无产阶级政党正处于资本主义制度和资本主义传统观念的包围之中,其广大党员更有可能出现因私损公、行贿受贿、腐化堕落等不良现象。

---

① 中共中央马克思恩格斯列宁斯大林著作编译局. 马克思恩格斯全集:第17卷[M]. 北京:人民出版社,1963:456.
② 中共中央马克思恩格斯列宁斯大林著作编译局. 马克思恩格斯全集:第38卷[M]. 北京:人民出版社,1972:84.
③ 中共中央马克思恩格斯列宁斯大林著作编译局. 马克思恩格斯文集:第2卷[M]. 北京:人民出版社,2009:52.

此外，资产阶级政党为了减少敌人，为了破坏无产阶级政党内部的团结，为了削弱无产阶级革命领导力量，时常利用金钱去收买和腐化无产阶级政党中的重要人员，这也容易导致无产阶级政党中部分立场不坚定、小资产阶级意识尚未完全淡去的党员干部走上因私损公、贪污腐败的道路。无产阶级政党成员丧失廉洁性，腐化堕落，会对无产阶级政党的发展、无产阶级革命运动的发展产生巨大的消极影响。对此，马克思、恩格斯多次批判过无产阶级政党内的腐化堕落之风，要求无产阶级政党的成员必须始终严格遵守党的纪律，坚决同各种腐败行为、不正之风开展斗争，以保证无产阶级政党成员的纯洁性。在马克思、恩格斯看来，要真正消灭这种腐化堕落的不正之风，最根本的策略在于用革命的手段剥夺资产阶级的统治，彻底消灭资本主义私有制。但是，无产阶级政党成员在此之前并不是无所作为，仍然可以通过强化对廉洁纪律的建设和遵守来防止自身逐渐腐化堕落和丧失纯洁性。比如，公职人员要严格接受人民群众的监督、接受人民群众的罢免[①]；严格领导干部的选拔程序和条件，尤其要将职业道德和政治品德作为选拔的重要标准[②]；公职人员的工资始终不超过工人群众的薪资报酬等。尽管马克思、恩格斯对廉洁纪律建设的构想还不够完善，但无疑奠定了马克思主义政党廉洁纪律建设的基础。

(二) 列宁的无产阶级政党纪律建设思想

尽管列宁的一生较为短暂，但他的经历异常丰富，既有十月革命前长期的革命斗争经历，又有作为主要领导人成功领导十月革命的宝贵经历，还有十月革命后领导人民进行国家建设的短暂经历。为了让俄国无产阶级政党在革命斗争中具有强大的领导力以及在建立国家政权后具有强大的执政能力，列宁必须结合党的发展实际情况及其所肩负使命和任务的演变，不断对党的纪律建设进行大力探索。列宁在充分吸收马克思、恩格斯的纪律建设思想的基础上，在亲身领导俄国无产阶级政党进行革命和建设的实践中形成了丰富的政党纪律建设思想。

[①] 中共中央马克思恩格斯列宁斯大林著作编译局. 马克思恩格斯选集：第3卷 [M]. 北京：人民出版社，2012：96.

[②] 中共中央马克思恩格斯列宁斯大林著作编译局. 马克思恩格斯选集：第4卷 [M]. 北京：人民出版社，2012：399.

1. 无产阶级政党严格遵守党的纪律十分必要

在继马克思、恩格斯阐述了无产阶级政党必须严格遵守纪律的思想之后，列宁进一步深入阐述了无产阶级政党严格遵守党的纪律的重要性和必要性。其创新之处和伟大之处在于，列宁从完成时代所赋予的使命和任务的角度探讨无产阶级政党严格遵守党的纪律的重要性和必要性。

俄国在历史上曾经长期处于分散的小农经济之下，再加上国内外反动势力、敌对势力的干扰，俄国的资本主义在近代并没有真正发展壮大，反而保留了大量的封建残余，其本身逐渐演变成为一个军事封建帝国主义国家。在小农意识的长期影响下，无产阶级的觉悟性、组织性、纪律性都相对比较弱。残酷的军事化统治以及资本主义势力、封建势力的压榨和剥削，使得广大无产阶级极度渴望翻身得解放，但强大的封建势力、资本主义势力等反动势力使得广大无产阶级在解放道路上面临着难以想象的巨大困难和障碍。显然，无产阶级不组织起来，就无法战胜强大的敌人。无产阶级缺乏具有强大能力的先锋队组织，即无产阶级政党，也很难真正组织起来，形成战胜一切反动势力的强大力量。无产阶级政党的使命就在于通过自身的强大能力来组织和引导广大无产阶级形成一股强大力量，从而推翻反动阶级、反动政府的统治，使广大无产阶级群众当家作主，过上幸福生活。但是，无产阶级政党要完成这一使命相当困难，非得有严格遵守纪律的政党状态才能奏效。鉴于此，列宁明确强调："不加强和发展革命的纪律、组织和秘密活动，就不可能同政府进行斗争。"① 十月革命的胜利，标志着俄国无产阶级政党布尔什维克党完成了广大无产阶级翻身得解放、实现无产阶级专政的使命，即完成了第一阶段的历史使命。但是，十月革命胜利后，俄国既面临着国外帝国主义势力的武装干涉，又面临着国内反动势力残余的疯狂反扑。巩固新生的人民政权就是俄国共产党必须完成的新使命。俄国共产党同样依靠严格遵守纪律所形成的强大能力，带领广大人民群众成功渡过了国内外因素"合力"所造成的危机局势，有效巩固了新生的人民政权。列宁明确指出："没有纪律，没有集中，我们决不能完成这个任务。"② 在巩固了新生的人民政权后，带领人民群众恢

---

① 中共中央马克思恩格斯列宁斯大林著作编译局. 列宁全集：第2卷 [M]. 北京：人民出版社，2013：450.
② 中共中央马克思恩格斯列宁斯大林著作编译局. 列宁全集：第38卷 [M]. 北京：人民出版社，2017：276.

复破坏的生产、大力推动经济建设成为俄国共产党的又一新使命。列宁同样认为,"这里需要有铁一般的纪律,铁一般的组织"①。

2. 无产阶级政党严格遵守组织纪律能使自身"无所不能"

无产阶级政党必须严格遵守组织纪律是列宁的一贯主张和要求。俄国早期的无产阶级政党社会民主工党在成立之初,其成员大都是文化程度比较低、带有浓厚的封建小农意识以及小资产阶意识的无产阶级。这在很大程度上导致社会民主工党在组织上呈现松散化的状态,严重影响组织内部的团结,也严重影响了整个党组织的一致行动。在列宁看来,这样的党组织很难形成强大的战斗力,也很难完成党的既定目标。他对此感到十分忧虑,非常想尽快结束这种无组织纪律的混乱状态。因此,他在社会民主工党成立初期,在《〈火星报〉编辑部声明》等文章中多次论述无产阶级政党增强组织纪律的思想,认为"运动本身迫切要求巩固,要求具有一定的形态和组织"②,而且,要想把无产阶级革命运动推向更高的阶段,更要加强组织纪律建设,使无产阶级政党成员严格遵守组织纪律。他对社会民主工党成员无组织无纪律的现象进行了严肃批评,认为增强组织纪律的必要性"远非各地做实际工作的社会民主党人所能认识的"③。他后来将组织纪律的严格性、组织的坚强有力看成无产阶级政党带领人民群众打败敌人、获得政权的关键路径,甚至认为无产阶级政党带领人民群众在同敌人进行战斗和夺取政权的过程中,"除了组织,没有别的武器"。④

为了使无产阶级政党成员严格遵守党的组织纪律,不断增强党的组织性和纪律性,维护党组织内部的团结性和统一性,列宁进行了大力探索,并提出和采取了多种措施。其中,有两项措施最为关键:第一,规定广大无产阶级党员和干部坚决服从党组织的各种决定。除了在党的各种重要文件中明确规定严格遵守组织纪律的注意事项外,还规定了违反组织纪律的惩处办法。

---

① 中共中央马克思恩格斯列宁斯大林著作编译局. 列宁全集:第38卷 [M]. 北京:人民出版社,2017:287.

② 中共中央马克思恩格斯列宁斯大林著作编译局. 列宁全集:第4卷 [M]. 北京:人民出版社,2013:314.

③ 中共中央马克思恩格斯列宁斯大林著作编译局. 列宁全集:第4卷 [M]. 北京:人民出版社,2013:314.

④ 中共中央马克思恩格斯列宁斯大林著作编译局. 列宁全集:第8卷 [M]. 北京:人民出版社,2017:415.

此外，列宁还通过一系列文章对违反组织纪律的行为进行坚决斗争和批判。例如，针对加米涅夫、季诺维也夫通过《新生活报》发表泄露党组织核心机密的事件，列宁感到非常气愤和无法理解，并对其进行了严厉批评，要求党组织做出"首先必须开除工贼以恢复布尔什维克阵线的统一"①的严肃处理。第二，无产阶级党组织要严格把控入党关口。列宁在十月革命爆发以前，就已经在党通过的《党章》等文件中规定了无产阶级群众入党的基本组织原则和基本程序。十月革命以后，列宁面对俄国无产阶级政党由革命党转为执政党后呈现出的更加复杂的状况，要求党组织更加严格入党程序和条件，更加强化对群众入党动机、行为等方面的考察，并对缩短对工人入党的考察周期表示深切担忧。无产阶级政党组织要严格把控入党关口的基本思想和具体要求，集中体现在列宁的《对俄共（布）第十一次代表会议关于清党的决议草案的意见》等重要论著中。

3. 无产阶级政党严格遵守廉洁纪律才能保持自身的纯洁性

尽管十月革命的胜利使无产阶级及其政党成功实现了阶级专政，但俄国共产党在新政权建立之初对于管理新生国家的经验还相对较为缺乏。而且，为了确保异常艰难的三年国内战争走向胜利，新生的政权不得不把大批受过巨大考验、具有丰富领导和管理经验的优秀党员和干部派往战争最前线指挥战斗。基于这两点原因，尽管资产阶级性质的旧官僚在十月革命中以及在十月革命后被大量驱逐，但新生的政权为了确保国家的基本运转和整个社会的良好秩序，不得不对沙皇时代的大量旧官员保持留用的态度，让这些具有浓厚封建陋习的旧官员继续在新生政权的各个机关中发挥作用。尽管工作性质发生了根本性变化，但其在旧社会遗留下来的诸如办事拖沓、官僚习气、贪污腐败等不良工作风气在短时间内仍然难以得到根本改造，甚至大行其道。更为关键的是，具有不良风气的旧官员与新生政权的各级党员干部"一起共事"的现状，使得新生政权的各级党员干部受到侵蚀，使他们也极容易沾染上官僚习气、贪污腐败等不良工作作风。这对于新生的政权会产生极大的消极影响。列宁对此非常担心，多次明确强调，"官僚主义者不仅在我们苏维埃

---

① 中共中央马克思恩格斯列宁斯大林著作编译局. 列宁全集：第32卷［M］. 北京：人民出版社，2017：413.

机关里有，而且在我们党的机关里也有"①。为了尽量减少这种不良风气的侵蚀和影响，以列宁为主要代表的俄共（布）从多方面进行探索、从多方面采取有效措施，从而确保广大党员干部严格遵守廉洁纪律。

第一，不断强化群众监督。在列宁看来，如果不加强党与人民群众之间的联系，不自觉融入人民群众当中，不自觉接受人民群众的外部监督，党和新生政权不仅会失去最深厚、最具伟力的根基，而且很可能养成官僚主义、贪污腐败等不良习气。因此，他多次强调："吸收党外群众来参加工作，由党外群众来检查党员的工作——这是绝对正确的。"②

第二，不断强化党内监督。在列宁看来，要促使广大党员干部始终严格遵守廉洁纪律，除了要不断强化人民群众的外部监督外，还要尤其注重党的内部监督。鉴于此，列宁在新生的人民政权中极力推行建立对国家机关工作人员实施大力监督的工农检察院，在党内极力推行建立对广大党员和干部进行大力监督的监察委员会。从后来俄共（布）公布的关于监察委员会的《决议》来看，与官僚主义作风、贪污腐败作风、滥用权力的行为做斗争正是监察委员会的主要任务和职责。

第三，不断强化舆论监督。从严格意义上说，舆论监督并不具有强制性，而是一种公众意愿、看法性的监督。在列宁看来，舆论监督同样非常重要，因为它能够辅助甚至推动群众党外监督、党的内部监督更好地发挥作用，形成监督党员干部的合力。鉴于此，列宁多次要求政府要接受群众的舆论监督③，要求将党员干部的好逸恶劳、贪污腐化、投机活动等不良行为刊登在报纸的黑榜上④。总之，不断推动廉洁纪律建设、促使党员干部严格遵守廉洁纪律是列宁关于党的纪律建设方面的重要思考和探索。即使他在晚年身患重病，也没有停止对这方面的思考和探索。

---

① 中共中央马克思恩格斯列宁斯大林著作编译局. 列宁全集：第43卷［M］. 北京，人民出版社，2017：390.
② 中共中央马克思恩格斯列宁斯大林著作编译局. 列宁全集：第42卷［M］. 北京：人民出版社，2017：96.
③ 中共中央马克思恩格斯列宁斯大林著作编译局. 列宁全集：第33卷［M］. 北京：人民出版社，2017：14.
④ 中共中央马克思恩格斯列宁斯大林著作编译局. 列宁全集：第34卷［M］. 北京：人民出版社，2017：513.

4. 无产阶级政党严格遵守政治纪律才能保证自身的战斗力

在列宁生活的年代，俄国无产阶级政党在面临着国内外强大敌人的背景下既要求得生存、发展和壮大，又要想方设法为实现无产阶级的解放事业以及后来巩固新生政权、促进国内生产力的恢复和发展等使命和目标不断奋斗。这一切都需要俄国共产党始终保持强大的战斗力。但是，强大战斗力的形成需要以严格遵守政治纪律为保障。列宁很早就看到这一点，并采取了多种措施促使党员不断增强政治纪律。

第一，不断强化理想信念。在列宁看来，理想信念是党员和党组织始终保持战斗力的内在因素，是必不可少的基础条件。广大党员干部要不断增强理想信念，就必须从扎实内功方面进行着力，不断夯实自身的理论功底。鉴于此，列宁明确指出："没有革命的理论，就不会有革命的运动。"① 广大党员干部通过认真学习马克思主义科学理论、彻底的革命理论，更加明白党的奋斗目标、党的各种事业"为什么是完全正确的"，才能更加坚定对马克思主义的信仰、对党所开展的事业的必胜信心，才能更加以全身心的投入、更加顽强的斗志为党的目标和任务进行不懈奋斗。

第二，必须坚决同各种错误思想进行斗争。错误思想的危害比较大，不仅给广大党员干部造成思想上、理论上的混乱和困惑，而且对党员干部已经形成的正确思想造成消解，进而破坏广大党员遵守政治纪律的一贯行为。列宁始终注重同各种错误思想进行坚决斗争，以此帮助广大党员干部廓清思想迷雾、明辨大是大非。列宁在《共产主义运动中的"左派"幼稚病》等重要论著中对党内存在的极"左"思想、"合法马克思主义"、经验批判主义、自由主义民粹思潮等错误思潮或思想进行了无情地斗争，既有效确保了广大党员干部在大是大非的政治问题上保持了正确方向，也有效确保了绝大多数党员干部严格遵守政治纪律。

第三，坚决反对和抵制党内派别活动。在列宁看来，党内存在严重的派别活动极可能造成党内政治路线的分歧，严重破坏党的政治纪律，甚至会造成更加严重的党组织分裂、解散的可怕现象。因此，他历来坚决反对和抵制党内派别活动，并明确强调要做到"不能有一点派别活动"，要尽力"使派别

---

① 中共中央马克思恩格斯列宁斯大林著作编译局. 列宁专题文集：论无产阶级政党 [M]. 北京：人民出版社，2009：39.

活动完全绝迹"①，主张要在党的发展过程中做到比过去更加团结一致，消除影响全党上下不遵守政治纪律的隐患。列宁关于严格遵守政治纪律的论述和思想，既是对马克思、恩格斯关于无产阶级政党必须严格遵守党的章程和纲领等思想的继承和发展，又为俄国共产党的政治纪律建设提供了坚实的保障，还为后来其他国家的马克思主义政党的政治纪律建设特别是中国共产党的政治纪律建设提供了指导和参考。

二、中国共产党纪律建设的主要思想

（一）毛泽东关于党的纪律建设思想

作为中国共产党、人民军队的主要缔造者和领导者，毛泽东同志在中国共产党成立初期以及在领导武装革命斗争早期就已经非常重视党和军队的纪律建设。他在长期领导革命战争中以及在领导现代化事业的建设中愈发重视加强党的纪律建设，对党的纪律建设问题进行了持续探索，形成了丰富的党的纪律建设思想，奠定了中国共产党纪律建设思想体系的基础。

1. 革命胜利的关键在于有"统一的集中的有纪律的党作指挥"

中国共产党领导广大人民群众进行新民主主义革命面临着极其强大的敌人和阻碍。一方面，小农经济长期占主导的封建社会催生了自由散漫、追求眼前私利的小农意识。即便我国在近代兴起的资本主义性质的企业中存在富有革命性、组织性、纪律性的工人群体，但其人数与广大农民相比，仍然只是极少数。这在很大程度上决定了中国共产党在革命期间发展的许多党员是农民出身，往往带有小农意识。另一方面，中国人民在近代面临着官僚资本主义、封建主义、帝国主义三座大山的残酷压迫，所承受的苦难在全世界同一时期是极其罕见的。带有浓厚小农意识的党员现状以及革命所面临强大的敌对势力的现状，要求以毛泽东为主要代表的中国共产党人必须强调纪律建设对于革命胜利的重要性，必须以严格的纪律来增强党在领导革命过程中的战斗力。实际上，在中国共产党成立以前，毛泽东在参加革命团体新民学会的活动期间就已经意识到"党的纪律为铁的纪律，必如此才能养成少数极觉

---

① 中共中央马克思恩格斯列宁斯大林著作编译局. 列宁全集：第41卷［M］. 北京：人民出版社，2017：13.

悟极有组织的分子，适应战争时代及担负偌大的改造事业"①。中国共产党在马克思主义与工人运动相结合中得以诞生，其在诞生以后就面临血雨腥风般的斗争，在强大的敌人和阻碍因素之下面临着革命运动发展的曲折性甚至短期失败的可能性。毛泽东从巴黎公社运动这一无产阶级革命运动的失败中吸取教训，以尽量减少中国共产党所领导的革命的曲折性和失败的可能性。他将巴黎公社运动失败的教训主要归结为："没有一个统一的集中的有纪律的党作指挥。"② 毛泽东在后来领导革命运动中更加注重党的纪律建设以及军队的纪律建设，并形象地将"纪律"说成是"霸道"，将"党的路线"说成是"王道"。"王道"有"霸道"作保障才能够顺利实施。③ 在严格的党纪和军纪的保障下，以毛泽东为主要代表的中国共产党人领导革命不断取得胜利，成为抗日战争的中流砥柱，赢得解放战争的大好形势。毛泽东在1948年11月以顺口溜的形式向党和军队发出了"军队向前进，生产长一寸，加强纪律性，革命无不胜"④ 的指示，再次强调纪律的重要性。在毛泽东看来，越是解放战争胜利在望、越是革命运动胜利在望，中国共产党越要加强纪律建设。只有这样，中国共产党领导的革命运动才能防止出现"行百里者半九十"的现象。

2. 中国共产党必须以反对自由主义来加强党的组织纪律

毛泽东从总体上论述了中国共产党重视加强纪律建设的必要性，必须将自身建设成为"统一的集中的有纪律的党"的重要性和紧迫性，但对于具体从哪些方面着手不断加强纪律建设的问题，同样构成了毛泽东纪律建设思想的重要内容。从总体上考察"加强纪律建设的必要性"尚不足以了解毛泽东加强纪律建设思想的全貌。因此，我们有必要细致考察毛泽东加强纪律建设的具体途径、具体理念。其中，强化组织纪律是毛泽东加强纪律建设的重要途径和理念。毛泽东在中国共产党成立之前就已经看到加强组织纪律对于政

---

① 中共中央文献研究室，中央档案馆. 建党以来重要文献选编（1921—1949）：第1卷[M]. 北京：中央文献出版社，2011：458.
② 毛泽东. 毛泽东年谱（1893—1949）：上[M]. 修订本. 北京：中央文献出版社，2013：156.
③ 毛泽东. 毛泽东文集：第2卷[M]. 北京：人民出版社，1993：374.
④ 毛泽东. 毛泽东文集：第5卷[M]. 北京：人民出版社，1996：194.

党的重要性，认为党的组织不是自由松散的，必须为"极集权的组织"①，才能够完成政党所肩负的使命。中国共产党在成立之后的相当长一段时间里都面临着强大的国内外敌对势力，长期面临着敌特组织的破坏甚至暗杀。在这样残酷的情况下，采取自由主义形成的松散组织而没有严格的组织纪律作保障，中国共产党不仅难以形成战斗力，难以完成既定的历史使命，而且连自身的生存都会面临巨大问题。

在中国共产党领导的革命运动早期，党内和军队内部确实因组织纪律不严格或者不严格遵守制定的组织纪律而出现党员被敌特势力逮捕杀害、部分党组织被破坏、部分军队作战失败等严重后果。毛泽东对这些现象高度重视、异常警醒，始终重视加强党的组织纪律建设，不断同党内破坏组织纪律的行为做斗争，不断探索增强组织纪律的途径和措施。针对张国焘擅自破坏党内团结、擅自带离部队、阴谋分裂党中央等严重破坏组织纪律的恶劣现象，毛泽东在对其尽力挽救的同时，对张国焘破坏组织纪律的行为进行了必要的批判和斗争，认为张国焘是"要用枪杆子审查中央的路线，干涉中央的成分和路线，这是完全不对的，根本失去了组织原则"②。及时吸取张国焘破坏组织纪律的严重教训以及为了更好地适应全面抗战的严峻形势，毛泽东在1937年9月专门撰写文章《反对自由主义》，批判了"不要组织纪律、只要组织照顾"的11种自由主义表现，并明确指出，自由主义对革命集体组织十分有害，使党组织关系松懈、意见分歧、团结涣散、工作消极，"它使革命队伍失掉严密的组织和纪律，政策不能贯彻到底，党的组织和党所领导的群众发生隔离"③。毛泽东对自由主义的批判，在革命处于关键时期捍卫了党的组织纪律，让广大党员、军民明白组织纪律的极端重要性，极大地增强了他们严格组织纪律和严格遵守组织纪律的自觉性。始终重视推动组织纪律建设、始终要求党员严格遵守组织纪律是毛泽东在推动党的纪律建设方面一以贯之的思想和做法，有效保证了中国共产党在革命斗争中形成越来越强大的战斗力。

---

① 中共中央文献研究室，中央档案馆.建党以来重要文献选编（1921—1949）：第1卷[M].北京：中央文献出版社，2011：458.
② 毛泽东.毛泽东年谱（1893—1949）：上[M].修订本.北京：中央文献出版社，2013：668.
③ 中共中央文献研究室，中央档案馆.建党以来重要文献选编（1921—1949）：第14卷[M].北京：中央文献出版社，2011：498.

3. 中国共产党必须以民主集中制为抓手加强党的政治纪律

纪律性不强或组织纪律不强往往是由政治纪律不强导致的，首先表现为政治纪律的弱化。尽管中国社会经历了新文化运动、五四运动的洗礼，但由于封建所有制的存在，中国长达数千年的封建专制文化和小农散漫意识在中国新民主主义革命时期仍然在一定程度上发挥着作用，仍然影响着许多民众。同样，封建专制文化和小农散漫意识也不可避免地会影响部分党员和部分军队成员。而且，封建专制文化和小农散漫意识往往具有交织性，使受其影响的人往往带有专制主义、个人主义、极端民主性、不服从命令、不遵守党的路线等多种"两极化"违反政治纪律的特征和现象。毛泽东深知严格的政治纪律对革命中的中国共产党及其所领导的军队的重要性。他在新民主主义革命时期形成了以民主集中制为抓手不断加强党的政治纪律的思想。一方面，针对党内在一段时期出现了因极端民主化的思想而在执行党的政治路线上打折扣等违反政治纪律的现象，毛泽东对其进行了坚决斗争。例如，针对红军第四军党内存在的明显的极端民主化思想，毛泽东在《关于纠正党内的错误思想》等文章中对其进行了揭露和批判，认为极端民主化思想的盛行会使红军第四军担负不起和完不成革命给予的任务，要求从理论上"铲除极端民主化的根苗"，从组织上"厉行集中指导下的民主生活"。此外，毛泽东还明确强调：反对极端民主化，必须服从通过多数人表决赞同和通过的决议，"不得在行动上有任何反对的表示"①。例如，针对王明等人在1937年粗暴否定和推翻党中央集体通过的《抗日救国十大纲领》，擅自写成和发表包含"不要自己的军队""反对建立抗日根据地"等严重与党中央的主张不相符合的错误思想，以毛泽东为主要代表的中国共产党对王明等人严重违反党的路线方针、严重破坏党的政治纪律的行为进行了坚决批判和斗争，并在随后召开的中共六届六中全会上明确提出了"四个服从"原则，即个人服从组织、少数服从多数、下级服从上级、全党服从中央②。"四个服从"构成了民主集中制的核心内容，体现了民主集中制的精髓。毛泽东对"四个服从"极为认同和赞赏，后来多次对其进行了重申。另一方面，针对党内存在的专制主义行为对党的科学决策造成不良影响的现象，毛泽东也多次进行了批判，多次明确反对

---

① 毛泽东. 毛泽东选集：第1卷 [M]. 北京：人民出版社，1991：90.
② 毛泽东. 毛泽东选集：第2卷 [M]. 北京：人民出版社，1991：528.

"极端集中"现象,主张严格按照民主集中制的基本要求进行决策和执行决策,将民主和集中有机结合起来。经过长期的探索,毛泽东的这一思想在新中国成立以后逐渐演化成为著名的"六有"思想,即"造成又有集中又有民主,又有纪律又有自由、又有统一意志、又有个人心情舒畅、生动活泼,那样一种政治局面"①。"六有"思想既是毛泽东对民主集中制的生动诠释,又是毛泽东对民主集中制的发展,还是毛泽东在和平建设年代继续以民主集中制为抓手加强党的政治纪律建设的具体体现。

4. 中国共产党必须通过加强纪律教育来增强党员纪律性

世界政党的一般发展规律表明,在特殊阶段、特殊背景下诞生的政党在其成长和发展的相当长一段时间内都会面临着一种突出的"矛盾现象",即崇高的使命和艰巨的任务要求政党具有严格的纪律以形成强大的战斗力,但新诞生的政党往往因旧社会的"痕迹"以及缺乏建设所需经验而在短时间内难以做到严格遵守纪律、自觉遵守纪律。中国共产党在诞生后的相当长一段时间内同样面临着大多数新诞生政党所面临的状况,一方面新民主主义革命异常艰巨的任务和残酷的斗争形势要求其具有严格的纪律和强大的战斗力,另一方面,受多种因素的影响其在短时间内尚难以在严格纪律方面做到尽如人意。在这种情况下,要不断增强广大党员遵守纪律的自觉性、不断严格党的纪律,就需要通过教育的方法不断从外部向广大党员灌输纪律条款和遵守纪律的重要性。

列宁在推动俄国无产阶级政党建设的过程中明确提出了"灌输"思想。毛泽东很好地继承和发展了列宁的"灌输"思想,明确要求加强对党组织和党员的纪律教育。在毛泽东看来,有些人因为种种原因没有了解到党员应该遵守的纪律条款或者不愿意了解纪律条款,但有些人知道甚至熟知党组织和党员应该遵守的纪律条款,但为了实现自己的野心,利用别的党员不了解或不熟悉纪律的情况大肆开展破坏党纪的错误行为,给党组织和党领导的革命事业造成了重大损失,给党员和党组织的正常发展和运转造成了极其恶劣的影响。鉴于此,毛泽东在批判张国焘利用其他党员不熟悉党纪开展破坏党组织、破坏党的路线这一错误行为时明确指出,"必须对党员进行有关党的纪律的教育,既使一般党员能遵守纪律,又使一般党员能监督党的领袖人物也一

---

① 毛泽东. 毛泽东文集:第8卷 [M]. 北京:人民出版社,1999:293.

起遵守纪律。"① 不仅在党内要加强纪律教育，毛泽东认为在军队内部也要开展纪律教育活动，甚至主张"任何部队，在每一次行动前，必须进行一次公开的全体的纪律教育"②。

毛泽东非常重视纪律教育的常态性、经常化，认为通过频繁的纪律教育能使广大党员和军队成员由不知道纪律向熟悉纪律转变，由忽视纪律到重视纪律转变，由不遵守纪律到遵守纪律转变。他还亲自对党员干部开展纪律教育，并通过开展集体学习纪律活动让党员干部首先明白纪律的重要性、首先做到严格遵守纪律。党员干部模范遵守纪律、严格遵守纪律的行为对于广大党员具有积极影响和辐射带动作用，从而使全党上下都严格遵守纪律。毛泽东在党员干部集体学习活动上还会以经典作家关于纪律的论述来教育党员干部，特别是在后来还将列宁的名著《共产主义运动中的"左派"幼稚病》中关于纪律的重要段落作为整风运动学习的主要文件。毛泽东关于加强党的纪律教育的思想探索，极大地调动了广大党员和军队成员开展和参与纪律教育活动的积极性，从而极大地提升了党员和军队成员遵守纪律的自觉性。

5. 中国共产党加强纪律建设的关键在于严格执行纪律

光有纪律条文而不严格执行纪律，那纪律就如同虚设，对于纪律建设和政党的战斗力没有丝毫作用。这对于肩负着崇高使命和艰巨任务的中国共产党来说，显然是致命的。加强纪律建设的关键在于严格执行纪律，而严格执行纪律才能对部分不守纪律、心存侥幸的党员和军队成员形成震慑作用，才能在"违纪必受从重惩罚"的基础上使党员和军队成员严格约束自己的行为，尽量减少甚至杜绝违纪现象的发生。严格执行纪律是党加强纪律建设的关键环节。不严格执行纪律，其他环节做得再好，对于纪律建设来说就如同没有开展工作一样。毛泽东很早就认识到这一点，他从来都主张中国共产党及其领导的军队必须严格执行纪律，认为"身为党员，铁的纪律就非执行不可"③。在毛泽东看来，要真正做到严格执行纪律，就必须坚持"在纪律面前，人人平等"的基本原则。只有在纪律面前做到人人平等，才能确保"一部分人守纪律、一部分人不守纪律"的现象尽量少发生，才能确保"纪律对

---

① 毛泽东. 毛泽东选集：第2卷 [M]. 北京：人民出版社，1991：528.
② 毛泽东. 毛泽东文集：第4卷 [M]. 北京：人民出版社，1996：154.
③ 毛泽东. 毛泽东文集：第2卷 [M]. 北京：人民出版社，1993：416.

一部分人管用、对另一部分人不管用"的现象尽量少发生,才能确保"对一部分人严格执行纪律、对另一部分人宽松执行纪律"的现象尽量少发生。鉴于此,毛泽东明确指出:"红军就应该有铁的纪律,我们应该用红军铁的纪律来要求自己的亲人!"①

秉持着"在纪律面前,人人平等"的基本原则,以毛泽东为主要代表的中国共产党人在革命、建设的过程中不论违纪分子的官职大小、不论其财富多少,都一视同仁地对其严格执行纪律。比如,毛泽东的亲戚(贺子珍的亲弟弟)贺敏仁在长征途中违背党的纪律,擅闯藏民喇嘛庙并拿走其中的铜板和银圆。针对贺敏仁严重违反党纪的行为,毛泽东批复师部对其执行了最严酷的枪决纪律。尽管红军抗日军政大学第六队队长黄克功在过去为革命立过大功,但他在逼婚不成的情况下枪杀陕北公学学员刘茜,严重违反了法律和党的纪律。以毛泽东为主要代表的党中央和中央军委经过慎重讨论,"根据党与红军的纪律,处他以极刑"。② 这一严格执行党纪的决定在全党、全军和人民群众中间产生极大反响,产生了极大地震慑作用,也极大地提升了中国共产党及其领导的军队在人民群众中的形象和威信。实际上,毛泽东本人也是严格遵守党纪、军纪的典范,也是严格执行党纪、军纪的榜样。在早年,毛泽东在井冈山时期、红四军七大、反"围剿"期间先后三次受到不公正待遇和错误处分,但毛泽东并没有灰心丧气,也没有怨天尤人,而是充分顾全大局,严格遵守党的纪律,严格执行党的决定和路线,成为全体党员和军队成员严格守纪执纪的楷模。

(二)邓小平关于党的纪律建设思想

邓小平同志既有长期从事革命工作的经历、长期领导革命军队的经历,还有长期领导党和人民进行社会主义现代化建设、实施和推进改革开放的宝贵经历。丰富的工作经历、伟大的时代使命,为邓小平的党的纪律建设思想提供了坚实的实践基础,推动其形成了具有时代特色的党的纪律建设思想体系。

1. 强化党的领导必须加强党的纪律建设

有严格的纪律,党在革命活动中才不至于一盘散沙,才能形成强大的战

---

① 乔方亭.纪律面前人人平等[J].新湘评论,2015(10):37-38.
② 毛泽东.毛泽东文集:第2卷[M].北京:人民出版社,1993:39.

斗力，才能赢得革命的胜利。在邓小平看来，中国革命之所以能够取得成功，关键在于中国共产党的坚强领导，但坚强领导的形成必须有严格的纪律作为基本保障。正所谓"过去革命，就是靠纪律"①。中国共产党具有严格的纪律是一以贯之的行为，不是某一阶段的"一时之想"，即其在发展的各个阶段都无比重视党规党纪建设。在邓小平看来，始终严格党的纪律、严格遵守党的纪律并以此强化党的领导已经成为党的一种惯例，成为党的建设和中国共产党人的一种非常重要的优良传统，已经在全党上下形成了"共产党要有纪律"②这样一种共识。中国共产党自诞生以来，始终面临着严峻的国内外大环境，始终面临着极其强大的各种阻碍因素、风险因素和挑战因素。中国共产党人肩上所担负的任务之重，可谓举世罕见。能够在严峻的国内外大环境下不断冲破重重阻碍、重重风险、重重挑战，不断取得巨大胜利，能够不断完成举世罕见的任务，其关键靠的是以严格的纪律所形成的坚强领导。在邓小平看来，党在和平建设年代同样要以严格的纪律和纪律建设来不断强化党的领导，以"胜任对于整个国家和各族人民的巨大领导责任"③来确保各项建设任务得以高质量完成。在邓小平看来，虽然中国共产党在和平建设年代已经远离战争与革命这样的大环境，但要完成和平建设年代所肩负的重任，没有"一个由具有高度觉悟性、纪律性和自我牺牲精神的党员组成的能够真正代表和团结人民群众的党"④，不仅是不可能的，也是无法想象的。此外，中国共产党的执政地位并不是与生俱来的，而是来自历史和人民的认可；其执政地位并不是始终自然存在的，而是需要不断加以巩固和维护的。中国的现代化事业一刻也不能离开中国共产党的领导。因此，巩固和维护党的执政地位也就成为党在和平建设年代的重要任务之一。要巩固和维护好执政地位，党就一刻也不能离开严格的纪律和纪律建设。一旦离开严格的纪律约束和纪律建设，广大党员干部就可能犯错误，就可能失去民心。例如，在执政的过程中，如果缺乏严格的纪律和纪律建设，"很容易使我们同志沾染上官僚主义的习气"⑤，而这极容易破坏党的形象、破坏良好的党群关系。鉴于此，邓小

---

① 邓小平. 邓小平文选：第2卷 [M]. 北京：人民出版社，1994：408.
② 邓小平. 邓小平文选：第3卷 [M]. 北京：人民出版社，1993：198.
③ 邓小平. 邓小平文选：第2卷 [M]. 北京：人民出版社，1994：273.
④ 邓小平. 邓小平文选：第2卷 [M]. 北京：人民出版社，1994：341.
⑤ 邓小平. 邓小平文选：第1卷 [M]. 北京：人民出版社，1994：214.

平明确指出:"为了巩固和维护党的执政地位,为了坚持和改善党的领导,必须加强党的纪律。"①

2. 中国共产党必须处理好"纪律"与"法律"的关系

中国共产党在成为全国性的执政党以来,带领人民群众迅速恢复国民经济和开展现代化建设,既以此为巩固政权奠定坚实的物质基础,又以此改善人民群众的生活,调动人民群众的积极性。但是,国内尚无建设现代化特别是建设社会主义现代化的经验可资借鉴,而中国共产党和中国政府也还没有全国范围内建设社会主义的实践经历。在这种情况下,中国共产党和中国政府只有借鉴苏联建设社会主义的经验,即在很大程度上借鉴了苏联高度集中的经济政治体制。借鉴这一体制,虽有助于我国在一段时期内快速恢复经济和快速发展社会生产力,但也导致了我国存在着党政不分的弊端。党内的事情应该由党管,政府的事情应该由政府管。党政不分,既可能导致各方面"机构重叠""统得过死""缺乏活力",又有可能导致纪法不分、以纪代法的现象大量盛行。邓小平在改革开放初期就已经察觉到党政不分所带来的巨大弊端,批评了加强党的领导"变成了党去包办一切、干预一切"②的不良现状,要求实行和推进改革必须"首先是党政要分开"③。党政分开的理念必然会影响党纪和法律,必然要求党的纪律和国家法律相分离,而且实现党的纪律与国家法律的真正分离,才更加有助于实现党政分开。邓小平显然看到纪律与法律的区别,看到纪律与法律的各自边界,看到纪律和法律分开对于实现党政分开、实现党和国家有序运转的重要性,明确强调:"党要管党内纪律的问题,法律范围的问题应该由国家和政府管。"④ 当然,邓小平要求将党的纪律与国家法律实现分开,但并没有将党的纪律和国家法律看成两个完全没有联系的"物件"。相反,在邓小平看来,党的纪律和国家法律不是完全没有联系的"两张皮",而是具有内在联系性,党的纪律对于国家法律具有促进作用。"没有党规党法,国法就很难保障。"⑤ 因此,邓小平既看到了党的纪律与国家法律之间的区别,又初步看到了党的纪律与国家法律之间的联系,首

---

① 邓小平. 邓小平文选:第2卷 [M]. 北京,人民出版社,1994:271.
② 邓小平. 邓小平文选:第2卷 [M]. 北京:人民出版社,1994:142.
③ 邓小平. 邓小平文选:第3卷 [M]. 北京:人民出版社,1993:177.
④ 邓小平. 邓小平文选:第3卷 [M]. 北京:人民出版社,1993:163.
⑤ 邓小平. 邓小平文选:第2卷 [M]. 北京:人民出版社,1994:147.

次实现了从辩证法的角度全面认识二者之间的关系。

3. 中国共产党必须处理好"纪律"与"理想"的关系

随着改革开放的实施和推进,我国的国门越开越大,在为我国经济社会等各方面的整体发展带来机遇和活力的同时,也使得国外的一些消极因素大肆涌入。其中,拜金主义、享乐主义、个人主义等消极腐朽的价值观念就是其中的典型代表。这些消极腐朽的价值观念对广大党员干部和人民群众的思想和行为造成消极影响。再加上随着社会主义市场经济的建立,市场上广泛存在的"等价交换"原则不可避免地进入部分党员干部的头脑中,使部分党员干部在日常生活和工作中也奉行"等价"理念,强调"为老百姓办了多少事就要相应得到多少回报"等错误主张,在实际工作中出现了不少以权谋私、贪污腐败,或是无利不为、消极怠工的不良行为。在这种情况下,我们必须充分发挥"内力"和"外力"的共同作用,有效抵制各种错误价值观念的侵入和渗透,有效控制那些在一个场域正确但在另一个场域不正确的价值理念的运行范围,有效预防和纠正因错误价值理念或运行错位的价值理念而导致的错误行为。邓小平在改革开放初期就已经看到这些错误理念涌入国门的不可避免性以及错误理念的危害性,明确指出:"实行开放政策必然会带来一些坏的东西……要说有风险,这是最大的风险。"① 在邓小平看来,要尽量减少这些消极思想观念的影响以及尽量减少消极思想观念引起的错误行为,广大党员干部就必须在"内功"上下功夫,始终具有崇高的理想,胸怀中国特色社会主义共同理想和共产主义远大理想。党员干部胸怀崇高理想,在前进路上就会具有目标追求,具有充实的、崇高的精神依托,就会减少受消极思想观念影响的可能性。我们党总体上能够排除多方面消极因素的干扰,能够始终保持奋勇向前的昂扬态势,不断取得新的成就,"就是因为我们有理想,有马克思主义信念,有共产主义信念"。② 在邓小平看来,广大党员干部始终胸怀理想,从"内功"上面夯实自身的根基还不够,还必须有纪律的约束,从"外在"的约束上面下功夫。"没有纪律,没有秩序,什么事情都搞不成功。"③ 在邓小平看来,理想和纪律除了在党员干部工作和日常生活中发挥着"内功"和"外功"的作用外,二者也是互相依存、相互促进的关系。一方

---

① 邓小平. 邓小平文选:第3卷 [M]. 北京:人民出版社,1993:156.
② 邓小平. 邓小平文选:第3卷 [M]. 北京:人民出版社,1993:110.
③ 邓小平. 邓小平文选:第3卷 [M]. 北京:人民出版社,1993:249.

面，党员干部既有理想又有纪律，才能形成强大的战斗力，"没有理想，没有纪律，就会像旧中国那样一盘散沙"①；另一方面，党员干部严格遵守纪律，才能保证理想的落实，才能把理想逐渐变为现实。正所谓，"有了理想，还要有纪律才能实现"②。中国共产党必须处理好"纪律"与"理想"的关系，构成了邓小平党的纪律建设思想的重要内容。

4. 中国共产党必须处理好"纪律"与"自由""民主"的关系

随着改革开放的实施和推进，西方的新自由主义和极端自由化思潮不可避免地传入我国，使得一部分党员干部深受影响。再加上部分党员干部的素质和定力不够强等原因，党内在改革开放后确实存在部分党员向往自由化、不遵守纪律的现象。一味强调自由化而不强调纪律性，会使党员干部形成工作散漫的作风，会导致不严格执行党的路线方针等不良现象，也会影响全党上下的凝聚力和战斗力。邓小平在改革开放初期就已经看到绝对自由主义的危害，看到正确处理纪律与自由之间关系的重要性。针对部分党员干部倾向于极端自由化、反对守纪律的现象，邓小平明确要求全党"反对资产阶级自由化至少还要搞二十年"③。在邓小平看来，"纪律"和"自由"是众多矛盾中的"一对基本矛盾体"，是对立统一中的两个"侧面"，"两者是不可分的，缺一不可"④。实际上，主张极端自由化的党员干部往往会主张极端的民主化。"纪律"和"自由"之间的关系与"纪律"和"民主"之间的关系是紧密联系在一起的。处理不好"纪律"和"自由"关系的党员干部往往也就处理不好"纪律"和"民主"之间的关系。邓小平在改革开放初期就已经对"纪律""自由""民主"三者的关系看得很通透，常常将三者放在一起进行阐释。例如，他在多个场合多次要求恢复毛泽东同志在之前大力提倡过的"六个有"的做法，即在党内恢复提倡形成"又有集中又有民主，又有纪律又有自由，又有统一意志、又有个人心情舒畅、生动活泼"⑤ 的局面。当然，邓小平也多次单独强调正确处理"纪律"和"民主"之间的关系的重要性，也多次谈及如何正确认识"纪律"和"民主"之间的关系，认为"纪律"和

---

① 邓小平. 邓小平文选：第3卷 [M]. 北京：人民出版社，1993：111.
② 邓小平. 邓小平文选：第3卷 [M]. 北京：人民出版社，1993：111.
③ 邓小平. 邓小平文选：第3卷 [M]. 北京：人民出版社，1993：196.
④ 邓小平. 邓小平文选：第3卷 [M]. 北京：人民出版社，1993：111.
⑤ 邓小平. 邓小平文选：第1卷 [M]. 北京：人民出版社，1994：306.

"民主"同样是"一个矛盾体"的两个"侧面"。如果没有纪律,民主没有可靠的保证;如果没有民主,也就不可能形成"有纪律的党,有战斗力的党"。①

5. 中国共产党必须始终坚持在纪律面前一视同仁

纪律只对一部分党员管用而对另一部分党员不管用,或者对有的党员要求严格而对有的党员要求宽松,不仅有损纪律的严格性和严肃性,而且不利于纪律建设的持续健康发展。在纪律面前不能做到一视同仁就等于没有纪律。邓小平很好地继承和发展了毛泽东关于"在纪律面前人人平等"的基本思想,明确要求党员在纪律面前坚持平等和一视同仁的基本原则。在邓小平看来,共产党员无论官职大小、无论从事何种职业,其在党纪问题上都是平等的,不应该存在参差不齐的现象和行为。任何党员都应该严格遵守纪律,"谁也不能违反党章党纪"②。邓小平特别赞同毛泽东提出的"四个服从"的思想,认为"四个服从"是将全体党员囊括在内的,其恰恰是"在纪律面前一视同仁"的具体体现。此外,"在纪律面前一视同仁"不仅体现在所有党员必须严格遵守党的纪律方面,还尤其体现在对违纪党员的处分上要一视同仁,即任何党员违反纪律,都应该受到应有的纪律处分。邓小平尤其注重党纪处分的平等性和一视同仁,并将其看成真正落实"在纪律面前一视同仁"基本原则的关键。他明确要求,只要有人敢违反党纪党规,就要严格按照党纪党规给予处分,"对于违反党纪的,不管是什么人,都要执行纪律"③。

(三)江泽民关于党的纪律建设思想

江泽民同志在执政初期就面临着东欧剧变、苏联解体等严重影响国际共产主义运动、严重影响共产党执政地位和事业的形势。在这种背景下,"如何将中国共产党建设得坚强有力以巩固党的执政地位、巩固中国的社会主义制度、推动中国特色社会主义事业更好地发展"就成为以江泽民同志为核心的党中央不得不认真应对和思考的问题。正是在对这一问题的深入思考中,江泽民关于党的纪律建设思想得以逐步形成。江泽民关于党的纪律建设思想构成了中国共产党纪律建设思想的重要内容,具有鲜明的时代特色。

---

① 邓小平. 邓小平文选:第1卷[M]. 北京:人民出版社,1994:307.
② 邓小平. 邓小平文选:第2卷[M]. 北京:人民出版社,1994:332.
③ 邓小平. 邓小平文选:第2卷[M]. 北京:人民出版社,1994:147.

1. 推进党的建设新的伟大工程必须加强纪律建设

首先，在江泽民看来，苏联解体的原因固然很多，但其中一个重要原因在于苏联共产党特别是其领导层在后期越来越忽视党的建设、不够注重党的纪律建设，导致在思想上、组织上、政治上出现了涣散，甚至在高层形成了特权阶层。很多执政多年的共产党在东欧剧变、苏联解体中失去执政地位，出现令人悲痛、叹息的现象，这一历史教训使得江泽民更加明白加强党的建设的重要性、加强党的纪律建设的迫切性。其次，改革开放以来，我国市场经济逐渐发展起来，特别是在党的十四大后，其发展速度和规模与日俱增。相较于资本主义市场经济，社会主义市场经济自然具有无可比拟的优点，但其仍有着诸多缺点和不完善的地方。资本的逻辑特别是"等价交换"的原则在部分党员和干部中大行其道，甚至使其走上贪污腐败的道路。贪污腐败行为最为群众所痛恨，损害党的形象，破坏党群关系。抑制、减少及至消除部分党员贪污腐败的行为和现象，就必须加强党的纪律建设，严肃党的纪律，使广大党员严格遵守纪律。江泽民指出："在改革开放和发展社会主义商品经济中，共产党员要自觉抵制资本主义腐朽思想的侵蚀，模范遵守党纪国法。"① 再次，受苏东剧变所造成的国际大环境、围绕社会主义市场经济体制所推进的一系列改革活动以及国内外其他因素的影响，中国共产党于20世纪90年代在经济、政治、文化等方面均面临着极为艰巨的使命和任务。为确保顺利完成历史使命和任务，要求中国共产党必须以纪律建设为抓手，始终保持坚强的领导，始终保持强大的凝聚力和战斗力。江泽民指出："全党严明纪律、朝气蓬勃，我们才能无往而不胜。"② 最后，中国共产党在推进自身建设方面出现了一系列比较突出的问题。例如，党组织软弱涣散、纪律松弛③、消极腐败现象凸显④、对领导干部监督乏力⑤、在一定范围内存在资产阶级自由化思想⑥、形式主义和官僚主义等不良作风泛滥⑦等问题都与部分党员和干部不严格遵守党纪、不严格执行党纪密切相关。为了有效克服这些问题，把党

---

① 江泽民. 江泽民文选：第1卷 [M]. 北京：人民出版社，2006：40.
② 江泽民. 江泽民文选：第2卷 [M]. 北京：人民出版社，2006：505.
③ 江泽民. 江泽民文选：第2卷 [M]. 北京：人民出版社，2006：47.
④ 江泽民. 江泽民文选：第2卷 [M]. 北京：人民出版社，2006：497.
⑤ 江泽民. 江泽民文选：第2卷 [M]. 北京：人民出版社，2006：503.
⑥ 江泽民. 江泽民文选：第2卷 [M]. 北京：人民出版社，2006：553.
⑦ 江泽民. 江泽民文选：第3卷 [M]. 北京：人民出版社，2006：181.

建得更加坚强有力,以江泽民同志为核心的党中央明确要求加强党的纪律建设,并采取多种措施加强从严治党的力度。

2. 领导干部必须模范遵守和执行各项纪律

领导干部具有一定的级别和权力,在所在部门和相关岗位承担着重要的领导任务。随着级别和职位的提升,领导干部所掌握的资源和权力也会相应增加。如果自身素质不够、纪律性不强、定力不足,再加上外部大环境的深刻影响,部分领导干部就可能放松对自我的纪律约束,走上以权谋私、权钱交易、贪污腐败等严重违反党纪国法的道路。领导干部特别是一把手出现违纪违法的现象,极容易导致部门或组织出现"塌方式"的违纪违法现象,这对于部门或组织的正常发展、良好运转会造成较大冲击,对于社会运行的正常秩序造成混乱。江泽民对于领导干部的违纪行为相当警惕,对于领导干部带头违纪对部门或组织以及社会秩序造成的不良影响相当清醒。在他看来,"不论是谁,不论职务多高,该受什么处分就给什么处分,该重判的坚决重判,决不手软。"① 中国共产党主要由工人阶级和各条战线上的先进分子组成,领导干部往往是广大党员中的优秀成员代表。领导干部的一言一行和守纪律、执行纪律的状况对广大普通党员往往具有示范作用,会对普通党员的言行举止和守纪执纪产生较大影响。领导干部自觉严格遵守纪律、自觉严格执行纪律,往往能带动一大片普通党员在纪律遵守和执行方面严格要求自己;领导干部带头不遵守纪律、带头不执行纪律,往往也会带动一大片普通党员破坏党纪的遵守与执行。在江泽民看来,领导干部的守纪执纪情况会直接影响普通党员的守纪执纪情况,进而会影响全党的守纪执纪情况。由此,江泽民着重强调,在守纪执纪方面,要对领导干部特别严格要求②,对于领导干部的违法乱纪行为"一定要严肃查处"③。此外,无论是领导干部的违法乱纪行为,还是普通党员的违法乱纪行为都会破坏党在人民群众中的形象,领导干部违法乱纪行为对党的形象的破坏往往要比普通党员造成的破坏大得多。江泽民对这一点认识得很透彻,明确指出,领导干部特别是"越是高级干部,越是名人,他们中发生的违纪违法事件越要严肃查处,因为这些人影响大,

---

① 江泽民. 江泽民文选:第2卷 [M]. 北京:人民出版社,2006:505.
② 江泽民. 江泽民文选:第2卷 [M]. 北京:人民出版社,2006:498.
③ 江泽民. 江泽民文选:第2卷 [M]. 北京:人民出版社,2006:505.

违纪违法的危害大"①。这其中的"危害"就包括对党的形象的危害。在江泽民看来，加强守纪执纪教育，首先要加强对领导干部的守纪执纪教育。党的高级干部尤其要注重加强守纪执纪的自律教育。

3. 党员和党组织必须贯彻好民主集中制

一方面，尽管我国在改革开放初期从多方面大力开展了反对极端民主化、自由化思潮的行动，但极端民主化、自由化思潮在20世纪90年代并没有消失，在我国仍然具有一定的市场和传播影响力，仍然对部分党员的思想和行为产生消极影响。江泽民对这些错误思潮在中国的传播和对党员的影响高度重视，明确强调："资产阶级自由化思想的影响已大大缩小，但依然存在，还有一定的市场。"② 在他看来，少部分人所主张的极端民主化、自由化，绝不是真正在坚持民主制度和民主原则，实际是在贯彻影响极坏的无政府主义，会对党员的思想和行为造成极坏的后果，"是对民主的反动和破坏"③。鉴于此，江泽民继承和发展了毛泽东、邓小平所主张"四个服从"的基本思想，认为切实坚持"四个服从"仍然是党员干部在新时期抵制极端民主化、自由化思潮侵蚀和影响的重要抓手。另一方面，扎根于封建社会的独裁思想、专制思想在20世纪90年代仍有市场，使得部分党员干部在决策中仍然喜欢独断专行，给民主制度的落实造成了极坏的后果，并严重影响了党的决策科学化。在江泽民看来，主要领导干部在集体讨论时"喜欢个人说了算"④、个人凌驾于党组织之上⑤等现象都是部分党员干部在工作中独裁专制的具体体现。无论是独裁专制还是极端民主化、自由化都是对党的正常组织原则的破坏，都会给党的正常决策、严格执行党的路线方针、党组织的正常运转和发展造成破坏。在江泽民看来，无论是独裁专制还是极端民主化、自由化都不能存在于党内，也不能存在于党员干部的思想上和行为中，否则就不是真正彻底坚持民主集中制。要消除独裁专制和极端民主化、自由化，各级党组织和广大党员干部就必须以贯彻民主集中制为抓手，把民主原则和集中原则真正统一起来，把落实民主制度和集中制度真正统一起来。由此，他多次明确强调：

---

① 江泽民. 江泽民文选：第2卷 [M]. 北京：人民出版社，2006：505.
② 江泽民. 江泽民文选：第2卷 [M]. 北京：人民出版社，2006：553.
③ 江泽民. 江泽民文选：第2卷 [M]. 北京：人民出版社，2006：62.
④ 江泽民. 江泽民文选：第2卷 [M]. 北京：人民出版社，2006：364.
⑤ 江泽民. 江泽民文选：第2卷 [M]. 北京：人民出版社，2006：189.

"坚持民主集中制，反对独断专行、软弱涣散。"①

4. 党员和党组织必须严格遵守政治纪律

对纪律内容进行更加清晰化的界定是江泽民在纪律建设方面的重要贡献。他将纪律内容界定为"政治纪律、组织纪律、经济工作纪律、群众工作纪律"②四个方面。其中，政治纪律处于党员干部和党组织所应遵守纪律的首要位置，这充分体现了政治纪律在整个党纪体系中的关键性和重要性。党员干部和党组织对政治纪律的破坏和不遵守，往往也会破坏和不遵守其他方面的纪律，从而对整个党纪造成破坏。严格遵守政治纪律并把政治纪律放在核心和首要位置上，是江泽民从严治党思想的一贯主张。在他看来，不讲政治、不严格遵守政治纪律，党员干部既不能站得高，也不能站得远，往往只能看到眼前的"蝇头微利"，只能看到局部范围内的"狭隘利益"，"甚至做出不符合党的原则的事情来"③。江泽民认为，党员干部和党组织要做到严格遵守政治纪律，就必须首先做到严格遵守党章，严格按照党章的规定办事，即遵守党章是"最基本的"④。而且，党员干部和党组织要做到严格遵守政治纪律，还要切实将党的政治要求贯穿到各条战线上、各项工作的方方面面，"体现在自己的日常工作和学习上，贯彻到党内生活里去"⑤。

5. 确保党员严格遵守、执行纪律需要发挥好教育的作用

江泽民大力倡导对广大党员开展纪律教育活动基于两方面原因：一方面，让广大党员熟悉党的各项纪律条款、明白严格遵守纪律的重要性、促使党员严格执行纪律，都离不开从外而内的"灌输"作用，离不开教育的作用；另一方面，党员干部必须不断提升自身的综合素质，才能适应形势的新变化、任务的新变化、使命的新变化，而纪律素养具有约束党员言行的作用，是党员干部综合素养中的一种重要素养。应该说，以教育的方法来促使广大党员严格遵守和执行纪律、不断提升纪律素养是江泽民一以贯之的思想和主张。在他看来，党章和党的路线方针政策对于党员干部来说是更为重要的东西，

---

① 江泽民．江泽民文选：第3卷 [M]．北京：人民出版社，2006：324．
② 江泽民．江泽民文选：第3卷 [M]．北京：人民出版社，2006：174．
③ 江泽民．江泽民文选：第2卷 [M]．北京：人民出版社，2006：172．
④ 江泽民．江泽民文选：第1卷 [M]．北京：人民出版社，2006：458．
⑤ 江泽民．江泽民文选：第2卷 [M]．北京：人民出版社，2006：361．

因而必须首先对党员干部"进行党纲党章和党的路线方针政策的教育"①。当然，党的基层组织、普通党员是党的战斗堡垒和生命活力的来源。基层党组织、普通党员严格遵守纪律、严格执行纪律，对于全体党员、干部和党组织严格守纪执纪具有基础性作用和战略性意义。江泽民明确指出，党的建设必须从对基层党组织、基层党员的"纪律性的管理和教育抓起，而且要锲而不舍地抓下去"②。在他看来，广大学生是党员的重要来源，因而学生在学习期间若能够养成遵守纪律的良好习惯，对于其入党后严格遵守和执行党纪，甚至对于整个党组织严格遵守和执行党纪都具有重要意义。因此，"要经常地在学生中间开展纪律法制教育，增强他们的纪律法制观念，使他们懂得遵纪守法的重要性"。③

（四）胡锦涛关于党的纪律建设思想

1. 多重因素要求中国共产党必须加强党的纪律建设

随着市场经济的深入发展和改革开放的深入实施，中国共产党内部以及党的建设在 20 世纪末 21 世纪初呈现出了诸多新特点，面临着诸多新问题。首先，在多重因素交织影响的大背景下，中国共产党必须加强纪律建设。在胡锦涛看来，党内有部分党员和干部确实存在着多种多样的问题，例如贪图安逸、意志消沉、以权谋私、弄虚作假、徇私枉法、拉帮结派、不择手段追求私利等。这些问题对党员干部的健康成长、对各级党组织的正常运转和发展危害甚大。胡锦涛认为，"我们决不能任其蔓延和发展"。④ 在他所提出的众多解决思路中，"严肃纪律"作为一种重要解决思路赫然在列。其次，严格遵守纪律和执行纪律是共产党员的基本要求。在胡锦涛看来，纪律素养是共产党员的一种必不可少的基本素养。只要是共产党员中的一分子，毫无疑问就"必须服从党的决议、遵守党的纪律"⑤。党员可以有自己的想法和建议，也可以将这些想法和建议通过各种渠道向党组织反映，但必须以严格遵守纪律为前提。党员既要随时想到自己是一名党员，又要随时想到党的各项纪律

---

① 江泽民. 江泽民文选：第1卷 [M]. 北京：人民出版社，2006：62.
② 江泽民. 江泽民文选：第2卷 [M]. 北京：人民出版社，2006：556.
③ 江泽民. 江泽民文选：第2卷 [M]. 北京：人民出版社，2006：590.
④ 胡锦涛. 胡锦涛文选：第1卷 [M]. 北京：人民出版社，2016：113.
⑤ 胡锦涛. 胡锦涛文选：第1卷 [M]. 北京：人民出版社，2016：159.

要求,"要身体力行,自觉遵守"①。再次,严格遵守和执行纪律是永远保持党的先进性的需要。在胡锦涛看来,推进中国特色社会主义伟大事业的发展要求党始终保持先进性,但先进性的保持并不是轻轻松松的事情,也不是一成不变的事情,而是需要加强党的纪律建设才能做到。他认为,要求党员严格遵守纪律、严格执行纪律,使违法乱纪分子及时受到惩罚,并在必要时将其清理出党组织,"是加强党的先进性建设必须做好的经常性工作"②。

同时,严格遵守和执行纪律是永远保持党的纯洁性的需要。在胡锦涛看来,部分党员、干部之所以走上贪污腐败、行贿受贿的邪路,少数党组织之所以出现"塌方式"腐败现象,归根到底在于部分党员和干部失去了对纪律重要性的认识、在行动上放松了对纪律的遵守和执行。减少党员和干部的腐败行为、永葆党的纯洁性,党的各级组织还是得以纪律建设为根本抓手,以纪律来纯洁和净化党员的言行。胡锦涛指出:"严格的监督和严明的纪律是防止党员干部腐化变质、维护党的纯洁性的有力保证。"③ 最后,严格遵守和执行纪律是成功应对各种考验的需要。在胡锦涛看来,中国共产党在新形势下面临着极为严峻的改革开放考验、外部环境考验、执政考验、市场经济考验,而要成功应对这些考验,非得有严格纪律的基础上所形成的强大凝聚力和战斗力才行。鉴于此,他明确要求每一个党员和干部在应对这些严峻的考验时,必须严格"遵守党的纪律,维护党的原则"④。

2. 党员干部要正确处理"党纪"与"党性"之间的关系

党性和党纪都是党的基本问题,也都是党的建设领域的基本问题。党性通常是指政党的本质属性,是阶级属性的最高体现和最集中表达。忠实地代表人民利益、保持工人阶级先锋队的本色,是中国共产党党性的核心内容和集中体现。党性与党纪之间的关系问题,是胡锦涛在党纪建设方面进行思考和探索的重点内容。在他看来,了解中国共产党的党性,除了要了解人民利益的忠实代表者、工人阶级的先锋队等核心内容、集中体现、一般特性外,还应该了解充分体现党性特质的载体,也就是承载党性特质的奋斗纲领、指

---

① 胡锦涛. 胡锦涛文选:第1卷 [M]. 北京:人民出版社,2016:174.
② 胡锦涛. 胡锦涛文选:第2卷 [M]. 北京:人民出版社,2016:270.
③ 胡锦涛. 胡锦涛文选:第3卷 [M]. 北京:人民出版社,2016:581.
④ 胡锦涛. 胡锦涛文选:第1卷 [M]. 北京:人民出版社,2016:36.

导思想、路线方针、根本宗旨、工作作风、各项纪律、组织原则等具体的载体。① 党的纪律就是党性的重要载体，就是党性在行为约束性条款中的具体体现。例如，在《党章》中规定党员不能谋取不正当的私利就是对党性的承载和具体体现。从这个意义上说，严格遵守纪律、严格执行纪律，就是在坚持党性。同时，党性并不是抽象的，其需要落实到党员日常工作和生活的一言一行上，即党员坚守党性就必须在工作和生活中始终严格遵守和执行各项纪律。胡锦涛明确指出："纪律严明和党性密不可分，党性坚强的人必定是模范遵守纪律的人。"② 坚守党性和严守党纪统一于党员的基本内在要求之中，统一于党员对党的路线、方针、政策的忠实贯彻之中。不遵守党纪的人，其党性往往不强。相反，党性不强的人，往往也不可能严格遵守党纪。二者在很大程度上具有同一性。正因为如此，胡锦涛将"愿意遵守党章"和"切实按照党性原则要求自己"并列为群众入党的必不可少的条件。③

3. 民主集中制是党必须坚持好的根本组织制度

在20世纪末21世纪初，极端化民主思想、独裁专制思想在部分党员和干部中仍然存在，对党组织的正常发展、党内选举的民主性和党内决策的科学性、党的路线方针的有效执行等方面造成不良影响。在此背景下，胡锦涛对如何更好地落实民主集中制这一根本组织制度进行了大力探索，提出了诸多深刻见解。在他看来，中国共产党将民主集中制作为自身的根本组织制度既具有深刻的理论逻辑，又具有重要的实践基础。在理论逻辑方面，民主集中制体现的"又有民主又有集中"的组织原则，是对党的群众路线的根本遵循和基本体现，是对马克思主义科学认识论"实践—认识—再实践—再认识"的基本遵循和具体体现，是对马克思主义群众史观、无产阶级政党性质理论和建设理论的有效遵循和生动体现。从实践基础来看，民主集中制使党员之间、党内各级组织之间、党员与人民群众之间等方面的关系得以有效规范，并在长期的运行中被证明是"科学、合理、有效率的制度，具有决策迅速、执行有力、监督有效的特点"④。

鉴于深刻的理论逻辑和坚实的现实基础，胡锦涛要求全党要始终坚持好

---

① 胡锦涛. 胡锦涛文选：第1卷［M］. 北京：人民出版社，2016：162.
② 胡锦涛. 胡锦涛文选：第3卷［M］. 北京：人民出版社，2016：202.
③ 胡锦涛. 胡锦涛文选：第1卷［M］. 北京：人民出版社，2016：162.
④ 胡锦涛. 胡锦涛文选：第1卷［M］. 北京：人民出版社，2016：120.

民主集中制。首先,他很好地继承和发展了"四个服从"思想,认为坚持和贯彻好"四个服从"是始终坚持好民主集中制的基础。"四个服从"是"一个也不能少,都要认真执行"①。其次,落实好民主集中制,领导干部要带头做表率,带头切实提倡和坚持民主集中制,切实"带头遵守民主集中制各项制度"②,不搞形式主义。再次,民主集中制并不是只涉及一个方面的内容,而是涉及党的建设、法制纪律等方方面面的内容。只有将各方面内容有机协调起来,民主集中制才能被更好地贯彻和落实。在胡锦涛看来,更好地贯彻和落实民主集中制,必须"处理好党的领导、发扬民主、依法办事这三者关系"③。最后,受各种因素的影响,部分党员和部分领导干部还缺乏贯彻和落实民主集中制的自觉性,这就需要外力的介入,即充分发挥监督的作用。胡锦涛明确强调:"要通过加强监督和严肃纪律来保证领导班子内部民主集中制贯彻执行。"④ 胡锦涛关于民主集中制的重要探索不仅为全党在新形势下更好地发扬民主、更好地坚持集中统一指明了方向,而且构成了他关于党的纪律建设思想的重要内容。

4. 执行各项纪律的关键在于"从严"

党的纪律建设的落脚点在于执行。确保执行纪律到位,是有效推动党的纪律建设的关键环节。如果纪律没有得到有效执行,即便在制定纪律条款、纪律宣传等环节做得再好,最终也难以达到理想效果。胡锦涛充分继承和发展了历任领导人的从严执纪思想,首先,在他看来,党内确实存在一定程度的好人主义倾向,部分党政干部为了不得罪人,对于一些党员和干部的违纪违法行为故意采取视而不见、听而不闻的态度。这样的态度是对违纪违法的党员及其行为的纵容,可能使他们犯更大的错误。胡锦涛明确强调,必须认真纠正好人主义的错误态度和行为⑤,"对违纪违法问题,要坚决处理,不能迁就姑息"⑥。其次,领导干部手握权力和资源,往往比普通党员更容易走上违纪违法的道路,在违纪违法后对党组织和社会所产生的危害往往也比普通

---

① 胡锦涛. 胡锦涛文选:第1卷 [M]. 北京:人民出版社,2016:175.
② 胡锦涛. 胡锦涛文选:第1卷 [M]. 北京:人民出版社,2016:96.
③ 胡锦涛. 胡锦涛文选:第1卷 [M]. 北京:人民出版社,2016:344.
④ 胡锦涛. 胡锦涛文选:第1卷 [M]. 北京:人民出版社,2016:123.
⑤ 胡锦涛. 胡锦涛文选:第1卷 [M]. 北京:人民出版社,2016:208.
⑥ 胡锦涛. 胡锦涛文选:第1卷 [M]. 北京:人民出版社,2016:75.

党员违纪违法所产生的危害大。鉴于此，胡锦涛多次强调："发现干部有违纪违法行为，不管是谁，都要敢于坚持原则，坚决制止，严肃查处。"① 在执行纪律的问题上，领导干部必须比普通党员要求更高、更严。最后，为了确保党员和干部切实做到从严执纪，纪律检查机关和各级党组织还要必须从外部约束着手，加强对党员、干部执纪行为的有效监督和检查。在胡锦涛看来，纪律检查机关和各级党组织既要对党员、干部的执纪行为进行有效监督和检查，还要"加强对领导干部配偶、子女从业情况的监督检查，坚决纠正存在的问题"②。当然，为了更好地落实执行纪律的监督检查工作，纪律检查机关和各级党组织要不断提升执纪监督检查能力，从而提高执纪监督检查的效率和效果。

---

① 胡锦涛. 胡锦涛文选：第1卷[M]. 北京：人民出版社，2016：114.
② 胡锦涛. 胡锦涛文选：第2卷[M]. 北京：人民出版社，2016：557.

第二章

新时代党的纪律建设创新内在机理

根据唯物辩证法的基本原理，任何事物的变化和发展都处于不断联系的运行结构之中，其变化和发展尤其逃不出因果联系的羁绊，即一事物的变化和发展状态必然是另一事物或其他几种事物的作用所导致的。作为人类文明的社会产物，政党的建设状况和创新发展程度同样也是在因果联系的结构运行推动下不断改善和深化的。党在十八大以来，纪律建设力度不断增强，创新程度不断加深，无论是在理论层面还是在实践层面都产生了一系列重要新成果。这些理论和实践成果的产生，必然遵循着因果联系的运行结构，是由多种联系"共同作用"的必然结果。其中，理论依据、历史依据、实践依据是十八大以来党在纪律建设领域不断强化创新力度、不断取得新成果的三大基本原因和三重基本的"作用力"。

一、新时代党的纪律建设创新的理论遵循

所谓"理论遵循"，就是从理论层面、学理层面探究和阐述清楚事物变化、发展和创新状况的内在联系、内在逻辑。从理论层面、学理层面进行探究和阐述，是深入回答党在十八大以来为什么要加强纪律建设创新这一问题的重要角度切入和基本逻辑遵循。党在十八大以来加强纪律建设创新不是遵循某一种理论的结果，而是遵循多种理论的必然结果。

（一）对"不以规矩，不成方圆"传统理念的吸收

中国古代的历代统治者和人民群众创造了灿若辰星、内涵丰富的优秀传统思想和文化，其精华部分往往会具有历史的穿透性、社会形态的赓续性、时代的延展性，有的能够直接为后来社会形态下和后来时代环境下的统治者治国理政服务，有的能够在对其进行创新创造的情况下继续发挥作用。优秀传统文化思想以其理论的深刻性和合乎现实性在中国共产党历届领导人的治

国理政中大放异彩，成为其治国理政思想的重要理论渊源，成为新中国成立以来各个时期的人民群众在思想道德、行为规范、增益智慧等方面的基本遵循和重要参考。鉴于此，习近平总书记在党的十八大以来多次明确强调，要"努力实现传统文化的创造性转化、创新性发展，使之与现实文化相融相通，共同服务以文化人的时代任务"。① 习近平总书记从小就阅读传统经典著作，就是在梁家河知青下乡期间也不忘记抽时间阅读优秀的中华传统经典著作②。即便在后来主政一方以及成为党和国家的领导人之后，习近平总书记也从来没有落下阅读传统经典著作的习惯。

习近平总书记特别重视从中华优秀传统文化中汲取治国理政所需要的智慧和"营养"，特别重视以中华优秀传统思想和理论来指导当下的相关理论创新创造活动。在群星璀璨的中华优秀传统文化诸多派别中，习近平总书记特别推崇儒家传统文化，在讲话中经常引用儒家经典语句，在思想阐释中较多汲取儒家传统文化"营养"。作为儒家学派的关键代表人物，孟子有一句关于"规矩"的经典语句，即"离娄之明，公输子之巧，不以规矩，不能成方圆；师旷之聪，不以六律，不能正五音；尧舜之道，不以仁政，不能平治天下。"③ 孟子的这句经典名言道出了"讲规矩""守原则"对于个人养成良好行为习惯以及对于统治阶级治理好国家、维护好整个社会秩序的重要性。这句经典名言，特别是其中的"不以规矩，不能成方圆"，得到习近平总书记的高度赞同，对他的思想产生了较大影响。他在多个场合多次引用过这句话。例如，他于2014年阐述纪律的执行问题时明确引用过"不以规矩，不能成方圆"。同时，他还引用了经典表达"木受绳则直，金就砺则利"。④ "木受绳则直，金就砺则利"出自儒家另一位重要代表人物荀子的经典篇章，其与"不以规矩，不能成方圆"具有一致性，都强调纪律和规矩的重要性。

实际上，"不以规矩，不能成方圆"在历代思想演变的过程中早已超越了"守纪律""讲规矩"的原初内涵，被赋予了更加丰富的理论内涵。首先，

---

① 习近平. 习近平谈治国理政：第2卷 [M]. 北京：外文出版社，2017：313.
② 中央党校采访实录编辑室. 习近平的七年知青岁月 [M]. 北京：中共中央党校出版社，2017：123.
③ 曾振宇. 孟子新注 [M]. 北京：人民出版社，2012：101.
④ 中共中央文献研究室. 十八大以来重要文献选编：上 [M]. 北京：中央文献出版社，2014：770.

"不以规矩，不能成方圆"体现了"守纪律、讲规矩必须首先要有纪律可守，要有规矩可讲"。有纪律可守、有规矩可讲是守好纪律、讲好规矩的基础和前提。如果没有制定纪律和规矩，守好纪律、讲好规矩就是一句空话，就如同"巧妇难为无米之炊"一样，不能实现。不同历史时期的经济基础、实践活动以及文化内涵不一样，纪律和规矩也不可能一成不变。就算在同一社会形态下的不同时期，纪律和规矩也不可能完全一样。例如，资产阶级政党的纪律和规矩在资本主义社会的各个时期会有所差异，而中国共产党的纪律和规矩在社会主义发展的各个时期也应该有所差异。"不以规矩，不能成方圆"不仅要求包括中国共产党在内的政党要根据实践的发展和党的建设的需要及时完善相关纪律和规矩，而且应及时更新相关纪律和规矩，及时加强纪律条款的创新，及时以新的纪律和规矩代替落后、过时的纪律和规矩。

其次，"不以规矩，不能成方圆"还着重体现了纪律和规矩的执行问题。纪律和规矩的有效执行是纪律和规矩落到实处、真正发挥作用的关键环节。如果不执行纪律和规矩，即便纪律和规矩制定得再完善、更新得再快，丝毫也不能起到约束和规范党员行为的作用。但是，受多种因素的影响，党在执行纪律和规矩的过程中难免有松懈的时候，这就需要党的各级组织始终根据党组织和党员基本情况的变化而不断与时俱进地更新纪律和规矩执行的各种具体举措，不断更新纪律监督的各项体制机制。

最后，"不以规矩，不能成方圆"还体现了纪律意识和规矩意识需要养成和巩固。党员严格守纪律和讲规矩要求党员必须首先牢固树立纪律意识和规矩意识。但是，纪律意识和规矩意识并不会自然形成，它需要发挥好纪律和规矩教育的外力作用，需要不断更新纪律和规矩教育的方式方法，需要不断创新纪律和规矩教育的体制机制。无论是完善和更新纪律和规矩还是更新纪律和规矩执行的具体举措，不管是更新纪律监督的体制机制还是创新纪律和规矩教育的体制机制都体现着"不以规矩，不能成方圆"这一传统思想的基本内涵和内在要求，都是不断加强党的纪律建设创新的具体体现。由此可见，党在十八大以来不断加强党的纪律建设创新是"不以规矩，不能成方圆"这一传统思想的必然要求，也是对"不以规矩，不能成方圆"这一传统思想的切实遵循。

（二）对"创新是发展动力"基本理论的遵循

人类社会要不断获得发展和进步，就必须有持续不断的动力去推动各种风险、各种挑战、各种困难、各种压力得以有效克服和解决。没有动力作为保障，人类社会就会处于停滞状态，更不可能得以持续发展。有学者认为推动人类社会不断向前发展的动力主要包括三种类型①。其中，创新与革命、改革一起构成了推动人类社会不断向前发展的第三种类型的动力，即基本动力。在战争年代，社会的发展和进步往往在很大程度上依靠革命的有效推动。在和平建设年代，社会的发展和进步归根到底要依靠创新和改革的有效推动。但是，一方面，改革和创新具有同一性，即改革和创新都意味着打破常规，意味着不遵循以前的老办法而采用新办法；另一方面，改革和创新存在着一定的差异性，即与改革相比，创新是推动社会发展的更为基本的动力，因为有创新才意味着有改革，创新决定着改革的力度和深度，决定着改革的方式方法。只讲改革而不讲创新，改革是无法进行下去的。

　　马克思、恩格斯很重视创新的作用，甚至把生产工具的创新作为社会形态和时代的划分标准，认为青铜器代表着奴隶社会时代、铁器代表着封建社会时代、蒸汽机代表着资本主义时代的到来。② 在毛泽东看来，任何国家的共产党、任何国家的思想界都需要创造新的理论。"马克思主义中国化"科学命题的提出，"要使中国革命丰富的实际马克思主义化"思想的践行，正是其对创新认识的深刻彰显。邓小平高度重视创新在社会发展中的推动作用，明确提出"科学技术是第一生产力"③ 的重要论断。江泽民将创新上升到整个民族能否发展、整个国家能否兴旺的高度④。胡锦涛号召全社会要充分发扬"勇于创新的科学精神"⑤。习近平总书记基于对国内外发展大势的科学分析，更加重视创新在推动我国社会发展中的重要作用，将对创新的认识推进到一个新高度，形成了关于创新的理论体系。例如，他在充分继承邓小平关于"科学技术是第一生产力"⑥ 论断的基础上，在创新方面首次明确提出"创新

---

① 张廷广．从多维度审视新时代社会主要矛盾判断的重大意义［J］．邓小平研究，2020（1）：89．
② 中共中央马克思恩格斯列宁斯大林著作编译局．马克思恩格斯文集：第1卷［M］．北京：人民出版社，2009：602．
③ 邓小平．邓小平文选：第3卷［M］．北京：人民出版社，1993：274．
④ 江泽民．江泽民文选：第2卷［M］．北京：人民出版社，2006：340．
⑤ 胡锦涛．胡锦涛文选：第2卷［M］．北京：人民出版社，2016：409．
⑥ 邓小平．邓小平文选：第3卷［M］．北京：人民出版社，1993：274．

是第一动力"①的科学论断。这些都无疑体现了创新在整个社会发展中的动力作用。

根据马克思主义唯物史观,整个社会是一个有机体,即整个社会的运转和发展是由政党、政府、经济、文化、制度等各方面、各领域有机协调、共同作用的结果。每一方面、领域在整个社会的有效运转和发展中都有自己的独特作用、独特地位、独特贡献,也都离不开其他方面、其他领域的配合和协调。缺少了某一方面、领域或者某一方面、领域发展不足,都会使社会的有效运转和发展出现"短板效应"。将社会有机体理论对应到创新方面,我们会发现创新本身涵盖了社会的各个方面、各个领域。正是鉴于此,习近平总书记明确指出:"创新是多方面的,包括理论创新、体制创新、制度创新、人才创新等。"② 实际上,党的纪律建设方面的创新必然涉及纪律条款方面的创新,而这属于中国特色社会主义制度创新的重要内容;党的纪律建设方面的创新必然涉及如何落实纪律、如何执行纪律、如何监督纪律落实等具体的体制机制创新,而这属于整个体制创新的重要内容;党的纪律建设方面的创新必然会涉及纪律理论、监督理论、反腐倡廉理论等理论创新,而这属于中国特色社会主义理论创新的重要内容。不仅如此,党的建设在整个社会发展中处于核心地位,而党的纪律建设方面的创新本身就是党的建设方面创新的重要内容。综合党的纪律建设方面的创新所涉及的具体内容归属来看,党的纪律建设方面的创新的确是整个社会各个领域、各个方面创新中的重要创新,是整个社会进行良性运转和健康发展的重要动力,对整个社会的持续发展具有重要影响力。因此,中国共产党在任何时期都应该加大对党的纪律建设的创新力度,使其持续发挥好为党的建设提供重要保障的作用。党在十八大以来不断加强纪律建设的创新力度,恰恰是对"创新是发展动力"理论的基本遵循。

(三) 对"事物存在和发展基本规律"的遵循

一方面,根据马克思的设想,人类要经历资本主义社会的充分发展从而在生产力方面达到物质财富的极大丰富、在文化素质方面达到精神境界的极

---

① 习近平. 习近平谈治国理政:第3卷 [M]. 北京:外文出版社, 2020: 201.
② 中共中央文献研究室. 习近平关于科技创新论述摘编 [M]. 北京:中央文献出版社, 2016: 4.

大提高之后，才能普遍进入共产主义社会阶段。结合马克思的社会形态理论和对共产主义社会物质、文化状态的构想不难发现，在进入共产主义社会以前，人类的精神境界和文化素质在发展的全面性和程度上都会不断经历阶段性的提升。我国人民群众的精神境界和文化素质在社会主义制度优势的长期作用下已经得到了很大的提升。尽管如此，受社会主义初级阶段生产力发展水平以及教育发展水平等各方面因素的影响，我国人民群众的精神境界和文化素质在现阶段仍然处于发展不全面、程度不够高的境地。正因为如此，党中央在十八大以来明确强调："推动形成适应新时代要求的思想观念、精神面貌、文明风尚、行为规范。"①

在精神境界和文化素质还处于亟待提升的阶段，要使人民群众的思想和行为合乎社会发展和运转的正常秩序，就必须依靠外力的作用，通过党纪国法来约束其思想和行为。作为人民群众的先锋队，广大党员应该有着比普通群众更高的标准和要求。除了法律的约束外，广大党员还应该有严格的纪律约束。以纪律的刚性约束来规范党员的思想和言行，使他们在思想上始终保持先进性、在作风上始终保持良好的状态，在行为上始终合乎党员的基本标准。纪律与国家、法律等其他政治上层建筑一样，在真正实现共产主义社会之前都必须存在和充分发挥对人的思想和行为的约束作用。但是，包括党的纪律及其各项纪律监督制度、保障机制等在内的制度在我国仍然处于不完善的状态。要不断发挥好纪律对于广大党员思想和行为的约束作用，党就必须加大完善纪律及其各项体制机制，而要完善纪律及其各项体制机制，就必须在原来空缺的地方进行创新，就必须加强党的纪律建设创新。同时，整个社会的不断发展对广大党员的精神境界和素质要求也"水涨船高"，必然要求以更加严格的纪律来不断约束广大党员的思想和行为。这就使得党必须根据变化的社会发展阶段及其对人的精神境界和文化素质的新要求来不断创新纪律条款，不断创新与纪律相关的体制机制，即不断加强对党的纪律建设的创新力度。

另一方面，马克思主义唯物辩证法是揭示思维、自然界、社会等一切事物发展状态的科学方法。世间万物的发展和进步都必然遵循着马克思主义唯

---

① 中共中央. 中共中央关于制定国民经济和社会发展第十四个五年规划和二〇三五年远景目标的建议 [EB/OL]. 新华社，2020-11-03.

物辩证法的基本逻辑。其中,矛盾规律即对立统一规律表明矛盾双方和矛盾之间具有不同的特征,在不同的发展时间段、不同的发展状态下具有不同的特征。这就要求人类在事物发展的过程中和不同阶段都要坚持具体问题具体分析,要针对事物在不同发展过程和不同发展阶段中呈现的具体状态和特征采取不同的策略。党的纪律建设必然遵循着对立统一的矛盾规律,意味着党内在不同的阶段会出现各种各样的矛盾和问题,意味着党员在遵守和执行纪律方面也会在不同的阶段出现各种各样的矛盾和问题。因此,党有必要及时调整和更新党纪党规的各项条款、调整和更新党纪党规的各项监督机制、保障机制,调整和更新党纪党规教育的各项体制机制、方式方法等。

实际上,矛盾规律还包括一条重要内容,即矛盾的主要方面和次要方面以及主要矛盾和次要矛盾之间,在不同的条件、不同因素的作用下会发生相互转化。这就同样要求党不断根据影响党员思想和行为因素的主次变化情况以及影响党的整体建设因素的主次变化情况,不断创新党的纪律建设、加强党的纪律建设。例如,当政治纪律的地位和作用更加凸显时,党必须创新纪律建设的基本布局,将政治纪律建设放在各项纪律建设的首位。同时,质量互变规律也是唯物辩证法的一条基本规律。"量变"与"质变"关系原理表明:事物的发展必然会呈现出明显的阶段性和过程性。正如恩格斯所指出的那样,"世界不是既成事物的集合体,而是过程的集合体"[1]。事物在量变过程中发生阶段性质变,那就意味着事物各方面的基本状况和特点在不同的"小阶段""小过程"具有不同的表现。质变的发生,意味着事物各方面的基本状况和特点与质变发生前的阶段会有一定的差异。对于好的事物,我们应创造主客观条件促使其向更高阶段发生转化,但是对于坏的事物就应及时加以遏制转向,避免其在原有轨道上越演越烈。如何防止党员干部的小事小节问题演化为违纪违法的大问题,需要把握住量变到质变的时、度、效,把握违纪行为发生的过程学、阶段论,及时将纪律方面的小问题化解在量变阶段,减少其发生质变的可能,针对不同阶段的行为特征采取不同的纪律约束、执纪手段和政策策略,这就需要党不断加强纪律建设创新。

---

[1] 中共中央马克思恩格斯列宁斯大林著作编译局. 马克思恩格斯选集:第4卷[M]. 北京:人民出版社,1995:244.

二、新时代党的纪律建设创新的历史依据

所谓"历史依据",就是从大历史或者小历史中探究和阐述清楚事物变化、发展和创新状况的内在联系、内在逻辑。从历史角度进行探究和阐述,是深入回答党的十八大以来为什么要加强纪律建设创新这一问题的重要角度切入和基本方法遵循。党的十八大以来不断深化纪律建设创新既是对中国共产党注重纪律建设创新这一优良传统的一贯坚持,也是对国外政党纪律建设创新经验的借鉴,还是对弱化纪律建设创新所引起不良后果的教训吸取。

(一)对"加强纪律性,革命无不胜"优良传统的继承

中国共产党在近代以来的相当长一段时间里,都面临着极其强大的反动势力和敌对势力。反动势力和敌对势力的力量到底强大到何种程度呢?以帝国主义这一外部因素为例,它们有尚具生命力的资产阶级的领导,有工业革命所建立的庞大生产力,有基于雄厚的经济基础所建立的强大军队。更为重要的是,帝国主义国家之间尽管存在着诸多矛盾,但是,为了最大化追逐资本利润和私利,往往能联合起来开展侵略活动和殖民掠夺活动。其"联合起来"的力量在当时足以威胁中华民族的生存和发展,成为中国共产党和人民进行革命的巨大威胁和阻力。帝国主义势力与封建主义势力、官僚资本主义势力相互勾结,给中国共产党和人民进行革命带来了巨大的困难和阻力。为了成功应对这些难以想象的困难和阻力,不断推动革命事业向前发展,不断向着革命胜利的目标迈进,中国共产党必须具有和保持坚强的领导,人民军队必须形成强大的战斗力。

坚强领导、强大战斗力的形成和保持,首先要求党和军队具有纪律性。中国共产党及其领导的军队在革命早期有过因没有纪律或纪律不严导致任务失败的惨痛教训。比如,中国共产党在国共合作时期掌握了叶挺带领的第四军独立团等少量军队,但党组织(支部)只设在团一级,没有到达更下面的连一级,即还没有建立党对军队的绝对领导制度,使得军队连基本的政治纪律要求都难以遵循。此外,军队中还存在着不同程度的军阀习气、自由涣散、逃跑主义等组织性、纪律性不强的现象。中国共产党早期领导的秋收起义、南昌起义、广州起义等革命活动均以失败告终,其原因固然在于对手过于强大,但中国共产党所掌握和领导的军队缺乏纪律性也是其中的一个重要原因。这些军队尽管是经过训练的正规部队,但由于没有深入底层的党组织的有效

领导和影响，再加上还带有一定程度的自由涣散等旧式军队无纪律性的痕迹和特征，其战斗力显然打折扣。缺乏应有的纪律性，军队不仅难以形成强大的战斗力，而且在遇到攻击不顺时，很容易出现士气低落、脱离战场甚至逃跑的现象。例如，毛泽东在领导秋收起义的过程中就发现不少战士情绪低落、逃跑远遁的现象，严重影响部队的战斗力和行军进度。正是鉴于此，他在部队行进到永新县三湾村时毅然决定领导和组织部队进行改编，着手建立士兵委员会、党代表制度等，特别是初步确立了将党支部建在连上的制度举措，从而完善了党和军队的政治纪律、组织纪律，极大地提高了军队的组织性和纪律性，进而极大地提高了军队的战斗力。

随着革命事业的演变和发展，中国共产党及其领导的人民军队所面临的形势在相当长一段时间内越来越严峻，斗争越来越激烈和残酷。在此背景下，以毛泽东为主要代表的中国共产党人越来越重视对党和军队的纪律建设，不断完善各项纪律条款，并越来越重视守纪从严、执纪从严。正是不断创新和加强纪律建设，党的各级组织和军队的各级组织才能保持越来越强的战斗力，才能推动和确保中国的革命事业不断迎来新的大好形势，不断从胜利走向胜利。毛泽东善于总结经验并善于将经验提升为理论，在不断强化纪律建设的实践过程中形成了纪律建设的基本思想。解放战争胜利前夕，毛泽东在西柏坡向全党全军发出了"军队向前进，生产长一寸，加强纪律性，革命无不胜"①的动员口号，要求全党全军继续保持良好的纪律，不骄不躁，稳步前进。可以说，"加强纪律性，革命无不胜"是毛泽东在革命年代所形成的纪律建设思想集大成的表达。革命不仅表现为真刀真枪的战斗，还表现为和平建设年代的改革。改革所面临的困难、阻力、挑战往往并不弱于真刀真枪的战争。鉴于此，邓小平明确指出："改革是中国的第二次革命。这是一件很重要的必须做的事，尽管是有风险的事。"② 既然改革是中国共产党所领导的第二次革命，那就需要各级党组织以及军队的各级组织继续保持强大的战斗力，就需要二者继续大力创新纪律建设、大力加强纪律建设。"加强纪律性，革命无不胜"的思想在和平建设年代并不过时，仍然是指导党的纪律建设和军队纪律建设的重要思想。

---

① 毛泽东. 毛泽东文集：第5卷 [M]. 北京：人民出版社，1996：194.
② 邓小平. 邓小平文选：第3卷 [M]. 北京：人民出版社，1993：113.

党的十八大以来,以习近平同志为核心的党中央充分继承了毛泽东关于"加强纪律性,革命无不胜"的思想。例如,习近平总书记在十八届中央纪律检查委员会第二次全体会议上面向全党强调"加强纪律性,革命无不胜"①,在庆祝中国人民解放军建军90周年大会上面向全军强调"加强纪律性,革命无不胜"②。要做到"加强纪律性",就必然要求党不断完善和创新纪律条款,不断完善和创新纪律执行机制,不断完善和创新纪律监督机制,不断完善和创新纪律惩戒机制等,这些都是加强纪律建设创新的具体体现。党在十八大以来的纪律建设创新是对"加强纪律性,革命无不胜"的历史遵循和思想延续,也是以切实举措深化"加强纪律性,革命无不胜"这一规律性认识的生动彰显。

(二) 对国内外政党纪律建设经验教训的汲取

从某种程度上来说,教训比经验更加宝贵,因为教训是通过付出代价甚至是惨痛代价才获得的,它为人类各项事业的继续发展提供值得警醒的借鉴和参考。在党的纪律建设方面也不例外,国内外政党纪律建设方面出现的失误教训甚至惨痛教训时刻提醒着各类政党在发展的过程中不断强化纪律建设、不断创新纪律建设。作为世界历史上无产阶级政权的第一次尝试,巴黎公社在对无产阶级公职人员的纪律性约束方面有两项重要创新:第一,一切公职人员必须经过普选产生,被选举的公职人员可以被选举人罢免;第二,一切公职人员的薪资待遇与工人们的待遇一样。③ 但是,巴黎公社只存在两个多月就惨遭失败,其失败的原因很多,但极为关键的原因在于巴黎公社整个领导层和整个组织体系缺乏严格的纪律性,缺乏拥有严格纪律性政党的坚强领导。恩格斯在《致卡·特尔察吉的信》中明确指出:"巴黎公社遭到灭亡,就是由于缺乏集中和权威。"④ 从巴黎公社的经历来看,其不是没有纪律创新,也不是完全没有纪律性,而是纪律建设的创新力度不够,纪律的严格程度不够,

---

① 中共中央文献研究室. 十八大以来重要文献选编:上 [M]. 北京:中央文献出版社,2014:131.
② 中共中央文献研究室. 十八大以来重要文献选编:下 [M]. 北京:中央文献出版社,2018:814.
③ 中共中央马克思恩格斯列宁斯大林著作编译局. 马克思恩格斯选集:第3卷 [M]. 北京:人民出版社,2012:55.
④ 中共中央马克思恩格斯列宁斯大林著作编译局. 马克思恩格斯选集:第4卷 [M]. 北京:人民出版社,2012:500.

特别是在战时没有及时完善民主集中制而导致组织的领导力不够、决策的科学性和果断性不够以及整个组织的战斗力不强。

列宁在领导革命期间就已经十分重视对无产阶级政党纪律建设的探索，在《进一步，退两步》等一系列著作中阐述了丰富的党的纪律建设思想，并在实践中不断强化布尔什维克党的纪律建设和创新，将布尔什维克党建设成为纪律严格、作风过硬、战斗力特别强的组织。列宁领导下的布尔什维克党在严格纪律的锻造下具有对大局把控的极强能力和科学决策所需的强大能力，充分利用国内外有利的条件和环境，充分发挥自身所拥有的强大组织力和战斗力，武力推翻反动政府的统治，赢得十月革命的伟大胜利，进而建立人类历史上第一个真正意义上的社会主义国家政权。列宁在十月革命胜利后对党运行状态充满忧虑，更加注重对党的纪律建设的探索，并继续加大对党在执掌政权情况下的纪律建设创新力度，使新生的无产阶级政权不仅顶住了国内外敌人"联合绞杀"的压力而得以生存，而且带领人民群众快速恢复国民经济、持续发展社会生产力，从而为政权的巩固提供坚实的物质基础。

但是，随着苏联在各方面建设成就的越来越大以及苏联综合国力的越来越强，以斯大林同志为核心的联共（布）中央却越来越疏于对党的纪律建设的探索，越来越放松对党的纪律建设的创新。纪律建设的力度不够、纪律建设没有及时创新，使联共（布）党内的风气日渐变质。例如，联共（布）党内民主集中制遭到破坏，独裁专制作风日渐增长。联共（布）党内部分党员干部日渐放松警惕，日渐腐化堕落，过上奢靡的生活。自斯大林晚年开始，联共（布）党中央开始搞变相特权的"特供政策"，给高级领导干部发放购物证、发放附加工资、在住房和休养等方面实行特殊待遇甚至根据级别享受免费特别服务等。① 显然，联共（布）党内日渐形成一个特权阶层，与人民群众的联系日渐疏远。作家罗曼·罗兰到过莫斯科，其在日记中指出："那些达官贵人的生活足够说明问题了，他们过着一种特权阶层的生活。与此同时，人民却依然为得到面包和环境（我指的是房子）而艰苦地奋斗着。"② 联共（布）党中央放松纪律建设和纪律创新，不仅破坏联共（布）党内的风气和党群关系，而且影响联共（布）党内的凝聚力、战斗力和执政能力。在斯大

---

① 郑永朝. 国外政党执政失败的教训浅析［J］. 理论与改革，2007（1）：78
② 罗曼·罗兰. 莫斯科日记［M］. 袁俊生，译. 北京：东方出版社，2014：239.

林之后，苏共领导人对国内外局势的判断和把控能力呈现出弱化的态势，科学决策的能力也呈现出弱化的态势。尽管苏共领导人赫鲁晓夫等人从不同方面进行了改革，但都没有实现质的突破，没有从根本上改变苏联在各方面所呈现的不利局势，也没有使人民群众的生活得以有效改善。苏联解体的原因固然有很多，但长期以来忽视党的纪律建设、长期以来不重视与时俱进地推动党的纪律建设创新，从而导致联共（布）以及后来的苏共在整体上出现"衰退"，可以说是苏联解体的重要原因。实际上，回顾世界政党历史不难发现：国外政党因为纪律建设和创新没有跟上而与其他因素一起致使其失去执政地位的例子并不在少数。墨西哥革命制度党、印度国大党、日本自民党等都是这类现象的典型代表。

除了国外政党在纪律建设和创新方面的深刻教训之外，国内政党在纪律建设和创新的历程中也有着深刻的教训。以国民党为例，在其创建初期，以孙中山为主要代表的党内成员注重纪律建设，能够较好地落实民主与集中相统一的各项制度，能够接纳共产党员加入国民党合作开展革命运动。但是，蒋介石在成为国民党的最高领袖之后，特别是在抗日战争后期和解放战争时期，其对国民党及其领导的军队的纪律建设和创新没有给予应有的重视，致使党内出现纪律涣散、贪污腐败成风、对老百姓巧取豪夺等大量不良现象，这极大地影响了国民党及其军队的战斗力和凝聚力，使本就不好的党群关系更加雪上加霜。艾奇逊在致杜鲁门总统的信中明确指出："我们的观察家于战争初期在重庆所看到的腐败现象，已觉察出国民党的抵抗力量受到致命的削弱……国民党的部队已丧失了斗志，国民党的政府已经失去了人民的支持。"① 以蒋介石为主要代表的国民党及其领导的军队在解放战争中迅速败亡的原因很多，纪律建设和创新没有跟上而导致纪律性、战斗性不强以及缺乏群众支持是其重要原因。

回顾百年历程不难发现，中国共产党成立以来一直注重党的纪律建设，也一直注重在党的纪律建设方面进行创新。正因为如此，中国共产党在总体上保持了高度的凝聚力和战斗力，在总体上保持了高度的执政能力。但是，中国共产党在加强党的纪律建设和创新力度上还不够，特别是与党所面临的严峻的内外环境和形势还不完全相称，致使党员干部在一段时间内出现了不

---

① 罗曼·罗兰. 莫斯科日记［M］. 袁俊生，译. 北京：东方出版社，2014：177.

少问题。例如,部分党员干部走上了贪污腐败之路,一些党组织出现涣散无力的现象,少数党员出现了不信马列而去求神拜佛的行为;部分党员干部在大是大非问题上缺乏立场、摇摆不定等。有些现象甚至演变到了比较恶劣、非常严重的程度。例如,党长期培养的有较强工作能力的部分高级干部走上了贪污腐化甚至违法犯罪的道路,给党组织和党的事业造成了不小的损失。

一个成熟的政党往往具有开阔的心胸和视野,既深入考察国内情况,又放眼国外;既从历史中吸收宝贵的经验,又从历史的惨痛教训中吸取教训。以习近平同志为核心的党中央宏观把握国内外政党在发展进程中的得失成败,对国内外政党在发展进程中的教训异常清晰,尤其是对中国共产党在纪律建设与创新方面的得失更是清醒。他多次强调:"干部出问题,都是因为纪律的突破。"① 中国共产党之所以伟大,不仅因为他能带领人民群众在社会主义现代化建设方面取得伟大成就,也在于他善于从历史中学习,从国内外政党建设的宝贵经验中学习,从国内外政党建设的教训中学习。以习近平同志为核心的党中央在十八大以来非常重视党的纪律建设,下大力气加强党的纪律建设的各方面创新,既是善于学习国内外政党建设成功经验的具体体现,更是充分汲取国内外政党建设失败教训的结果。

三、新时代党的纪律建设创新的现实需要

所谓"现实需要",就是从现实层面、实践层面探究和阐述清楚事物的存在状态以及变化、发展的内在联系和内在逻辑。从现实层面、实践层面进行探究和阐述,是深入回答党在十八大以来加强纪律建设与创新的关键角度和根本逻辑遵循。党在十八大以来加强纪律建设与创新有着多重现实需要,既是有效应对党内新问题的需要,也是更好履行艰巨历史使命的需要;既是成功应对"百年未有之大变局"的需要,也是解决政党治理世界性难题的需要。

(一)有效应对党内"纲纪不彰"新问题的需要

马克思曾经将"问题"作为时代的划分依据和标准。他在考察德国和法国在集权问题上的态度时谈道:"问题就是时代的口号,它是表现自己精神状

---

① 中共中央纪律检查委员会,中共中央文献研究室.习近平关于严明党的纪律和规矩论述摘编[M].北京:中央文献出版社,2016:5.

态的最实际的呼声。"①"问题"能够决定时代的状态和作为区分时代的标志，这不仅说明了"问题"本身的重要性，更说明了及时关注问题和解决问题的重要性。政党代表着或多或少的群体利益，并作为各个国家在相当长一段时间内政权运行的关键构件和经济社会发展的主要组织力量和推动力量，更应该始终树立"问题意识"，随时关注问题的状态，及时对问题做出新研判，着力探寻新问题的解决方法和路径。对此，习近平总书记有着高度的清醒和自觉，明确指出，政党"要紧跟时代步伐、聆听时代声音、回答时代课题，及时发现和解决党内出现的新问题"②。

作为马克思主义执政党和全心全意为人民谋福祉的执政党，中国共产党始终以"刀刃向内"的勇气，高度重视自身出现的各种新问题，及时找出有针对性的有效应对策略。也正因为如此，中国共产党才始终保持了强大的生命力，才始终保持了必要的革命性和先进性，也才在总体上有效推动了经济社会等各领域问题的及时、有效解决。但是，随着新问题新情况层出不穷的出现，中国共产党党内在新形势下面临严峻挑战，甚至有些问题还比较严重。例如，在思想方面，部分党员和干部思想不纯洁、理想信念动摇甚至丧失③；在政治方面，部分党员和干部不服从党中央决策、对党组织不够忠诚老实④；在组织方面，部分党员和干部破坏组织运行程序，破坏民主集中制，奉行个人主义、独断专行，搞选边站队⑤、山头主义、宗派主义⑥，导致组织软弱涣

---

① 中共中央马克思恩格斯列宁斯大林著作编译局. 马克思恩格斯全集：第40卷［M］. 北京：人民出版社，1982：289.
② 新华社记者. 以解决突出问题为突破口和主抓手 推动党的十八届六中全会精神落到实处［N］. 人民日报，2017-2-14（1）.
③ 中共中央文献研究室. 十八大以来重要文献选编：下［M］. 北京：中央文献出版社，2018：408.
④ 中共中央文献研究室. 十八大以来重要文献选编：中［M］. 北京：中央文献出版社，2016：474.
⑤ 中共中央纪律检查委员会，中共中央文献研究室. 习近平关于严明党的纪律和规矩论述摘编［M］. 北京：中央文献出版社，2016：47.
⑥ 中共中央文献研究室. 十八大以来重要文献选编：下［M］. 北京：中央文献出版社，2018：408.

散①；在纪律方面，部分党员和干部对纪律规定置若罔闻②、搞分散主义③，致使纪律松弛④、我行我素⑤；在作风方面，部分党员和干部大搞权色交易、享乐主义、官僚主义、形式主义⑥；在制度方面，《条例》和《准则》中的部分条款存在与法律重复的问题，还存在着内容过于烦琐、正面倡导不足等问题⑦；在廉洁方面，部分党员和干部大搞行贿受贿、贪污腐败⑧。这些都是党的建设以及党内突出问题的具体体现。如果这些问题不能及时得以重视和有效解决，必然会影响党的存在状态和发展状态，必然会影响党在人民群众中的形象，必然会影响党执政所需要的各种能力，必然会影响党的先进性、纯洁性。而且，如果这些问题不能及时得以重视和有效解决，其在对党自身造成严重危害的同时，还会对党及时察觉、关注和重视经济社会发展过程中出现的各种问题，并及时找出这些问题的解决方法造成不良影响甚至严重危害。

要想及时发现和解决经济社会等领域存在的突出问题，就必须首先发现和解决好党内存在的问题，把党的各方面建设好，不断增强党发现问题和解决问题的能力，始终保持党的先进性和凝聚力。要想开展好社会革命，党就必须首先进行自我革命。正如前文所述，党内在思想方面、政治方面、组织方面、纪律方面、作风方面以及制度方面都存在着这样或那样的问题，甚至有些问题还比较严重。但是，我们通过认真分析各方面存在的各类具体问题就不难发现，尽管各类问题的表征和属性不一样，但绝大多数问题都与党的

---

① 中共中央纪律检查委员会，中共中央文献研究室．习近平关于严明党的纪律和规矩论述摘编［M］．北京：中央文献出版社，2016：9．
② 中共中央纪律检查委员会，中共中央文献研究室．习近平关于严明党的纪律和规矩论述摘编［M］．北京：中央文献出版社，2016：6．
③ 中共中央文献研究室．十八大以来重要文献选编：下［M］．北京：中央文献出版社，2018：408．
④ 中共中央纪律检查委员会，中共中央文献研究室．习近平关于严明党的纪律和规矩论述摘编［M］．北京：中央文献出版社，2016：9．
⑤ 中共中央文献研究室．十八大以来重要文献选编：中［M］．北京：中央文献出版社，2016：474．
⑥ 中共中央文献研究室．十八大以来重要文献选编：下［M］．北京：中央文献出版社，2018：408．
⑦ 中共中央文献研究室．十八大以来重要文献选编：中［M］．北京：中央文献出版社，2016：762．
⑧ 中共中央文献研究室．十八大以来重要文献选编：上［M］．北京：中央文献出版社，2014：55．

纪律和纪律建设有直接关系。只不过，有的问题与组织纪律和组织纪律建设密切相关，有的问题与政治纪律和政治纪律建设密切相关，还有的问题与群众纪律和群众纪律建设密切相关等。可以说，遵守纪律和执行纪律方面出现问题以及纪律建设方面出现问题是党内出现各种问题的重要原因之一。要想尽量减少甚至避免党内出现的多方面问题，党就必须从纪律条款的完善着手，从遵守纪律和执行纪律方面着力，归根到底就是要加强纪律建设和创新。党内在现阶段新出现的一系列问题，并不是通过原来的纪律条款、落实纪律的旧体制机制等就能完全得以解决的。新问题的解决，必然依赖于新的解决方案。有效解决党内出现的新问题，依赖于不断加强党的纪律建设和创新。

此外，中国共产党站在"生命"的高度来认识团结统一的重要性，认为如果做不到团结统一，就是在帮助敌人，就是在"危害党的生命"。① 正因为如此，与世界上大多数政党相比，中国共产党在维护和巩固党的团结统一方面做得更好。但是，中国共产党现阶段在维护和巩固自身的团结统一方面还存在不少问题，有些问题还相当突出甚至相当严重。例如，有些党员干部妄议党中央的各项决策和部署，甚至与党中央背道而驰，大搞结党营私甚至谋取权位等阴谋活动②；有些党员干部把党的政治纪律和政治规矩"当儿戏"，胡作非为，搞"独立王国"，自行其是③；有些党员干部成了"两面人"，善于做"两面派""老好人"，阳奉阴违、敷衍了事；有些党员干部奉行山头主义，"搭天线""拜码头""小圈子"④，有令不行、有禁不止⑤等。上述这些问题都是部分党员和干部破坏党的团结、损害党的统一的典型表现，给党的团结统一造成了不良后果。更为严重的是，党内有一些高级干部在党的团结统一方面出现严重的违纪违法行为。某些高级干部不仅在经济工作纪律方面出现严重问题，还在政治纪律方面出现严重问题，严重影响了党的团结和统

---

① 中共中央文献研究室. 建国以来重要文献选编：第5卷 [M]. 北京：中央文献出版社，1993：121.
② 中共中央文献研究室. 十八大以来重要文献选编：下 [M]. 北京：中央文献出版社，2018：408.
③ 中共中央纪律检查委员会，中共中央文献研究室. 习近平关于严明党的纪律和规矩论述摘编 [M]. 北京：中央文献出版社，2016：86.
④ 中共中央文献研究室. 十九大以来重要文献选编：上 [M]. 北京：中央文献出版社，2019：558.
⑤ 中共中央文献研究室. 十八大以来重要文献选编：下 [M]. 北京：中央文献出版社，2018：769.

一。实际上,党的十八大以来,在被查处的包括中央候补委员、中央委员、省长、省委书记、部长等在内的将近 200 位党的高级干部①中,大部分高级干部有不遵守组织纪律和政治纪律的行为,这给党的团结统一造成的危害是不可估量的。同时,党的十八大以来,还有数量更为庞大的中层干部和基层干部因违纪违法被查处,他们在违纪违法中破坏了党组织的团结和统一。

透过破坏党的团结统一的各种现象来看,固然有多种因素影响党的团结统一,但纪律建设方面出了问题,一定是影响党的团结统一的关键因素。例如,"妄议中央"这一破坏党的团结统一的现象,既与少数党员干部的思想出现问题有关,也与少数党员干部不遵守政治纪律有关,还与少数党员干部不遵守组织纪律有关。因此,为了更好地维护党的团结统一,党必须在纪律约束方面下更大的力气,必须在严明纪律、遵守纪律和执行纪律上下更大的功夫,必须在加强纪律建设与创新方面投入更多的精力。这就是党在十八大以来重视纪律建设与创新、用实际行动加强纪律建设与创新的又一重要现实因素。

(二)更好践行"初心"和"使命"的需要

承担使命和任务是世界上任何一个政党的"共性特征",也是世界上任何一个政党得以存在的基本条件。只不过,世界上大多数国家的执政党通常比处于非执政地位的政党承担更大的使命和更多的任务。因政党性质不同、代表的利益群体不同以及国内自然和人文条件不同,政党与政党之间所承担的使命和任务也会存在明显的差异。与世界上大多数国家的政党相较而言,中国共产党自诞生之日起就肩负着更为艰巨的使命和任务。

党的十八大以来,中国共产党所承担的使命在"外形上"没有太大的变化,还是为人民谋幸福、为民族谋复兴②,但其在内容实质上却发生了明显的阶段性变化。"为人民谋幸福"中的"人民"的范围和数量早已不同于革命时期和新中国成立初期的状态,也大大超过了改革开放初期的状态,实实在在地扩展为 14 亿人。"为人民谋幸福"中的"幸福"早已不是新民主主义革命时期的"没有战乱""和平安宁",也早已不是新中国成立初期的"填饱肚子""有衣遮体",也已经不是改革开放新时期的"衣食无忧""社会和谐",

---

① 中共中央文献研究室.十八大以来重要文献选编:下 [M].北京:中央文献出版社,2018:464.
② 张明.中国共产党初心与使命的三重逻辑:基于历史、理论与现实的三个关键词解析 [J].新疆师范大学学报(哲学社会科学版),2019(6):50.

而是新时代美好生活的幸福。对于这种"幸福",用习近平总书记的话来讲,就是人民群众期盼包括"更好的教育""更可靠的收入""更稳定的工作"等在内的"十个期盼"①或者是包括"更优美的环境""更舒适的居住条件""更丰富的精神文化生活"等在内的"八个更"②。显然,满足人民群众在新时代对"高档次幸福"的追求,党面临着更大的困难和挑战。

同样,"为民族谋复兴"在"外形上"没有发生变化,但其阶段性内容却发生了翻天覆地的变化,即不再是在革命时期的"实现民族独立""建立相对完善的工业体系"的"站起来",也不再是在改革开放新时期"摆脱落后的社会生产""满足人民的物质和文化需要"的"富起来",而是在新时代实现"富强民主文明和谐美丽"的"强国"目标。显然,"为民族谋复兴"这一重要使命的内容已经大大升级。党要实现这一使命同样面临着更大的困难和挑战。党的初心和使命与国内外基本状况一起决定党在各阶段的任务,而党通过完成各阶段任务来一步一步接近初心和使命。在新时代要实现党的初心和使命,就必须在推动高质量发展中来有效解决不平衡不充分发展问题。这个过程显然充满着更大的困难和挑战。正如习近平总书记所指出的那样,"中华民族伟大复兴,绝不是轻轻松松、敲锣打鼓就能实现的。全党必须准备付出更为艰巨、更为艰苦的努力"。③

党在革命年代为实现初心和使命的阶段性内容目标——"没有战乱""和平安宁""民族独立""建立相对完善的工业体系"以及完成当时的任务——彻底推翻"三座大山",是与中国共产党始终推动党的纪律和军队纪律的建设与创新分不开的,因为只有与时俱进地推动党纪与军纪建设与创新,才能始终确保党的纪律和军队纪律的严明性,才能在此基础上确保党和军队形成战胜敌人的强大组织力、战斗力,才能在人民群众中树立良好的形象,赢得全方位的支持。同样,要在现阶段不断实现初心和使命的阶段性内容目标——"十个期盼""八个更"和"富强民主文明和谐美丽"的"强国"目标以及不断解决不平衡不充分发展问题的任务,中国共产党就必须在自身建设方面做

---

① 中共中央文献研究室.习近平关于全面建成小康社会论述摘编[M].北京:中央文献出版社,2016:129.
② 习近平.习近平谈治国理政:第2卷[M].北京:外文出版社,2017:61.
③ 中共中央文献研究室.十九大以来重要文献选编:上[M].北京:中央文献出版社,2019:11.

好充足的准备，就必须确保自身具有战胜更大困难、更大挑战所需要的更加强大的组织力和战斗力。这就要求党在现阶段用更大的力气不断推动纪律建设和创新。虽然一个政党的性质、制度，党员人数和党内风气等诸多因素都会影响党的组织力和战斗力，但是，党的纪律样态是影响组织力和战斗力更为基础、更为直接的因素，因为党的纪律松散会直接导致组织软弱无力。因此，在现阶段要使党的纪律更加严明，就必须根据党内外最新情况及时"淘汰"陈旧过时的纪律条款，就必须根据党内外最新情况及时"淘汰"与纪律直接相关的各项陈旧的纪律建设的体制机制，也即党要不断根据党内外最新实际情况推动纪律建设和创新。

可以说，中国共产党在新中国成立以来始终保持了较强的执政能力，也以较强的执政能力闻名于世。正因为如此，中国共产党在新中国成立以来才能不断践行好初心和使命，在"为人民谋幸福""为民族谋复兴"方面不断取得阶段性进展，才能较好地完成各阶段的任务。党的十九大对社会主要矛盾做出了最新判断，"不平衡不充分发展"已经构成新的社会主要矛盾的主要方面，构成了现阶段我国所面临的最大问题。这些新变化，既验证了中国共产党具有较强的执政能力，又对中国共产党的执政能力提出了更高的要求，还给中国共产党的执政能力带来了巨大的挑战。影响党的执政能力的因素有很多种，例如党的执政经历、党员的整体文化水平、党员的整体素质、党的组织结构等都会对党的执政能力的强弱造成影响。但是，党的纪律样态同样是影响执政能力强弱的关键因素，因为党的政治纪律、组织纪律、作风纪律等纪律的严格遵守和执行程度会影响党员和干部的整体精神状态，会影响党组织培养党员干部所需要的学习氛围、廉洁氛围、工作氛围，而这些都会对党员和干部的各种能力提升产生较大影响。因此，要在现阶段进一步提高党的执政能力，就必须确保党员干部在遵守纪律和执行纪律方面都更加严格，而这就需要党在现阶段结合党内外的新情况不断加强党的纪律建设和创新。

（三）成功应对"百年未有之大变局"的需要

21世纪以来，国际局势出现的显著变化在于"当今世界正在经历百年未有之大变局"[①]。随着中国在改革开放以来特别是21世纪以来的各方面发展

---

① 中共中央文献研究室. 十九大以来重要文献选编：上 [M]. 北京：中央文献出版社，2019：640.

成就越来越大，美国为了维护自身的霸权地位越来越对中国持"制约"甚至"敌视"的态度，对中国的"围堵"力度越来越大。回顾历史不难发现，美国会全面加大对一个国家的制裁和围堵力度，往往是在该国的 GDP 总量接近或者达到美国 GDP 总量的 2/3 时。例如，美国曾经在日本 GDP 总量达到美国 GDP 总量的 2/3 时通过"广场协议"对日本进行"围堵和制裁"，从而给日本经济社会的发展造成严重的灾难性后果。① 如表 2-1 所示，中国的 GDP 总量从 2012 年达到美国 GDP 总量的 52.65%，此后越来越接近美国 GDP 总量的 2/3，在当下甚至已经达到美国 GDP 总量的 71.01%。

在此背景下，美国对中国的"制裁"和"围堵"的范围越来越广、力度越来越大。比如，美国在中国南海问题上挑起事端，在意识形态领域攻击中国共产党和中国政府；在抗击新冠肺炎疫情中无端指责和抹黑中国，在贸易领域故意发动违反规则的制裁，肆意干涉中国香港、中国台湾、新疆等内政事务。可以想见，随着中国继续发展特别是随着中国与美国在 GDP 总量、综合国力方面的差距越来越小，美国及其追随者们所开展的"鱼死网破"式的"制裁"和"围堵"会更加频繁、力度会更大，中国共产党会面临着来自国际方面的更大的挑战和压力。这就要求中国共产党必须形成强大的战斗力、凝聚力和领导力，即形成比过去更加强大的"综合力量"来应对来自国际方面的严峻挑战和巨大压力。强化党的纪律建设和创新就成为中国共产党管党治党的重要战略选择和抓手，因为各级党组织以及整个党的战斗力、凝聚力、领导力的强大与否，与党能否与时俱进地推动党的纪律建设和创新的联系极为紧密。

表 2-1　2012—2020 年中国 GDP 总量占美国 GDP 总量的百分比历年变化表②

年份 （年）	中国 GDP 总量 （万亿美元）	美国 GDP 总量 （万亿美元）	中国 GDP 总量占美国 GDP 总量的百分比（%）
2012	8.53	16.20	52.65

---

① 金旼旼，杜静，孙鸥梦. 日本应对《广岛协议》的教训和经验［N］. 人民日报，2018-8-18（3）.
② 中国 2012—2020 年历年 GDP 总量数据、美国 2012—2020 年历年 GDP 总量数据来源于 2012—2020 年《中国统计年鉴》。中国 GDP 总量占美国 GDP 总量的百分比＝中国 GDP 总量/美国 GDP 总量×100%。

续表

年份（年）	中国GDP总量（万亿美元）	美国GDP总量（万亿美元）	中国GDP总量占美国GDP总量的百分比（%）
2013	9.57	16.78	57.03
2014	10.48	17.53	59.78
2015	11.06	18.22	60.70
2016	11.23	18.71	60.02
2017	12.31	19.52	63.06
2018	13.89	20.58	67.49
2019	14.43	21.43	66.92
2020	14.70	20.70	71.01

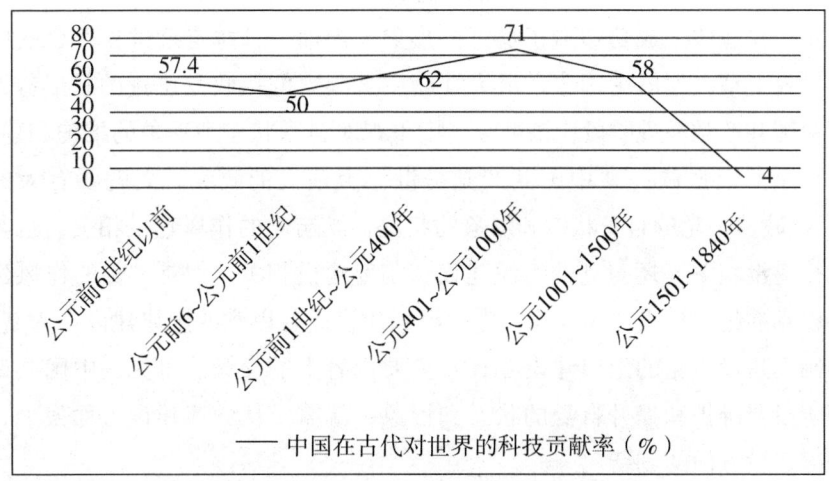

图 2-1　中国在古代对世界的科技贡献占比图①

其次，从李约瑟统计的结果来看，如图 2-1 所示，中国对全世界的科技贡献率的占比在古代长期超过了 50%，即中国曾长期在世界科技发展与创新中处于主导地位。"科学技术是第一生产力"②。在科技领域长期占据世界主导地位的事实，充分说明中国在古代的确长期处于综合国力最强大的少数国

---

① 《自然科学大事年表》编写组. 自然科学大事年表 [M]. 上海：上海人民出版社，1975：14.

② 邓小平. 邓小平文选：第 3 卷 [M]. 北京：人民出版社，1993：377.

家之列,的确长期处于世界舞台的中央位置。但中国在近代以来却由于专制制度的腐朽和没落而处于列强欺凌、落后挨打的境地。无数仁人志士探索救国救民的道路并奋起抗争,以期使中华民族重现昔日的兴旺、辉煌的荣光,使中国重返世界舞台的中央。但是,只有拥有科学的理论、严格的纪律、良好的党群关系,开辟正确的革命和建设道路和具有强大战斗力的中国共产党,才使得民族复兴和重返世界舞台中央的目标一步一步变为现实。时至当下,中国共产党带领人民群众已经成功推动国家实现了从站起来、富起来到强起来的飞跃①,已经使中华民族处于比过去任何时期都更加接近复兴目标的实现②,已经使中国日益走近世界舞台的中央③。这意味着中国与世界各国的联系将会更加紧密,意味着中华民族和中国人民的状态和面貌将会被越来越多的国外民族和人民所关注,更意味着中国共产党的整体状态和形象将会越来越成为国外政党和人民关注的焦点。毫无疑问,中国共产党过去不管是对内还是对外在总体上成功塑造了良好的形象。当前,日益走近世界舞台的中央以及世界上最大发展中国家、最大社会主义国家的执政党位置的新形势,决定了中国共产党在现阶段应该继续高度重视对自身状态和形象的维护和建设。习近平总书记强调:"中国共产党是世界上最大的政党。大就要有大的样子。"④ 诚然,党的自身状态和形象的状况,既与党的作风建设相关,也与党的纪律建设相关,还与党的组织建设、制度建设相关。但是,党的作风建设需要以党的纪律建设作为保障;党的组织建设需要以党的纪律建设作为基础;党的制度建设与党的纪律建设存在着重要内容上的交叉。可见,中国共产党在现阶段要维护和提升自身的状态和形象,就需要从纪律建设方面发力,注重纪律建设方面的创新。

最后,"百年未有之大变局"的另一突出表现在于:当今国际经济政治秩序正在经历深刻调整。这一"变化"的产生,一方面是由于中国这一世界上

---

① 中共中央文献研究室. 十九大以来重要文献选编:上 [M]. 北京:中央文献出版社, 2019:7.

② 中共中央文献研究室. 十九大以来重要文献选编:上 [M]. 北京:中央文献出版社, 2019:11.

③ 中共中央文献研究室. 十九大以来重要文献选编:上 [M]. 北京:中央文献出版社, 2019:8.

④ 中共中央文献研究室. 十九大以来重要文献选编:上 [M]. 北京:中央文献出版社, 2019:113.

最大的发展中国家、最大的社会主义国家日益走近世界舞台中央促成的；另一方面是由于其他新兴发展中国家的综合国力不断上升促成的。国际经济政治秩序正在经历的深刻调整，主要是由美国等西方发达国家主导下所形成的不合理的旧秩序向合理的新秩序转变。其实质必然涉及国际利益的深刻变动。这个"调整"和"变动"的过程，注定不可能一帆风顺，注定会遭遇极强的阻碍甚至惊涛骇浪，因为在旧秩序、旧规则下受益的许多西方发达国家不会甘愿失去非公平规则和秩序带来的丰厚"奶酪"，必然会在新旧秩序的调整与转变过程中百般阻挠。既为了推动中国更好的发展，也为了推动世界各国特别是广大发展中国家更好的发展，还为了促进国家间公平发展、共同发展、互利共赢，中国共产党在现阶段有责任和义务参与和推动国际旧秩序向国际新秩序实现深刻转变。但是，这一过程既考验中国共产党把控国际局势、协调国家间利益、处理国际事务的能力，又考验中国共产党的勇气和战斗力，还考验中国共产党的智慧。这要求中国共产党在现阶段强化纪律建设的创新力度，推动广大党员和干部更加严格地遵守政治纪律和工作纪律，以增强把控国际局势、协调国家间利益、处理国际事务的能力；推动广大党员和干部更加严格地遵守政治纪律、组织纪律、廉洁纪律、工作纪律等，以增强推进国际规则变革和国际秩序调整所需要的革命勇气和战斗力。

（四）解决政党治理世界性难题的需要

整个世界在最近30年并不平静，其不平静之处的主要表现之一，在于很多长期执政并在执政过程中取得很好执政绩效的老党、大党没有经受住各种考验，没有坚守住来之不易的执政地位。例如，苏联共产党等世界著名的执政党在世纪之交、千禧之年纷纷失去执政地位甚至出现亡党亡国的悲剧。主要表现之二，在于很多国家的政党或执政党在发展的过程中出现了一系列较大的问题，不仅对政党或执政党自身的发展造成了较大的负面影响，而且对于推动整个经济社会的健康发展、推动人民生活状况的持续改善等方面造成了严重的不良后果。以美国的民主党和共和党这两个主要政党为例，民主党和共和党在21世纪以来基本呈现出了"轮流坐庄""交替执政"的局面，这在某种程度上适应了美国政党制度所设计的"制衡"初衷。但是，美国两个政党在轮流执政的过程中出现了大量问题，其中一个比较突出的问题在于政党所培养和推选出来的领袖不合格。能否培养造就出可靠的接班人，能否使政党人才辈出、继往开来，能否正确认识包括历史上的错误、伤疤在内的自身发展历程等,是衡量政党合不合格、成不成熟的重要标志。① 连续选举出的领袖不合格反映出政党自身的不合格,连续选举出的领袖不成熟反映出政党自身的不成熟,这是政党存在问题、跟不上时代发展需要的重要体现。再以巴西为例,巴西一共有 32 个政党,但社会自由党、劳工党、民主运动党、共和国党是党员人数多的政党。其中,代表左翼的劳工党从 2003 年成为执政党,其在连续执政 14 年后于 2016 年"罗塞夫总统遭弹劾"事件失去执政地位。事实上,劳工党失去执政地位的主要原因在于自身,即自身在 21 世纪以来存在的问题酝酿着巨大的执政危机。例如,转型和发展的方向不明确、推动党内派别化、党内民主制度出现异化、魅力型领袖现象严重、政治交易现象突出、党内腐败问题严重、应对经济社会等方面新问题的能力不足等突出的问题②,使劳工党难以适应新形势下执政环境的需要,其失去执政地位是必然的。不仅如此,巴西国内甚至出现了政党之间政治恶斗、社会对立、经济衰退等相互交织的"乱局"现象③,严重影响了国家经济社会的持续健康发展和正常的政治及社会秩序。事实上,拉美国家不只是巴西劳工党失去执政地位,包括智利、委内瑞拉等很多国家的左翼政党在最近十多年里都面临着失去执政地位的危险或已经失去执政地位的悲惨境况。④ 当然,美国政党问题和拉美国家的政党问题只是政党问题的一些典型代表和体现。当今世界上几乎所有国家的政党都面临着较为明显的缺陷和问题,而那些拥有执政可能性的政党往往面临着更多、更加突出的问题。政党治理问题在现阶段显然已经成为全球性的难题,已经成为各个国家的政党深感头疼的难题,也已经成为各个国家的主要政党亟待解决的世界级难题。

面对政党治理的世界性难题,中国共产党探索这一难题的有效解决之道,与其他国家分享政党治理的经验借鉴,是义不容辞的责任。中国共产党在探索政党治理这一世界性难题的解决方案和路径的过程中必须将加强纪律建设方面的创新作为重要方向。一方面,政党治理世界性难题的产生很大程度上

---

① 李东朗. 领导核心成熟,是党成熟的主要标志:以新民主主义革命历史为例[J]. 人民论坛,2013(25):25.
② 靳呈伟. 巴西劳工党执政经验及面临的挑战[J]. 当代世界与社会主义,2012(2):43-44.
③ 孙岩峰. 弹劾难解巴西乱局[EB/OL]. 中国发展门户网,2022-08-02.
④ 史小今. 拉美左翼政党失去政权原因及反思[J]. 科学社会主义,2016(4):146-150.

是由政党纪律出现问题导致的。有学者指出:"世界上不少政党,党首管不住自己的政党,党纪松弛,人心涣散。党首也不像党首的样,结果闹得政坛像秀场,相互攻讦、丑闻迭现。特别是西方模式的选举党,更是软弱涣散,政见难以统一,更不要说采取统一行动了。"①"党纪涣散""人心涣散""相互攻讦""政见难以统一"等都是党的纪律建设出现问题,没有跟上时代前进步伐的具体表现。另一方面,人类所处的发展阶段决定了约束党员干部的行为不能只靠道德力量,而是要尤其注重外部力量的"刚性约束"。加强纪律建设方面的创新探索,恰恰就是从外部约束进行发力的具体体现。此外,制度对于政党的建设和发展具有根本性、稳定性和全局性意义。而加强纪律建设的创新本身就直接涉及党纪党规体系、纪检监察体制、监督执纪问责机制等制度方面的重要内容。这些客观因素都决定着解决政党治理这一世界性难题的重要方向在于加强对党的纪律建设创新的探索,决定了中国共产党在十八大以来为了有效解决政党治理这一世界性难题,必须将重点放在加强党的纪律建设的创新上,必须以实际行动加强党的纪律建设创新。

---

① 李捷. 世界性三大治理难题与习近平总书记治国理政新理念新思想新战略 [N]. 新华日报, 2017-9-6 (15) .

第三章

新时代党的纪律建设总体理论创新

根据辩证唯物主义认识论的基本原理，理论与实践是一对既具有平衡性又具有不平衡性的重要范畴。理论与实践之间的平衡性关系主要体现为实践是理论认识的来源，实践决定理论认识的发展和变迁。在这种情况下，理论认识的发展和演变跟随实践状态的变化而变化，二者之间基本上呈现出一一对应的关系。也就是，实践状态演变到哪儿，理论状态也就跟着演变到哪儿。但是，理论和实践之间还存在着不平衡性的关系状态。其不平衡性关系状态主要表现为理论认识并不完全与实践状态一致，有时会滞后于实践，有时会超前于实践，这就表明对理论认识的科学把握往往能够更好地理解实践状态，从而要求我们首先对理论认识进行全面准确地把握。十八大以来，党在纪律话语界定、纪律建设关系厘定方面形成了"焕然一新"的理论认知，在政治纪律、组织纪律建设方面形成了关乎整体发展的重要论断，完成了纪律建设的核心话语概念界定和话语体系构建，实现了纪律建设在纪律概念范畴、纪律建设关系以及具体纪律建设论断方面的总体理论创新。

一、纪律话语界定

"纪律话语"是指与纪律直接相关的话语表达和言说。核心概念考察法是话语研究领域的重要方法。"纪律话语"的核心概念主要包括"纪律""规矩""法律""道德"等。话语是思想的出口。探讨清楚"纪律""规矩""法律""道德"等话语概念以及这些话语概念之间的关系，有助于我们更好地理解纪律理论本身。十八大以来，党对"纪律"的话语概念及其与"规矩""法律""道德"等话语概念之间的关系进行了全新阐释和全面厘定。这些新话语表达构成了十八大以来党的纪律建设理论创新的重要内容。

(一)纪律与规矩:"党的纪律是党内规矩"

"纪律"一词出现在中国共产党的正式文件中,最早可追溯到党的二大制定的首部党章,其集中规定了党员必须遵守的9条纪律。① 此后,"纪律"一词可多处散见于党章、党规、党代会文件等成文的制度规章中,而相关的纪律条款也构成了历次党章修订的重要内容。与"纪律"一词出现在党的文件中的时间较早不同,作为党员行为约束的"规矩"一词在改革开放以后才真正出现在党的正式文件中。例如,党的十三大报告强调指出:"对在党政领导机关工作的党员,特别是担负主要领导工作的党员干部,应该订立更加严格的规矩。"② 这里的"规矩"更多是"纪律"的同义语。江泽民于1995年在中共十四届五中全会召集人会议的讲话中指出:"要立一条规矩:哪里有严重问题不查处,就追究哪里领导的责任。"③ 这里的"规矩"与"纪律"的含义开始有所区分,但更多还是指"规定"的意思。可以说,在党的历史上,党的正式文件中更多地使用"纪律"一词,只是偶尔使用"规矩"一词。"纪律"在历史上早已成为党表达"言行约束"的常用话语概念,而"规矩"较晚才成为党表达"言行约束"的低频率话语概念。

回顾党的历史不难发现,"纪律"和"规矩"这两个概念的内涵在过去大多数时候并未被区分开来,往往被视为内涵一致、可以相互替代的话语表达。党没有对"纪律"和"规矩"的内涵进行区分,既受到认识发展规律的限制,也受党内外现实情况演变的影响。但是,不对"纪律"和"规矩"的内涵进行区分,不利于约束党员的言行。这是因为:一方面,这会给党员和干部造成一种错觉,即党员和干部只需要遵守明文规定的纪律条款,而不用遵守没有明文规定但党在过去一贯保持的优良作风;另一方面,这可能会导致党在纪律建设过程中重视明文纪律条款方面的建设和完善,忽视党在过去形成的优良传统和工作惯例等非明文条款的总结和完善,从而影响党的纪律建设甚至党的整体建设的实际效果。党的十八大以来,以习近平同志为核心的党中央真正将"纪律"和"规矩"同时作为常用概念加以使用,并真正在

---

① 本书编委会. 中国共产党历次党章汇编:1921—2017 [M]. 北京:中国方正出版社,2019:67-68.
② 中共中央文献研究室. 十三大以来重要文献选编:上 [M]. 北京:人民出版社,1991:53.
③ 江泽民. 江泽民文选:第1卷 [M]. 北京:人民出版社,2006:456.

话语上、理论上对两个概念的内涵进行明确区分。

以习近平同志为核心的党中央基于前人在"纪律"和"规矩"方面的探索和认识，立足于十八大以来党的建设、党的纪律建设方面出现的新变化、呈现的新特征，对"纪律"和"规矩"这两个话语概念的内涵从理论上进行了科学界定。在习近平总书记看来，无论是"规矩"还是"纪律"都是约束党员行为的规范和规则，但"规矩"的内涵要比"纪律"的内涵丰富得多，"规矩"所包含的内容也要比"纪律"所包含的内容多得多。实际上，"规矩"是约束党员行为的规范总称，其主要包括党的纪律这一刚性约束、国家法律、党章这一总规矩以及党的优良传统和工作惯例①四个方面的内容。可见，"纪律"的内涵的确要比"规矩"的内涵窄，其只是"规矩"内涵的一个组成部分。"规矩"既包括纪律、法律、党章这些"硬性规定"和"刚性约束"，还包括党的优良传统和工作惯例这些"柔性约束"；"规矩"不仅包括纪律、法律、党章这些成文的"约束"，还包括优良传统和工作惯例这些不成文的"约束"。如此一来，"纪律"与"规矩"各自的内涵边界就相当清楚了。

厘清"纪律"与"规矩"的内涵边界，是党的历史上的首次。这是以习近平同志为核心的党中央在纪律建设方面的重要探索，也是在纪律建设理论方面的重要创新。这一创新具有多重意义。首先，相当长一段时间里，许多党员事实上对"纪律"和"规矩"之间的关系特别是"纪律"与"规矩"之间的内涵差异存在着明显的思想困惑。一些党员甚至认为"纪律"就是"规矩"，而"规矩"就是"纪律"。从理论上厘清"纪律"与"规矩"之间的内涵边界，有助于从根源上消除广大党员的思想困惑，统一全党上下对"纪律"内涵和"规矩"内涵及其二者关系的认识。其次，思想是行动的先导，正确的思想认识才能更好地指导和推动实践。从理论上厘清"纪律"与"规矩"之间的内涵边界，有助于广大党员在消除困惑中更好地遵守纪律、更好地执行纪律，从而进一步增强党的纪律性和组织性。最后，习近平总书记指出："对于我们这么一个大党来讲，不仅要靠党章和纪律，还得靠党的优良传

---

① 中共中央纪律检查委员会，中共中央文献研究室. 习近平关于严明党的纪律和规矩论述摘编［M］. 北京：中央文献出版社，2016：7.

统和工作惯例。"① 从理论上厘清"纪律"与"规矩"之间的内涵边界，并从理论上将党的优良传统和工作惯例纳入"规矩"之中，既丰富了"规矩"的内涵、拓展了"规矩"的内容，又更加凸显了党的优良传统和工作惯例在约束党员行为中的重要性，有助于促使广大党员认同并落实党的优良传统和工作惯例，更好地遵规守矩。

（二）纪律与法律："把纪律挺在前面"

纪律和法律之间的关系问题是世界上任何一个政党都面临的重要问题。只不过不同国家的政党在纪律与法律之间的关系问题上所持观点和处理方式存在差异性。早在自由资本主义时代，马克思主义经典作家就已经对纪律和法律的关系问题有所思考。例如，马克思、恩格斯认为资本主义法律在一定程度上增强了工人劳作的纪律性，即使是通过强制性的手段。他们还认为，如果纪律松弛到严重程度，也就意味着法制观念的荡然无存。② 中国共产党成立后特别是在局部地区进行执政后同样面临着如何恰当处理纪律与法律之间的关系问题。例如，党在1940年年底指出："开除党籍是党纪的最高处分，至于逮捕、徒刑等等已是法律及军纪的范围。"③ 在这里，党实际上已经对纪律与法律的范围问题有所涉及。此外，党在1950年4月通过的《关于在报纸刊物上展开批评和自我批评的决定》中明确规定：被批评者如果对批评者进行打击报复，对于其中违反党纪的成分应由党的纪检部门进行处理，对于其中触犯行政纪律的成分应由国家检察机关处理，对于其中违反法律的成分应由司法机关进行处理。④ 在这里，党从处罚的角度对纪律与法律进行了区分。总体来说，中国共产党在新中国成立以来是比较注重纪律与法律的区别，比较注重从实践层面将纪律与法律区分开来的。但是，由于党在话语上、理论上对纪律与法律的关系缺乏深刻认识和阐释，党在实践层面也很难彻底做到正确处理纪律与法律之间的关系，致使二者的关系在相当长一段时间内都存

---

① 中共中央文献研究室.十八大以来重要文献选编：中［M］.北京：中央文献出版社，2016：348.
② 中共中央马克思恩格斯列宁斯大林著作编译局.马克思恩格斯全集：第48卷［M］.第二版.北京：人民出版社，2007：65.
③ 中共中央纪律检查委员会.中国共产党党风廉政建设文献选编（1921—2000）：第8卷［M］.北京：中国方正出版社，2001：37.
④ 中共中央纪律检查委员会.中国共产党党风廉政建设文献选编（1921—2000）：第3卷［M］.北京：中国方正出版社，2001：150.

在着纪律条款与法律条款重复、纪律检察机关和法律监察机关之间的职能重叠等问题，既在一定程度上影响了纪律检查机关和法律监察机关职责的有效落实，也在一定程度上导致纪律执行和法律执行存在"界限不清"的现象。想要真正避免这些问题，党必须首先从话语上、理论上真正厘清纪律与法律之间的关系。以习近平同志为核心的党中央在十八大以来立足于纪律建设和全面依法治国的实践需要，从话语上、理论上对纪律和法律的关系进行了大力创新。其中，在纪律与法律的关系问题上，其话语和理论的最大创新在于将纪律和规矩挺在法律前面。例如，习近平总书记指出："只有把纪律挺在前面，坚持纪严于法、纪在法前，才能克服'违纪只是小节、违法才去处理'的不正常状况，用纪律管住全体党员。"① 当然，"将纪律和规矩挺在法律前面"这一话语和理论创新是总体意义上的创新，包含着多重话语和理论维度。

第一，将纪律和规矩挺在法律前面，其前提是"纪律"和"法律"有各自的内涵边界。尽管"纪律"和"法律"在本质上都是约束人及其行为的"硬性准则"，都是体现人民群众根本利益、主流愿望的"刚性约束"②，但它们有自身的内涵边界。其中，"纪律"主要是指包括准则、条例、规则等在内的体现整个党的主张和意志的规范总和，而"法律"是指包括宪法、基本法以及其他法律等在内的体现人民意志以及国家意志的规范总和。由此可见，"纪律"的内涵和适用边界在于党内，其具体适用对象在于广大党员，而"法律"的内涵和适用边界在于整个国家范围内的所有公民。显然，"法律"的适用对象要远远大于"纪律"的适用对象。"法律"的适用对象不仅包括党员，而且包括普通群众，而"纪律"的适用对象只是党员。因此，"纪律"和"法律"的内涵边界和适用边界决定了作为"专职约束"党员行为的"纪律"应该先于作为非"专职约束"党员行为的"法律"发挥作用。"纪律"在约束党员行为方面更加具有"针对性"和"专门性"，其首先在前面发挥的作用往往要比"法律"这一对党员和普通民众具有"普适性"约束所发挥的作用效果更好。

第二，将纪律和规矩挺在法律前面，是因为"纪律"和"法律"的宽严程度存在明显的差异性。"纪律"是对广大党员的"硬性约束"，而"法律"

---

① 习近平. 在第十八届中央纪律检查委员会第六次全体会议上的讲话 [M]. 北京：人民出版社，2016：17.
② 马一德. 强化纪律意识 依规从严治党 [J]. 党建，2005（8）：43-44.

是对广大党员和普通群众即国家公民的"刚性约束"。党的工人阶级、中华民族、中国人民先锋队的性质从根本上决定了党员在言语和行动上应该比普通公民严格得多。这也就决定了"纪律"要比"法律"更加严格。正如王岐山指出的那样,"党的先锋队性质和执政地位决定了党规党纪必然严于国家法律"。① 既然"纪律"严于"国法",那就应该将"纪律约束"挺在"法律约束"的前面,让"纪律约束"优先发挥好对党员言行的规范作用,从而减少党员出现言行失当甚至违法犯罪的行为。如果将不如"纪律"严明的"法律"挺在前面,那可能导致党员和干部因"约束不力"而走上违纪违法之路。"法律"是底线,而"纪律"是高线。只有以处于高线地位的"纪律"先于处于底线位置的"法律"发挥作用,才能有效约束党员的行为,才能更大范围地避免党员出现违法乱纪的现象。"党员'破法',无不始于'破纪'。党员守住了纪律,就不至于滑向违法犯罪的深渊。"② 这也充分说明把纪律和规矩挺在法律前面的重要性。

第三,将纪律和规矩挺在法律前面,有助于实现纪法分开、纪法衔接。"纪律"和"法律"并不是相互否定的关系,也不是相关融合的关系。"纪律"和"法律"之间的恰当关系在于二者既相互分开,又相互衔接。其中,"相互分开"是指"纪律"与"法律"之间不存在任何重叠关系,也不存在任何交叉关系。"相互衔接"是指"纪律"和"法律"之间虽然不存在相互重叠、相互交叉的关系,但二者也不是完全疏离、彼此存在间隙的关系,而是相互有机衔接的关系。但是,"纪律"与"国法"在过去确实存在交叉重叠的现象。例如,"纪法不分,半数以上条款与刑法等国家法律规定重复"③就是其具体表现。同时,"纪律"与"法律"之间也存在着衔接不畅等问题。将纪律和规矩挺在法律前面,恰恰为实现"纪律"与"法律"分开、"纪律"与"法律"衔接提供了坚实的理论基础,因为将"纪律"和"规矩"挺在法律前面就必然要求"纪律"和"法律"之间不能存在任何交叉、重叠的部

---

① 中共中央文献研究室. 十八大以来重要文献选编:下 [M]. 北京:中央文献出版社,2018:142.
② 中共中央文献研究室. 十八大以来重要文献选编:中 [M]. 北京:中央文献出版社,2016:766.
③ 中共中央文献研究室. 十八大以来重要文献选编:中 [M]. 北京:中央文献出版社,2016:766.

分，二者要真正处于"分开"状态。而且，将"纪律"和"规矩"挺在法律前面并不是要"纪律"和"法律"完全脱离、完全疏远，而只是要求"纪律"在约束党员言行举止中要处在"法律"前面，在发挥作用的顺序上存在先后，但要先后相继，不能出现"脱节"。总之，"把纪律和规矩挺在法律前面"是以习近平同志为核心的党中央在十八大以来对"纪律"与"法律"关系在话语上、理论上的重要创新。

（三）纪律与道德："依规治党"与"以德治党"紧密结合

与"纪律"一样，"道德"一词在马克思、恩格斯的论著中早已出现。例如，马克思在《协会临时章程》中阐述"国际协会"的性质时指出：这个国际协会"承认真理、正义和道德是他们彼此间和对一切人的关系的基础"①。中国共产党在诞生以后特别强调"纪律"的重要性，对"道德"的约束作用也十分关注。例如，党于1938年在《关于各级党委暂行组织机构的决定》中强调要"监察党员关于破坏革命道德的行为"②。面对当时革命与战争的大环境，党更加强调"革命道德"是情理之中的事情。在新中国成立之前，尽管党既提到"纪律"又提到"道德"，但从来没有将"纪律"与"道德""并列表述"。新中国成立以后，随着对"纪律"和"道德"重要性的认识越来越深刻，我们党逐渐将二者"并列表述"。例如，党的八大修订的党章明确规定"党员义务"包括："严格地遵守党章和国家的法律，遵守共产主义道德"③。党的十二大明确指出，党员"最重要的就是革命的理想、道德和纪律"④。党在1980年通过的《关于党内政治生活的若干准则》中强调党员要成为遵守法律、纪律以及共产主义道德的模范。⑤ 尽管党已经将"纪律"与"道德""并列表述"，但并没有真正探讨二者之间的关系。而且，对党员的道德要求更多是"共产主义道德"这一高标准，与当时经济社会的发展阶段

---

① 中共中央马克思恩格斯列宁斯大林著作编译局. 马克思恩格斯全集：第21卷 [M]. 第二版. 北京：人民出版社，2003：17.
② 中共中央纪律检查委员会. 中国共产党党风廉政建设文献选编（1921—2000）：第8卷 [M]. 北京：中国方正出版社，2001：34.
③ 本书编委会. 中国共产党历次党章汇编（1921—2012）[M]. 北京：中国方正出版社，2012：210.
④ 中共中央纪律检查委员会. 中国共产党党风廉政建设文献选编（1921—2000）：第1卷 [M]. 北京：中国方正出版社，2001：191.
⑤ 中共中央纪律检查委员会. 中国共产党党风廉政建设文献选编：第1卷 [M]. 北京：中国方正出版社，2001：745.

在某种程度上并不相称。江泽民在党的历史上首次探讨了"纪律"与"道德"之间的关系,将"道德"和"纪律"看作管党治党从严的两道防线,要求对党员既开展好纪律教育又开展好思想道德教育①。尽管江泽民在管党治党方面探讨了"纪律"与"道德"之间的关系,但是并没有全面深入探讨二者之间的关系,而且没有从学理上探讨二者之间的关系。以习近平同志为核心的党中央在十八大以来对"纪律"与"道德"之间的关系进行了全面深入认识,并从理论上深刻揭示了二者之间的关系。

首先,"纪律"与"道德"是"治表"与"治里"的关系。作为一种"刚性约束","纪律"在总体上属于外部性保障因素,即借助外力来达到约束和规范党员言行的目的。"道德"更多属于一种"软约束",是从内在方面对党员的言行进行约束和规范。根据马克思主义唯物辩证法的基本原理,内因在事物和人的发展中往往发挥着决定性作用。"道德"在约束和规范党员的言行中所发挥的作用总体上要大于"纪律"所发挥的作用。而且,根据马克思主义唯物史观的设想,当人类进入共产主义社会,人的言行主要靠崇高的思想境界和道德来约束,而以前约束人的言行的国家机关、制度和纪律等都会消亡。这也说明"道德"在约束人的言行方面比"纪律"更加根本、更为深沉。如果思想道德出现问题,党员要么会直接做出违纪违法的事情,要么会放松纪律意识而迟早做出违纪违法的事情。正如王岐山所指出的那样,"党员干部如果理想信念动摇,就会精神懈怠、意志消沉,淡化党的观念、漠视党的纪律,最终滑向违纪甚至违法"。②

其次,"纪律"与"道德"必须相辅而行。从总体上看,"道德"应该在约束党员的言行中发挥"立根固本"的作用,但受经济社会整体发展阶段的限制,我国人民群众的思想道德素质在总体上还存在着发展不平衡、不充分的问题。在这种情况下,将约束和规范党员的言行完全放在道德力量上虽然可以降低约束和规范的成本,但必然存在着极大的风险,因为在利益的驱使下以及在各种错误思潮的影响下,部分党员和干部的言行会突破"道德标准"而做出违纪违法的事情。这就需要将"道德"与"纪律"相结合,共同发挥好约束和规范党员言行的作用。正是鉴于此,以习近平同志为核心的党中央

---

① 江泽民. 江泽民文选:第3卷[M]. 北京:人民出版社,2006:29.
② 中共中央文献研究室. 十八大以来重要文献选编:中[M]. 北京:中央文献出版社,2016:764.

在十八大以来明确强调，"纪律和规矩是道德的保障，崇德向善必须与遵规守纪相向而行"①"坚持依规治党与以德治党相结合"②。实际上，如果只发挥"纪律"的约束作用，党不仅在约束和规范党员的言行方面成本倍增，而且在约束和规范党员的言行上难以达到持久的理想效果。如果只发挥"道德"的约束作用，部分党员和干部在各种诱因下可能会"铤而走险"。可见，只有切实把"纪律"与"道德"相结合，真正实现"纪律"与"道德"相向而行，才能有效约束和规范党员的言行，才能实现党内政治生态的根本改善。

总之，以习近平同志为核心的党中央在十八大以来在认识"纪律"和"道德"关系上的创新点在于：不再把"纪律"和"道德"当作管党治党的"两条线路"，而是切实将"纪律"和"道德"当作管党治党的不可分割、相辅相成、有机结合的整体性举措，并且从话语上、理论上对"纪律"和"道德"之间的整体性关系进行全面深刻阐明，统一了全党上下的思想。对"纪律"和"道德"关系上的创新，是党的十八大以来纪律建设方面的重要创新，在推动全面从严治党的过程中发挥了重要作用。

二、纪律建设关系厘定

纪律建设需要从纷繁复杂的关系羁绊中厘析清楚自身的布局定位、功能体认、内容关涉等，这是构建纪律建设话语体系的关键所在。十八大以来党从战略高度上审视纪律建设与党的建设总体布局、全面从严治党的关系，从功能认知上考量纪律建设与反腐倡廉建设、作风建设、思想建设等之间的关系，从内容涵括上梳理包括政治纪律、组织纪律、廉洁纪律、生活纪律等在内的纪律建设内容的全面关涉。种种关系的厘定，有助于我们廓清迷雾，真切地看清纪律建设在党的建设事业中的总体地位、在反腐败斗争中的总体作用，有助于我们在纪律建设内容方面形成总体性认知。

（一）将纪律建设作为独立"一位"纳入党的建设总布局

无论是资产阶级政党还是马克思主义政党，但凡想保持一定的先进性和战斗力来推动自身所追求事业的进步和发展，都不得不结合党内、党外的新

---

① 中共中央文献研究室. 十九大以来重要文献选编：上［M］. 北京：中央文献出版社，2019：77.

② 中共中央文献研究室. 十八大以来重要文献选编：中［M］. 北京：中央文献出版社，2016：727.

情况、新变化不断改善自身建设。只不过不同国家、不同类型的政党在党的建设策略上有所不同，在党的建设力度上存在差异罢了。推动党的建设就必然涉及"如何着力和进行"的问题，既涉及如何推进的具体策略和措施问题，又涉及如何推进的宏观战略安排和布局安排问题。其中，战略安排和布局安排对于政党建设来说是更为重要的问题，直接决定了党的建设在一段时间内的着力点和建设的整体状况。综观国外具有代表性的政党及其纲领、章程等文件，无论是资产阶级政党还是无产阶级政党，无一例外地会认真考虑和安排党的建设布局问题。对于党的建设布局问题，国外政党往往通过不同的具体条款体现出政治建设、组织建设等方面的规范要求，而很少从理论认识上思考政治建设、组织建设、思想建设、作风建设等精细化布局分类的必要性，更没有在总结提炼党的建设布局安排上下功夫。可以说，在某一时间段里采取什么样的党建总布局并不是由党的领导人的主观愿望所决定的，而是由党所处的客观历史方位和党所面临的内外环境所决定的。这就说明，政党建设的总布局不是一成不变的，而是会根据客观情况的变化和需要不断调整。为了更好地推动所追求事业的发展、更好地代表人民群众的利益以及更好地为人民群众服务，马克思主义政党往往更加注重对自身建设总布局进行及时调整。

党的十九大对中国共产党在新时代党的建设总体布局进行了制定和安排，即"全面推进党的政治建设、思想建设、组织建设、作风建设、纪律建设，把制度建设贯穿其中，深入推进反腐败斗争，不断提高党的建设质量"①。这一总体布局②，是以习近平同志为核心的党中央在新时代对党建总布局的一次重大调整，其意蕴深刻，创新力度大，特别是将"纪律建设"作为独立"一位"纳入党的建设总布局之中，必将有助于推动党的纪律建设和党的整体建设迈上新台阶。

首先，将"纪律建设"作为独立"一位"纳入党的建设总布局是对党的

---

① 习近平. 习近平谈治国理政：第3卷［M］. 北京：外文出版社，2020：347.
② 有的学者认为是"5+2"的党建总体布局，参见：
温敬元. 丰富和发展新时代党的建设总体布局［N］. 学习时报，2018-11-12（4）.
有的学者认为是"6+1"党建总体布局，参见：
张志明. 从四方面理解把握新思想的理论意义［J］. 中国纪检监察，2017（21）：65.
有的学者认为是"6+1"或者"5+2"党建总体布局，参见：
冯俊. 思想中党建理论八大创新点［N］. 北京日报，2018-2-12（13）.

建设总体布局的重大创新。回顾历史不难发现，在马克思、恩格斯生活和战斗的年代，无产阶级政党正处于蓬勃兴起和发展之中，相对缺乏大范围的革命斗争实践和执政实践。马克思、恩格斯更是穷尽一生为无产阶级政党如何领导人民群众实现解放进行孜孜不倦的理论探索，始终同党内存在的形形色色的非马克思主义思想和非无产阶级思潮做斗争。尽管马克思、恩格斯对无产阶级政党建设进行了多方面的探索，甚至在不少方面作出原创性贡献，特别是在无产阶级政党的性质、廉洁纪律等方面的观点极具创新性，但是，他们并没有对无产阶级政党建设明确做出布局安排，而是将无产阶级政党建设的重点放在了思想建设上。① 虽然他们也有一些关于纪律方面的重要观点和论述，但大多数重要观点和论述融合在他们关于无产阶级政党思想建设的浩瀚论述之中。

在列宁生活和战斗的年代，马克思主义性质的政党既有大范围的革命实践活动，又有大范围的执政实践活动。列宁在继承马克思、恩格斯党建思想的基础上结合俄国无产阶级政党所面临的实际情况，创造性地形成了较为完备的党建理论体系。按照邓小平同志的话讲，在这方面，"列宁有个完整的建党的学说"②。由于夺取政权和巩固政权的关键在于党组织及其队伍的强大与否。因此，列宁将党建工作的重点放在了党的组织建设方面。③ 他有过不少关于无产阶级政党和军队的纪律论述，但其论述中的大部分是关于组织纪律的，而且没有将"纪律建设"作为"党的建设布局"的高度提出来，而是将其体现和融入"党的组织建设"之中。

邓小平曾经指出："把列宁的建党学说发展得最完备的是毛泽东同志。"④毛泽东充分继承和发展了列宁的党建学说，在紧密结合党内成分状况和军队成分状况的基础上，首先开展了大量关于党的组织建设的探索，形成了比较完备的组织建设理论和策略。同时，毛泽东针对党内、军内非无产阶级思想较为浓厚的状况，开展了大量关于马克思主义理论教育的活动，同党内、军

---

① 周斌，周建超. 新时期党建的总体布局与制度生成［J］. 毛泽东邓小平理论研究，2013（6）：16.
② 邓小平. 邓小平文选：第2卷［M］. 北京：人民出版社，1994：44.
③ 周斌，周建超. 新时期党建的总体布局与制度生成［J］. 毛泽东邓小平理论研究，2013（6）：17.
④ 邓小平. 邓小平文选：第2卷［M］. 北京：人民出版社，1994：44.

内的各种错误思想或思潮开展了斗争活动，在党的思想建设方面形成了一套完整的方式方法体系。此外，毛泽东尤其注重党内、军内作风建设，开展了反对官僚主义、形式主义、教条主义教育，在新中国成立前夕在党的作风方面新增了著名的"两个务必"等新要求、新内容。由此可见，组织建设、思想建设和作风建设基本构成了中国共产党在新民主主义革命时期开展党的建设工作的"三位一体"总体布局。与马克思、恩格斯、列宁一样，毛泽东也没有将纪律建设纳入党的建设布局之中，而是将纪律的相关要求体现和融入组织建设、思想建设和作风建设之中。

邓小平在充分吸收改革开放以前因党和国家的制度和法制遭到破坏而引发严重后果的教训基础上，结合改革开放新时期党内、党外面临的新情况，意识到制度建设的重要性，将制度建设纳入党的工作布局之中，并明确指出，"领导制度、组织制度问题更带有根本性、全局性、稳定性和长期性"①。但是，邓小平仍然没有把纪律建设作为党的建设总体布局的基本内容。

江泽民在党的十六大强调："一定要把党的思想建设、组织建设、作风建设有机地结合起来，把制度建设贯穿其中，既立足于经常性工作，又抓紧解决存在的突出问题。"② 这一"强调"标志着党的建设工作正式形成了"四位一体"总体布局。但是，江泽民也没有将纪律建设纳入党建工作总体布局之中，而是将纪律建设继续融入思想建设、组织建设等其他"四位"建设之中。

面对党内和政府机关中的腐败现象日益严重的问题，胡锦涛及时将"反腐倡廉建设"纳入党的建设总体布局之中，到党的十七大形成了"五位一体"党建工作总体布局。

党的十八大将"反腐倡廉建设"与"制度建设"的位置进行了调换，形成了内容没变、结构顺序有变的党建工作总体布局。可见，此时纪律建设依然是被融入组织建设、反腐倡廉建设等其他建设之中，而没有以单独提出的形式纳入党建工作总体布局。与党的十八大所规定的党建工作总体布局相比，习近平总书记在党的十九大明确提出"5+2"党建工作总体布局，将"政治建设"重新纳入党建工作布局，用"纪律建设"替换了"反腐倡廉建设"，并重新将"制度建设"贯穿于其他建设的"纽带"作用凸显出来，新增加了

---

① 邓小平. 邓小平文选：第 2 卷 [M]. 北京：人民出版社，1994：333.
② 中共中央文献研究室. 十六大以来重要文献选编：上 [M]. 北京：中央文献出版社，2005：38.

"深入推进反腐败斗争"的内容,在马克思主义政党发展史上第一次真正将"纪律建设"作为独立"一位"纳入党的建设工作总体布局。这既是中国共产党建设史上的重大理论创新,也是党建工作战略布局安排上的重大突破,还是马克思主义政党纪律认识和建设史上的重大理论创新。

其次,将"纪律建设"作为独立"一位"纳入党的建设总布局顺应了新时代党的建设现实情境,凸显了纪律建设的重要性。回顾历史不难发现,马克思主义政党在历史上不是没有提到"纪律",也不是没有纪律方面的建设,而是将纪律建设融入其他建设之中,或者在党的其他方面建设的基础上和过程中提及或推动党的纪律建设,未将党的纪律建设作为"独立而完整"的单元进行重点建设,未将纪律建设上升到战略高度,未将纪律建设放在更加凸显的位置。例如,党的十八大已经明显地将纪律建设融入组织建设、反腐倡廉建设、作风建设和制度建设之中,尽管这在一定程度上也能够推动党的纪律建设不断前进,但毕竟不如将纪律建设单独作为"一位"进行建设的力度大,也不如将纪律建设单独作为"一位"进行建设那样细致周全。将纪律建设融入和体现在组织建设、反腐倡廉建设、作风建设等建设之中,实际上是以组织建设、反腐倡廉建设、作风建设等来带动或推动党的纪律建设。习近平总书记将纪律建设单独作为"一位"纳入党的建设总体布局,并将原来的党建工作总体布局的结构和秩序进行调整,充分凸显了纪律建设在整个党建工作中的重要性,"实至名归"地给予了纪律建设在当下应有的战略性地位。这使得纪律建设在党建工作总体布局中实现了由"附属"到"独立"的转变、由"被动"到"主动"的转变。这不仅有助于纪律建设的全面、深入发展,而且有助于改变过去存在的以组织建设、作风建设等来带动或推动党的纪律建设的状态,从而进入到以纪律建设来带动或推动党的组织建设、制度建设、作风建设等以实现更好的建设状态,进而推动整个党建工作取得更大的实效和成就。从这个意义上来说,将纪律建设作为单独"一位"纳入党建工作的总体布局,不仅是对纪律建设的巨大促动,而且是对整个党建工作的重大变革,实现了纪律建设与党的建设关系的创新性认知。党的建设工作总体布局是事关党建全局的战略设计和顶层设计,对党的建设整体状况和未来演进至关重要。因此,以党的纪律建设进行党建工作总体布局的创新而引起的党建工作总体布局大调整,必将使党建工作迎来全新的局面,必将把党建设得更加坚强有力、更加具有战斗力,从而更好地完成党在新时代所肩负的使命和任务。

(二) 将纪律建设作为"全面从严治党的治本之策"

习近平总书记在2014年召开党的群众路线教育实践活动总结大会上，首次提出了"全面从严治党"的重大战略部署。① 随后，他在浙江考察时又将"全面从严治党"与"全面建成小康社会""全面依法治国""全面深化改革"并提，由此形成了"四个全面"的战略布局②。随着全面建成小康社会取得决定性成就，以习近平同志为核心的党中央又在十九届五中全会上用"全面建设社会主义现代化国家"替换了原来的"全面建成小康社会"，构成了全新的"四个全面"战略布局。③ "全面从严治党"接续为社会主义现代化建设提供坚强的政治保障。在2015年10月召开的中央政治局常务委员会会议上，习近平总书记正式强调指出："加强纪律建设是全面从严治党的治本之策。"④ 提出"全面从严治党"并将其纳入"四个全面"战略布局是一大创新，而将"纪律建设"单独作为"一位"纳入党的建设工作总体布局是另一大创新。将"纪律建设"与"全面从严治党"这两个本身具有高度创新的对象放在一起，提出的"加强纪律建设是全面从严治党的治本之策"这一论断所蕴含的创新力度更为巨大。这一论断是从党的建设战略高度对全面从严治党进行的理论创新，同样也是从党的建设全局高度对纪律建设进行的理论创新。

首先，将加强"纪律建设"作为全面从严治党战略落实的治本之策，充分凸显了纪律建设在全面从严治党之"严"中的重要作用。王岐山在2015年1月的工作报告中明确强调："从严治党关键在严格执纪。要把纪律建设作为治本之策，摆在更加重要地位。"⑤ 全面从严治党的关键和首要特征在于"严"，而要真正做到"严"，就必须依靠纪律的约束，更重要的是要依靠纪律建设。回顾历史不难发现，"全面从严治党"的战略思想是从"从严治党"

---

① 中共中央文献研究室. 十八大以来重要文献选编：中[M]. 北京：中央文献出版社，2016：85.
② 习近平. 习近平谈治国理政：第2卷[M]. 北京：外文出版社，2017：22.
③ 中共中央. 中共中央关于制定国民经济和社会发展第十四个五年规划和二〇三五年远景目标的建议[EB/OL]. 新华社，2020-11-03.
④ 中共中央纪律检查委员会，中共中央文献研究室. 习近平关于严明党的纪律和规矩论述摘编[M]. 北京：中央文献出版社，2016：9.
⑤ 中共中央文献研究室. 十八大以来重要文献选编：中[M]. 北京：中央文献出版社，2016：340.

战略思想逐步演变过来的,而加强纪律约束始终是从严治党的重要路径。实际上,尽管改革开放以前,中国共产党还没有明确提出和使用"从严治党"的概念,但管党治党从严是党自从成立的那一刻起就提出的基本要求,是党自从成立的那一刻起就始终保持的基本状态。例如,中国共产党自诞生之日起就明确要求,"全党必须建立统一的组织和严格的纪律"①。面对异常严峻的革命环境,中国共产党从一开始就明白管党治党从严的重要性,从一开始就明白确保管党治党从严就必须有严格的纪律约束。中国共产党在1926年出台的历史上第一个明确反对贪污腐败的文件《坚决清洗贪污腐化分子》②,更是体现了坚持管党治党从严和强化纪律约束相统一。事实上,中国共产党在改革开放以前始终坚持管党治党从严,也始终通过强化纪律约束来实现管党治党从严。以邓小平同志为核心的党中央的重要贡献之一就是明确提出"从严治党"的概念。在1985年发出的重要文件《关于农村整党工作部署的通知》中,中共中央首次明确提出"要从严治党"③。"从严治党"四个字第一次出现在党的全国代表大会上是在党的十三大,大会报告明确强调,"必须从严治党,严肃执行党的纪律"④。可见,自从中国共产党明确提出"从严治党"的概念伊始,就把强化纪律约束与"从严治党"联系在一起,并作为落实从严治党战略的重要路径。

十八大以后,以习近平同志为核心的党中央将加强纪律建设作为落实"全面从严治党"战略的治本之策。一方面,这充分继承了中国共产党在改革开放以前将"管党治党从严"与"强化纪律约束"紧密联系在一起的思想和做法,又充分继承了改革开放以来到党的十八大以前将"强化纪律约束作为落实从严治党战略重要途径"的思想和做法;另一方面,这是对中国共产党在十八大以前正确处理"管党治党从严""从严治党"与"强化纪律约束"之间关系的理论突破。从过去的"纪律约束"到现阶段作为独立"一位"的

---

① 中共中央纪律检查委员会. 中国共产党党风廉政建设文献选编:第1卷[M]. 北京:中国方正出版社,2001:423.
② 中共中央纪律检查委员会. 中国共产党党风廉政建设文献选编:第3卷[M]. 北京:中国方正出版社,2001:14.
③ 中共天津市委整党工作办公室. 整党学习资料汇编[M]. 上海:上海人民出版社,1985:292.
④ 中共中央文献研究室. 十三大以来重要文献选编:上[M]. 北京:人民出版社,1991:53.

"纪律建设"，其本身就意味着纪律约束更加严格，也意味着纪律执行更加严格，这既更加契合了全面从严治党之"严"的要求，也有助于更好地落实全面从严治党之"严"的要求。具体而言，"加强纪律建设"与过去主张的"强化纪律约束"并不能完全等同，因为"强化纪律约束"更多强调执行纪律要严格，但"加强纪律建设"不仅强调执行纪律要更加严格，而且强调纪律监督要更加严格。这一"双严格"的特征，使得"加强纪律建设"能够更好地确保全面从严治党落到实处。

其次，将加强"纪律建设"作为全面从严治党战略落实的治本之策，充分凸显了纪律建设在全面从严治党之"全"中的重要作用。可以说，"全"是全面从严治党的基本特征，也是全面从严治党的基础性要求。如果全面从严治党不讲求"全"或者不能落实"全"，那"全面从严治党"与"从严治党"之间就凸显不出来差异性。这样既不利于将全面从严治党落到实处，也在一定程度上削弱了党提出"全面从严治党"这一重大理论创新的意义。但是，落实好全面从严治党之"全"，光靠过去提倡的"强化纪律约束"是不够的，必须加强纪律建设才行。与"强化纪律约束"不一样，纪律建设在内容上涉及组织纪律建设、政治纪律建设、人事纪律建设、宣传纪律建设等方方面面；在建设的过程中涉及开展纪律教育、实行纪律处分、完善纪律条款等方方面面[①]；在关系上既涉及正确处理党纪与国法之间的关系、党纪与自由之间的关系、党纪与道德之间的关系等方方面面，还涉及正确处理党员与党组织之间的关系、下级党组织与上级党组织之间的关系、党组织与党员干部之间的关系等方方面面。纪律建设之"建设"是全面的、全方位的，远比"强化纪律约束"更加全面，也远比"强化纪律约束"具有更为丰富的内涵。落实全面从严治党之"全"，就必须以同样全面的纪律进行约束和规范，需要依靠加强纪律建设，以"全面"对"全面"。

最后，将加强"纪律建设"作为全面从严治党战略落实的治本之策，创新和凸显了党的纪律建设在全面从严治党中的整体地位。党所处的历史阶段和党员所处的发展阶段决定了全面从严治党不能只靠广大党员的道德自律，而是要靠纪律的刚性约束，要靠纪律的外力作用。在过去，党将"强化纪律约束"作为从严治党的重要策略，把"加强纪律建设"作为全面从严治党的

---

① 姜林. 党的纪律建设的内涵和外延 [EB/OL]. 人民网, 2018-05-14.

重要策略，但始终没有在理论上将"加强纪律建设"作为全面从严治党战略落实的"治本之策"。现阶段，党在理论上将加强"纪律建设"作为全面从严治党战略落实的治本之策，这既是对党员的发展规律、党的建设规律的充分遵循，也是对党的纪律建设在全面从严治党甚至在整个党的建设中的整体地位认识上的重要突破，说明党已经充分认识到加强纪律建设在推动全面从严治党的所有策略中处于最根本、最关键、最核心的位置。这一理论上的重大创新必将有助于推动党的纪律建设不断取得新成果，有助于推动全面从严治党甚至整个党的建设工作取得新成果，同时也意味着形成了对纪律建设与全面从严治党关系的重大创新性认知。

（三）将纪律建设作用定位为"标本兼治的利器"

纪律建设不仅是全面从严治党的治本之策，同时在正风肃纪、反腐倡廉方面发挥着不可替代的重要作用。纪律建设不仅在日常监督、违纪处分方面发挥着约束党员干部行为的作用，而且在制度规范、监督机制、教育功效等方面发挥着管根本的作用。围绕着治标与治本的功能作用发挥，我们可以探析出纪律建设与党风廉政建设、制度建设、作风建设、思想建设等之间的关系。党的十九大提出了全新的党的建设总体布局，在把纪律建设凸显出来的同时，虽将反腐倡廉建设退出党的建设总体布局，但反腐败斗争仍是党的建设的重中之重。从党的建设对象角度审视这一新布局，其更加聚焦党自身的问题，无疑是更为科学、合理的布局形式。从功能的延续性来看，纪律建设与反腐倡廉建设必然是有着内在一致性，纪律建设必定能够接替反腐倡廉建设所起到的作用。只有这样，我们才能单独提出纪律建设，隐去反腐倡廉建设。如果二者在功能上没有相关性，贸然去除任何一"位"，都会造成整体布局的失衡、断缺，造成党的建设整体功能的"短板效应"。从形式逻辑上倒推，我们可以得出纪律建设与反腐倡廉建设的内在一致性，而从学理逻辑上来看，这反映出我们党对纪律与法律、权力等关系的深层认识和解析。

腐败问题产生的根源在于权力寻租、越轨。通俗来讲，就是权力导致腐败，绝对权力导致绝对腐败。与腐败问题作斗争是我们党自成立以来就亮明的鲜明态度和坚决底线。反腐倡廉建设也是我们党在进入21世纪以来始终摆在突出位置的建设工作。可以说，依靠法制、强调使用法的手段来惩治腐败、约束权力，是我们过去与腐败做斗争的基本思路和措施保障，也就是依靠法律制度"合理确定权力归属，划清权力边界，厘清权力清单"①，把权力关进制度的笼子里。围绕反腐败斗争，我们党厘清了法律与权力的关系，着力构建反腐倡廉法规制度体系，这是纪法权关系的第一层理析，也是党的十八大前后反腐倡廉建设的基本经验。特别是改革开放以来，对于经济领域的腐败问题，我们党强调要从制度上作出规定，取消各种特权②，同时也强调通过严肃党的纪律，改变纪律涣散的情况，来清除腐败分子，这表明我们党深刻地认识到腐败滋生在于纪律方面出现了问题。可以说，围绕以惩治腐败为重点的党风廉政建设，纪律、制度、法律、权力、教育等作为为之服务的手段，成为反腐败斗争绕不开的话题。但是，以制度作为反腐败斗争的根本性举措来看，法律作为一种制度规范制约着行为，纪律本质上也属于一种制度规范，同样起着约束行为的作用，这就要求我们不仅需要明晰纪律与法律在反腐倡廉中的不同约束作用，也要明确纪律与制度在反腐败斗争中的作用关系。而且，纪律执行、纪律教育，也都在反腐败斗争中发挥着极其重要的作用。可以说，纪律约束显然是贯穿反腐败斗争的一条鲜明主线。

党在十八大以来把纪律建设这条主线从中抽离出来，摆在更加突出的位置，是对纪律在反腐败斗争中的作用的认识深化。将其提升至战略布局的高度，就改变了以往纪律从属于反腐倡廉建设、从属于制度建设的历史境遇，重塑了以纪律建设为主场，开展纪律制度体系构建、进行反腐败斗争的战略格局。这就为通过纪律制度规范发挥制度反腐的根本性作用、通过纪律处分和纪律教育发挥惩治腐败和预防腐败的警示和教化作用，来减少作风问题、腐败问题等违纪违法行为的存量和增量，提供了更为合理的理论解释和实施路径，从而也很好地解决了纪律建设与反腐倡廉建设，纪律建设与制度建设的关系问题。

大量事实证明，党员干部的违法行为往往是从违纪开始的。党在过去存在着一种不够合理的认识和做法，就是把监督的防线只设置在反对腐败上，即只要没有腐败问题，作风这些被认为是"小事小节"的问题且往往被忽略

---

① 中共中央纪律检查委员会，中共中央文献研究室. 习近平关于严明党的纪律和规矩论述摘编 [M]. 北京：中央文献出版社，2016：63.
② 中共中央纪律检查委员会. 中国共产党党风廉政建设文献选编（1921—2000）：第4卷 [M]. 北京：中国方正出版社，2001：182.

不计，无人愿意追究、无人愿意担责。① 针对这一问题，我们党提出腐败问题需要从作风问题抓起，这一认识也早已为历史经验所证明是正确的。对作风问题的解决，同样需要发挥纪律的作用。加强纪律监督，特别是日常监督，前移监督关口，其目的是及时发现党员干部存在的"小事小节"问题，并及时予以纠正，防止"小事小节"问题演化成违纪违法的大问题。同时，纪律发挥着端正党内风气、维护党内生态的重要作用。从这个意义上说，纪律建设与作风建设具有共同的方法遵循和目标导向，就是将功夫下在平常，将监督责任分解细化，将教化功能贯穿始终，共同投入反腐败斗争，致力于减少党内违纪违法现象发生，从而营造风清气正的党内生态环境。在作风建设已经存在于党的建设布局中的情况下，党依然强调纪律建设，并将其凸显出来，是因为现阶段解决作风问题需要以纪律为"戒尺"，发挥纪律强制约束作用；需要把纪律挺在前面，发挥纪律监督抓早抓小的优势。

可以说，纪律建设为作风建设提供着策略保障，没有严明的纪律要求和科学的执纪举措，作风建设就很容易流于形式。十八大以来，党中央从整治党内"四风"问题着手，提出了八项规定的基本要求，并将其纳入纪律要求之中，即遵守中央八项规定、按规定办事是党员干部必须遵守的纪律。由此可见，及时将实践中的作风要求上升为纪律规范，再用之于作风问题的整治，使纪律建设与作风建设之间形成了良性互促的关系，这就解决了二者在党的建设布局中的功能定位问题。纪律建设与作风建设同向发力，共同作用于党内风气的培育，为思想建设提供良好的文化氛围。对于党员干部出现的作风问题、腐败问题等，我们也应该通过加强纪律教育，从思想上筑牢遵纪守法的防线。将纪律建设凸显出来，也是要将其教育功能，特别是党内纪律教育功能凸显出来，以此提升党员干部的纪律意识，形成尊崇纪律、遵守纪律、维护纪律的文化氛围，从而筑牢"正风、肃纪、反腐"的纪律自觉和遵纪守法的思想自觉。

（四）将纪律建设内容要求凝练为"六项纪律"

纪律建设首先要明确抓什么，才能更好地、有重点地抓出成效。纪律内涵和要求就是政党推动纪律建设抓手的概念表达，直接关乎纪律建设工作的

---

① 中共中央纪律检查委员会，中共中央文献研究室. 习近平关于严明党的纪律和规矩论述摘编 [M]. 北京：中央文献出版社，2016：22.

开展，直接影响纪律建设的效果。中国共产党早期虽然没有将纪律内涵明确概括出来，但从党的相关文件中可以发现其对某些方面纪律的认识。正是这些单一的纪律方面，随着党的建设事业的发展和纪律问题的显现，逐渐深化拓展为全面、多层次、宽口径的纪律内涵和要求。例如，党的一大将纪律所包含的内容主要规定为宣传纪律和组织纪律两方面①。党的二大通过的党章主要规定了组织纪律的相关要求②。党的三大修订的党章主要规定了组织纪律、宣传纪律和政治纪律的相关要求③。党的四大修订的党章同样主要规定了组织纪律、宣传纪律和政治纪律的相关要求④。党的五大修订的党章主要规定了组织纪律和政治纪律的相关要求。毛泽东在1928年4月针对军队提出了包括一切行动听指挥、打土豪要归公等内容在内的"三大纪律六项注意"⑤，这更多的是从具体的纪律要求来界定的纪律内涵，而非抽象概括出来的范畴意义上的内涵。从党章来看，党的六大之后几乎都会对组织纪律和政治纪律作出相关规定要求，因而这两方面也就固定成为纪律内涵的成文规定。中纪委在1986年印发的《关于整顿纪律的通知》中对党的纪律内容有过政治纪律、组织纪律、保密纪律、工作纪律的划分和表述。⑥ 中纪委在1987年明确将党的纪律所包含的内容主要归结为政治纪律和组织纪律两部分。⑦ 党的十四大⑧、

---

① 中共中央纪律检查委员会. 中国共产党党风廉政建设文献选编（1921—2000）：第1卷[M]. 北京：中国方正出版社，2001：1-2.
② 中共中央纪律检查委员会. 中国共产党党风廉政建设文献选编（1921—2000）：第1卷[M]. 北京：中国方正出版社，2001：426.
③ 中共中央纪律检查委员会. 中国共产党党风廉政建设文献选编（1921—2000）：第1卷[M]. 北京：中国方正出版社，2001：431.
④ 中共中央纪律检查委员会. 中国共产党党风廉政建设文献选编（1921—2000）：第1卷[M]. 北京：中国方正出版社，2001：440.
⑤ 毛泽东. 毛泽东年谱（1893—1949）：上卷，北京：中央文献出版社，2013：235.
⑥ 中共中央纪律检查委员会. 中国共产党党风廉政建设文献选编（1921—2000）：第5卷[M]. 北京：中国方正出版社，2001：765.
⑦ 中共中央纪律检查委员会. 中国共产党党风廉政建设文献选编（1921—2000）：第5卷[M]. 北京：中国方正出版社，2001：785.
⑧ 本书编委会. 中国共产党历次党章汇编：1921—2017[M]. 北京：中国方正出版社，2019：396.

十五大①、十六大②修订的党章主要规定了政治纪律和组织纪律的相关要求。中纪委在2004年将党的纪律所包含的内容主要归结为政治纪律、组织纪律、经济工作纪律和群众工作纪律四部分。③到党的十八大召开以前，这四方面纪律构成了党的纪律内容的基本结构。

习近平总书记在2015年召开的十八届中央纪律检查委员会第五次全体会议上针对纪律所包含的内容作出了"五方面纪律"结构的新表述，即"政治纪律、组织纪律、财经纪律、工作纪律和生活纪律"④。在这里，纪律所包含的内容保留了之前所提出的"政治纪律"和"组织纪律"，摒弃了原来的"经济工作纪律"和"群众工作纪律"，新增加了"财经纪律""工作纪律""生活纪律"。党的十九大修订的党章明确指出："党的纪律主要包括政治纪律、组织纪律、廉洁纪律、群众纪律、工作纪律、生活纪律。"⑤ 与之前的"五部分纪律"相比，党的十九大修订的党章不仅在数量上新增加了"一类纪律"，由原来的"五类纪律"变为"六类纪律"，而且摒弃了原来的"财经纪律"，保留了"政治纪律""组织纪律""工作纪律""生活纪律"，新增加了"群众纪律"和"廉洁纪律"。这是十八大以来党对纪律所包含内容的重大创新。

首先，由党的十八大以前的"四类纪律"增加到现阶段的"六类纪律"，有助于提升纪律建设的整体效果。习近平总书记首次提出"全面从严治党"战略，标志着党的治理不再是过去某些方面的"从严"，而是真正进入到"全面从严"的新阶段。全面从严治党的基础在于"全面"，其必然要求全方位的、具体的纪律作为保障，不断提升纪律建设的整体实效。党在十八大以前对纪律所含内容的"四类"规定，属于纪律建设方面的重点性策略，其后将纪律所含内容在数量上由"四类"变为"六类"，适应了全面从严治党背景

---

① 本书编委会. 中国共产党历次党章汇编：1921—2017［M］. 北京：中国方正出版社，2019：434.
② 本书编委会. 中国共产党历次党章汇编：1921—2017［M］. 北京：中国方正出版社，2019：450.
③ 中共中央文献研究室. 十六大以来重要文献选编：上［M］. 北京：中央文献出版社，2005：723.
④ 中共中央纪律检查委员会，中共中央文献研究室. 习近平关于严明党的纪律和规矩论述摘编［M］. 北京：中央文献出版社，2016：58.
⑤ 中国民族语文翻译局. 中国共产党章程［M］. 北京：人民出版社，2017：56.

下对纪律内容在"全面"上的基本要求，这更加凸显了纪律建设的整体、全方位推进。以纪律内容的全面丰富提升纪律建设的整体效果，确保全面从严治党落到实处。

其次，在党的纪律内容中增加"廉洁纪律"，是适应反腐倡廉新形势的创新之举。一段时间内，广大党员和干部在主流上是清正廉洁的，但也有不少党员和干部走上了腐化堕落之路，极大地损害了党的形象，损害了党群关系，甚至危及党的执政根基。以习近平同志为核心的党中央在十八大以来以壮士断腕的决心和毅力果断重拳出击，以前所未有的高压态势全力推动反腐败事业不断深入发展，使党的反腐倡廉出现新形势、进入新阶段。反腐倡廉要想落到实处，切实取得成效，归根到底要靠制度作为保障。除了法律以外，纪律也是推动反腐倡廉事业不断取得实效的关键性制度规范。而且，无数实例一再证明，党员和干部走上腐败之路，往往都是由忽视和破坏党的纪律导致的。因此，反腐倡廉进入新阶段、新形势，必然会对"纪律"这一制度性规范寄予更高的期待和期望，必然会要求纪律在反腐倡廉中发挥更大作用。在这种情况下，以习近平同志为核心的党中央在十八大以来将"廉洁纪律"纳入纪律所包含的内容之中，既是顺应反腐新形势和新阶段的必然之举，又是对纪律所包含内容的重要创新，即在党的历史上首次将"廉洁纪律"作为"一类纪律"明确列为纪律的重要内容。这必将有助于推动党的反腐倡廉工作取得巨大成就。

再次，将"经济工作纪律"变为"工作纪律"，是适应治党新形势的创新之举。党在过去认为从事与经济相关工作的党员和干部更加容易发生权钱交易等腐败现象，从而采取了重点性战略将"经济工作纪律"纳入纪律所包含的内容之中，而没有将其他方面的"工作纪律"纳入纪律所包含的内容之中。这在党的十八大以前基本适应了以重点领域为抓手推动反腐败工作和从严治党工作的客观需要。但是，从事与经济相关工作的党员和干部容易发生权钱交易等现象，并不意味着从事其他工作的党员和干部就不会发生权钱交易等现象。事实证明，如果纪律约束不到位，从事任何工作的党员和干部都有可能发生权钱交易等不良现象。再加上党在十八大以来顺应形势开展了全方位的治党管党工作以及实行了全领域防腐反腐举措，故而党将"经济工作纪律"从纪律所包含的内容中移除，取而代之以"工作纪律"。"经济工作纪律"只是众多"工作纪律"中的一种，其所辖面相对狭窄。"工作纪律"不仅包括"经济工作纪律",还包括"政治工作纪律""文化工作纪律""社会工作纪律""生态环境保护工作纪律"等方方面面的纪律,因而"工作纪律"实际所辖面相对比较宽泛,事实上涵盖和辐射了党员和干部所从事的所有工作。以更加宽泛的"工作纪律"代替相对狭义的"经济工作纪律"是对纪律所包含内容的重要创新,能够更好地推动全面从严治党工作和全面反腐败工作取得实效。

最后,在党的纪律内容中增加"生活纪律",是适应全面从严治党形势的创新之举。在十八大以前的相当长一段时间内,党内确实有少数党员和干部认为只要在工作中不违反党的纪律、只要不贪污腐败,就不会在遵守纪律上出现问题,甚至错误地认为即便在日常生活中表现"随意",也不会受到纪检部门的调查,更不会受到党纪的处分。这种错误的认识导致党内部分党员和干部在日常生活中出现不少违纪现象,例如公车私用、求神拜佛、公费旅游、权色交易等。这些现象严重影响了党内风清正气的氛围,也在一定程度上削弱了党组织和党员个人的战斗力。可见,在日常生活中讲纪律、守纪律并加强对党员日常生活行为的监督和约束,应当成为党的纪律的重要内容,应当成为党的纪律建设的重要组成部分。十八大以来,党中央抓住党员干部的小事小节,从生活细处着手,更加注重对党员在日常生活中的纪律监督、检查和约束。党的十九大更是明确将"生活纪律"写入新修订的党章,并明确作为纪律的重要内容之一,这是对部分党员和干部在日常生活中出现违纪现象的回应,是顺应全面从严治党形势的必然结果。在党的纪律内容中增加"生活纪律",有助于堵住之前存在的"纪律尚未闭合"的口子,有助于使各方面纪律形成一个严密的"闭环",从而使党的纪律与纪律建设的整个环节、各个方面避免"短板效应"的发生,实现有机衔接。在党的纪律内容中增加"生活纪律",是以习近平同志为核心的党中央对党的纪律内容和党的纪律建设的重要创新,实现了对党的纪律内容在排列结构上的有机重组,有助于推动党的纪律建设和全面从严治党的效果出现质的提升。

三、政治纪律建设重要论断创新

纪律建设理论创新是一个集合性表达,既包括纪律话语创新,又包括纪律建设话语体系构建,还包括纪律建设方面的理论创新。其中,关于政治纪律建设方面的重要论断创新是十八大以来党在深化纪律建设方面理论创新的核心内容，有效指导和有力推动了十八大以来党的政治纪律建设的实践创新。

（一）政治纪律是"最重要、最根本、最关键"的纪律

在中国共产党成立早期，党内并没有使用"政治纪律"这一术语和提法。但是，党内一直具有"政治纪律"方面的要求，并且重视政治方面的纪律。例如，党的一大决议要求党对于工会保持警惕，要使工会执行本党而不是其他党的政治路线。① 党的二大通过的第一个党章要求全体党员必须绝对服从党的全国代表大会和党中央做出的决议。② 党的三大修订的党章明确要求党员的言行必须与党纲、党章、决议案一致，否则开除出党。③ 党的四大关于组织问题的决议案明确要求党员遵守和实行"民主的集权主义"④。党的五大关于组织问题的决议案第一次出现了"政治纪律"这一术语和表达，认为"党内纪律非常重要，但宜重视政治纪律"⑤。这是党在历史上首次明确阐释政治纪律的重要性。党的六大在关于政治问题的决议案中明确指出要实现党的无产阶级化的目标。⑥ 鉴于张国焘破坏民主集中制的严重错误，以毛泽东为主要代表的党中央在耐心说服无果的情况下对张国焘破坏民主集中制的行为、严重违反政治纪律的行为进行了严厉批评。⑦ 党的七大修订的党章明确规定了党是统一的战斗组织，明确要求党内不能有"离开党的纲领和章党的行为""阳奉阴违的两面行为"⑧。党的八大修订的党章明确要求防止和抵制资产阶级思想作

---

① 中共中央纪律检查委员会．中国共产党党风廉政建设文献选编（1921—2000）：第 1 卷 [M]．北京：中国方正出版社，2001：1．

② 中共中央纪律检查委员会．中国共产党党风廉政建设文献选编（1921—2000）：第 1 卷 [M]．北京：中国方正出版社，2001：429．

③ 中共中央纪律检查委员会．中国共产党党风廉政建设文献选编（1921—2000）：第 1 卷 [M]．北京：中国方正出版社，2001：434．

④ 中共中央纪律检查委员会．中国共产党党风廉政建设文献选编（1921—2000）：第 1 卷 [M]．北京：中国方正出版社，2001：22．

⑤ 中共中央纪律检查委员会．中国共产党党风廉政建设文献选编（1921—2000）：第 1 卷 [M]．北京：中国方正出版社，2001：25．

⑥ 中共中央纪律检查委员会．中国共产党党风廉政建设文献选编（1921—2000）：第 1 卷 [M]．北京：中国方正出版社，2001：26．

⑦ 中共中央纪律检查委员会．中国共产党党风廉政建设文献选编（1921—2000）：第 5 卷 [M]．北京：中国方正出版社，2001：999．

⑧ 中共中央纪律检查委员会．中国共产党党风廉政建设文献选编（1921—2000）：第 1 卷 [M]．北京：中国方正出版社，2001：470．

风的侵蚀。① 党的九大修订的党章明确提出要保证执掌政权的人永远是马克思主义革命家的要求。② 党的十一大修订的党章明确提出"对党忠诚老实"③ 等要求。

中央纪律检查委员会在1982年9月所做的工作报告中明确要求"严格遵守政治纪律",并详尽分析了严格遵守政治纪律之一"同党中央保持一致"④的重要性。中央纪律检查委员会在1983年所做的工作报告中明确提出必须"把维护党的政治纪律放在首位"的要求。⑤ 这是党在历史上首次明确给政治纪律的重要性进行排序,也是首次明确地将政治纪律放在所有纪律类别中最重要的位置。不过,党在这时候仍然仅仅将政治纪律的内容理解为"同党中央保持一致"。中央纪律检查委员会在1987年所做的工作报告中明确强调遵守政治纪律是所有党员和干部的事情。⑥ 中央纪律检查委员会在1997年所做的工作报告中强调"要把维护党的政治纪律放在突出位置"⑦。除了要求"同党中央保持一致外",中央纪律检查委员会还将"民主集中制的落实""坚持党的宗旨""维护人民群众利益"等方面明确纳入政治纪律的内容之中,极大地丰富了政治纪律的内涵。江泽民同志在党的十四大以来将纪律的内容划归为"四类",但强调"尤其要遵守政治纪律"。⑧ 胡锦涛同志在2006年召开的中央纪律检查委员会第六次全体会议上批评了党内存在"政治松懈、涣散"

---

① 中共中央纪律检查委员会. 中国共产党党风廉政建设文献选编(1921—2000):第1卷[M]. 北京:中国方正出版社,2001:576.
② 本书编委会. 中国共产党历次党章汇编:1921—2017[M]. 北京:中国方正出版社,2019:304.
③ 本书编委会. 中国共产党历次党章汇编:1921—2017[M]. 北京:中国方正出版社,2019:319.
④ 中共中央纪律检查委员会. 中国共产党党风廉政建设文献选编(1921—2000):第1卷[M]. 北京:中国方正出版社,2001:227.
⑤ 中共中央纪律检查委员会. 中国共产党党风廉政建设文献选编(1921—2000):第4卷[M]. 北京:中国方正出版社,2001:203.
⑥ 中共中央纪律检查委员会. 中国共产党党风廉政建设文献选编(1921—2000):第1卷[M]. 北京:中国方正出版社,2001:288.
⑦ 中共中央纪律检查委员会. 中国共产党党风廉政建设文献选编(1921—2000):第1卷[M]. 北京:中国方正出版社,2001:408.
⑧ 中共中央文献研究室. 十六大以来重要文献选编:上[M]. 北京:中央文献出版社,2005:60.

的现象,明确强调"严明政治纪律的极端重要性"①。胡锦涛同志在十七届中纪委第三次会议上再次强调"要严格遵守党的政治纪律",并将"维护党章""坚持中国特色社会主义道路和理论""坚持党的基本路线纲领和经验"等新内容明确纳入政治纪律的内容之中。②

由此可见,党在十八大以前始终重视政治纪律,始终把政治纪律放在重要位置,也越来越认识政治纪律具有多元化的丰富内涵。党的十八大以来,在充分继承历届党中央关于政治纪律的重要论述和重要思想的基础上,以习近平同志为核心的党中央将政治纪律的相关认识提升到一个新高度。王岐山在2013年召开的十八届中央纪律检查委员会第二次全体会议上明确将"政治纪律"作为"党最重要的纪律",明确要求广大党员和干部"首先要严明政治纪律",并在党的历史上针对党员和干部首次专门提出要"开展政治纪律教育"③。在2013年召开的十八届中央纪律检查委员会第二次全体会议上,习近平总书记更是专门针对纪律和政治纪律发表了重要讲话,在党的历史上首次明确提出了"政治纪律是最重要、最根本、最关键的纪律"④的论断。这一"三个最"的论断是关于政治纪律认识的重要创新。

首先,将"政治纪律"作为"最重要、最根本、最关键"的纪律,创新了对政治纪律重要性的认识。通过上文的历史回顾不难发现,在没有明确使用"政治纪律"这一术语和范畴之前,党实际已经认识到政治纪律在党员、干部和军队战士中的重要性,已经认识到政治纪律对于维护和巩固党组织、军队的团结性和战斗力的重要性。在正式使用"政治纪律"这一术语和范畴之后,党更加认识到政治纪律对于党组织和军队的重要性,而且将政治纪律的重要性看得越来越重,甚至提出过要把维护政治纪律"放在首位"、严明政治纪律"极端重要"等表达。以习近平同志为核心的党中央充分继承了历届党中央对政治纪律重要性的一贯认识,也在此基础上进行了与时俱进的观念

---

① 中共中央文献研究室.十六大以来重要文献选编:下[M].北京:中央文献出版社,2008:179.
② 中共中央文献研究室.十七大以来重要文献选编:上[M].北京:中央文献出版社,2009:855.
③ 中共中央文献研究室.十八大以来重要文献选编:上[M].北京:中央文献出版社,2014:123.
④ 中共中央文献研究室.十八大以来重要文献选编:上[M].北京:中央文献出版社,2014:131.

更新和实践发展。一方面,十八大以来党中央充分借鉴了国外政党的基本做法,既看到西方主要政党"在政治方面也是有严格约束的"①,又看到苏联解体的重要原因之一在其"政治纪律被动摇了"②。既然政治纪律在西方政党中都处于非常重要的地位,既然曾经强大的苏联也因政治纪律不严而解体,那么始终代表人民利益、肩负着民族复兴大任的中国共产党就更应该充分认识政治纪律的重要性。另一方面,在十八大前后,党内确实存在部分党员干部甚至部分高级干部破坏党的团结、对中央政令置若罔闻、官僚主义和形式主义严重等违反政治纪律的现象。以调查和拆除秦岭违建别墅群为例,习近平总书记从 2014 年到 2018 年四年间连续作出 6 次批示,在中央派中纪委高级官员领衔的专项整治工作组进行现场整治之后,秦岭违建别墅群才得以如数拆除。这反映出当地部分重要干部对于中央的政令确实存在敷衍了事、拖拉推诿等违反政治纪律的现象。鉴于此,习近平总书记在第六次批示中明确指出:"首先从政治纪律查起,彻底查处整而未治、阳奉阴违、禁而不绝的问题。"③

党的十八大以来,党和国家的改革事业进入"全面深化"阶段,意味着改革进入"啃硬骨头""攻坚拔寨"的艰难阶段,也意味着实现中华民族伟大复兴进入"行百里者半九十"的关键阶段,这就需要全党将对政治纪律的重要性认识提升到新阶段、新高度。基于国外政党在严明政治纪律方面的经验教训以及党内存在的问题和实践需要,党中央首先从认识上和理论上进行突破和创新,明确将"政治纪律"作为"最重要、最根本、最关键"的纪律。"三个最"的提出,既是对过去将维护政治纪律"放在首位"认识的超越,也是对过去严明政治纪律"极端重要"认识的超越,将政治纪律的重要性提升到一个前所未有的程度和高度。将政治纪律的重要性提升到"最重要"的高度和程度,有助于广大党员和干部更加明白严守政治纪律的重要性,在严守政治纪律方面树立紧迫感,从而更好地遵守和执行党的政治纪律。

其次,将"政治纪律"作为"最重要、最根本、最关键"的纪律,创新

---

① 中共中央文献研究室. 十八大以来重要文献选编: 上 [M]. 北京: 中央文献出版社, 2014: 133.
② 中共中央文献研究室. 十八大以来重要文献选编: 上 [M]. 北京: 中央文献出版社, 2014: 134.
③ 赵银平, 金佳绪. 从六次批示看习近平一抓到底的工作作风 [J/OL]. (2019-01-11) [2022-08-09]. www.qstheory.cn/zdwz/2019-01/11/c_1123974431.htm.

了对政治纪律地位的认识。党在早期虽然没有明确使用"政治纪律"的概念和范畴，也没有对纪律的内容进行多样化分类，但从内容上来说，其仍然认识到政治纪律的重要的地位。在正式提出和确立使用"政治纪律"的概念和范畴后，特别是在认识到纪律所包含的内容具有多种类别后，党将政治纪律逐渐提升到较高的地位，即从20世纪80年代初期就开始认识到"政治纪律处于首要地位"。① 在后来采用了"突出的地位""特别重视"等表达，并且越来越将政治纪律放在较高的地位。在这里，政治纪律的重要性与政治纪律的地位还不完全是一回事。政治纪律的重要性，主要是指党对于政治纪律是否重要以及重要程度的认识，而政治纪律的地位主要是指政治纪律在多元化的纪律类别中处于什么位置的问题。以习近平同志为核心的党中央在党的十八大以来将"政治纪律"作为"最重要、最根本、最关键"的纪律，既是对政治纪律的重要性在认识上和理论上的重要创新，也是对政治纪律的地位在认识上和理论上的重要创新。将"政治纪律"作为"最重要、最根本、最关键"的纪律，意味着党对政治纪律地位的认识真正超越了过去的"首要位置""突出地位"等，意味着政治纪律在纪律内容的"六大类别"中不仅仅处于较高地位，而是处于最高地位，居于所有纪律类别中的首位。对政治纪律所处地位在认识上和理论上的突破和创新，有利于广大党员和干部更加重视政治纪律，更加自觉地做到"两个维护"。

（二）遵守政治纪律是"遵守全部纪律的重要基础"

自从党提出和确立使用"政治纪律"这一概念和范畴以来，如何处理"政治纪律"和其他各方面纪律之间的关系，就成为党不得不慎重思考的重要问题。应该说，在十八大以前，历届党中央都比较重视这个问题，并在认识和探索过程中取得了显著成绩。第一，在政治纪律与其他各方面纪律之间"谁重要"的问题上，改革开放以来的历届党中央基本能够认识到政治纪律在所有的纪律中是最重要的纪律，认识到政治纪律比其他方面的纪律更加重要。例如，中纪委在改革开放初期多次强调纪检部门在检查和处理党员违反纪律的问题时，要将"检查和处理在政治方面违反纪律的问题"作为更为重要的

---

① 中共中央纪律检查委员会. 中国共产党党风廉政建设文献选编（1921—2000）：第4卷[M]. 北京：中国方正出版社，2001：203.

方面，因为违反政治纪律在所有的党纪中所产生的危害是最大的。① 在政治纪律当中，邓小平同志认为"同党中央保持一致"是最重要的，而纪检部门要把这一项作为检查政治纪律的重点。② 中纪委还认为，维护好"政治纪律"，党才能推动党风实现根本好转。③ 这些都是以邓小平为核心的党中央坚持"政治纪律"比其他方面纪律更为重要的具体体现，而这也是改革开放以来历届党中央坚持"政治纪律比其他方面纪律更重要"的一个缩影。第二，在严格"政治纪律"与严格其他各方面纪律"谁最优先"的问题上，改革开放以来的历届党中央基本能够认识到"严格纪律"就必须"首先严格政治纪律"。例如，中纪委在1983年认为必须把严格政治纪律放在严格所有纪律的首位④，在1986年关于整顿纪律的通知中明确把整顿政治纪律排在了整顿"四大类纪律"之首。⑤ 中纪委在1987年的工作报告中还有"将严格政治纪律放在严格所有纪律的第一位"的表述。⑥ 这些表述也是改革开放以来的历届党中央坚持"严格政治纪律应该放在严格所有纪律中的首位"的一个缩影和基本体现。第三，在"政治纪律"与"其他纪律"相互促进的关系方面，改革开放以来的历届党中央基本能够认识"政治纪律"并不单独构成纪律的全部，而是与组织纪律等其他方面的纪律一起构成有机整体，与其他方面的纪律一起在纪律系统中发挥作用，推动纪律建设的不断前进。以上三个方面，基本上构成了改革开放以来历届党中央对于政治纪律与其他各方面纪律之间的关系认识。但是，此时党中央还没有从理论上探讨"遵守政治纪律"与"遵守其他纪律""遵守全部纪律"的关系问题。以习近平同志为核心的党中央在十八大以来对这个问题进行了大力探索，明确提出了"遵守党的政治纪律是遵守党的

---

① 中共中央纪律检查委员会.中国共产党党风廉政建设文献选编（1921—2000）：第1卷[M].北京：中国方正出版社，2001：227.
② 中共中央纪律检查委员会.中国共产党党风廉政建设文献选编（1921—2000）：第1卷[M].北京：中国方正出版社，2001：228.
③ 中共中央纪律检查委员会.中国共产党党风廉政建设文献选编（1921—2000）：第1卷[M].北京：中国方正出版社，2001：231.
④ 中共中央纪律检查委员会.中国共产党党风廉政建设文献选编（1921—2000）：第4卷[M].北京：中国方正出版社，2001：203.
⑤ 中共中央纪律检查委员会.中国共产党党风廉政建设文献选编（1921—2000）：第5卷[M].北京：中国方正出版社，2001：766.
⑥ 中共中央纪律检查委员会.中国共产党党风廉政建设文献选编（1921—2000）：第1卷[M].北京：中国方正出版社，2001：294.

全部纪律的重要基础"① 的论断。

将遵守"政治纪律"作为遵守"全部纪律"的重要基础,这在中国共产党的历史上尚属于首次,这是以习近平同志为核心的党中央在充分继承历届党中央关于"政治纪律"与"其他纪律"的关系认识的基础上首次提出的重要论断。这一"论断"不仅更加凸显了"政治纪律"在整个纪律系统中最关键、最核心的地位,而且实现了对"政治纪律"与其他各方面纪律之间的关系在认识上和理论上的突破。将遵守"政治纪律"作为遵守"全部纪律"的重要基础,意味着党中央将遵守"政治纪律"作为遵守"其他纪律"的基本保障。实际上,作为集中体现政治方向、政治言论、政治立场、政治行动等政治性因素的政治纪律②,贯穿于党的组织建设、政治建设、纪律建设、思想建设等"六位一体"的方方面面。例如,"全党服从中央"作为重要的政治纪律,既属于组织建设的重要内容和要求,又属于政治建设的重要内容和要求;既属于思想建设的重要内容和要求,又属于纪律建设的重要内容和要求;既属于作风建设的重要内容和要求,还属于制度建设的重要内容和要求。正如习近平同志所指出的那样,同党中央保持一致不是指某一方面,也不是指某几个方面,而是全方位的,必须"在思想上政治上行动上全方位向党中央看齐"③。可见,任何一方面的纪律都带有极强的政治性因素和要求,即没有"没有政治性因素和要求"的纪律。正所谓"政治纪律是打头、管总的。不管违反哪方面的纪律,最终都会侵蚀党的执政基础,破坏政治纪律"。④ 如果政治纪律缺乏或者政治纪律没有遵守好,那就意味着其他各方面的纪律缺乏"硬核"和"灵魂",进而导致其他各方面的纪律患上"软骨病"。在这种情况下,其他方面的纪律不仅立不住,而且也难以被广大党员遵守好。政治纪律相较于其他方面的纪律而言,具有基础性地位。因而,遵守政治纪律也就具有基础性作用和意义。

---

① 中共中央文献研究室. 十八大以来重要文献选编:上 [M]. 北京:中央文献出版社,2014:132.
② 中共中央文献研究室. 十八大以来重要文献选编:中 [M]. 北京:中央文献出版社,2016:347.
③ 中共中央纪律检查委员会,中共中央文献研究室. 习近平关于严明党的纪律和规矩论述摘编 [M]. 北京:中央文献出版社,2016:20.
④ 中共中央文献研究室. 十八大以来重要文献选编:中 [M]. 北京:中央文献出版社,2016:767.

此外，将遵守"政治纪律"作为遵守"全部纪律"的重要基础，还意味着政治纪律在"纪律整体"中的重要基础性地位。这里的"纪律整体"不是指某一方面的纪律，也不是指某几方面的纪律，而是指各方面纪律在相互融合、相互作用中形成的一种"总体纪律状态"。其不是几方面纪律的简单相加，也不是所有纪律类别的简单相加。政治纪律在"纪律整体"中的重要基础性地位，是由政治纪律所处的"最关键地位"和政治纪律在其他纪律中的基础性地位共同决定的，是"政治纪律是全部纪律的重要基础"的最高体现。鉴于此，党在最新修订的《纪律处分条例》中将政治纪律的条款修改了12条，新增了5条①，这在六大纪律类别中属于修改和新增条款数量最多的，其既充分体现了政治纪律的基础性地位，又是对政治纪律必然要求处于基础性地位的现实回应。

（三）政治纪律是"维护党的团结统一的根本保障"

党的团结统一问题是伴随政党发展始终的重大问题。无论是西方国家的政党还是中国共产党，自从成立的那一天起就非常重视党内团结统一的问题，也不断结合党内外基本情况的变化探索增强党内团结统一的有效途径和措施。事实上，长期以来中国共产党将维护党的团结统一归集于党的组织纪律的加强。例如，党的二大通过的党章不仅明确要求全体党员必须绝对服从党的全国大会和中央执行委员会做出的一切决议，而且要求党员在决议过程中必须坚持少数服从多数的原则。② 在这里，党实际是从组织纪律的角度来维护全党上下的团结和统一。党的三大修订的党章除了要求必须服从党的全国代表大会以及执行委员会的决议外，还要求下级机关必须完全执行上级机关的命令。③ 在这里，党主要还是从组织纪律的角度强调和维护全党的团结和统一。党的四大、五大修订的党章把"服从党的决议"作为入党的基本条件之一④，

---

① 中共中央文献研究室. 十八大以来重要文献选编：中 [M]. 北京：中央文献出版社，2016：738-744.

② 中共中央纪律检查委员会. 中国共产党党风廉政建设文献选编（1921—2000）：第1卷 [M]. 北京：中国方正出版社，2001：429.

③ 中共中央纪律检查委员会. 中国共产党党风廉政建设文献选编（1921—2000）：第1卷 [M]. 北京：中国方正出版社，2001：434.

④ 中共中央纪律检查委员会. 中国共产党党风廉政建设文献选编（1921—2000）：第1卷 [M]. 北京：中国方正出版社，2001：440，451.

党的六大修订的党章明确要求在党内实行民主集中制①，党的七大修订的党章在"总纲"中明确党是以"要履行的纪律联结起来的统一的战斗组织"②，党的八大修订的党章规定党内"不容许有分裂党、进行小组织活动、向党闹独立性"等现象的存在③，这些都是从组织纪律上对维护党的团结和统一做出的相关规定。党的九大修订的党章要求全党必须服从统一的纪律，重新强调"四个服从"④，同样将维护全党团结和统一的重点放在对组织纪律的遵守方面。党的十一大修订的党章明确要求"维护党的集中统一，加强党的团结"⑤，其遵循的路径还是严格遵守组织纪律。

在改革开放以来的相当长一段时间内，党中央把维护党的团结统一主要落实在对组织纪律的严格遵守上。例如，1982年修订的党章依然强调的是从组织纪律上，即从"四个服从"上来维护党的团结和统一。⑥ 这一"现象"一直持续到党的十七大召开。党的十七大以来，党中央逐渐认识到政治纪律对于维护全党团结统一的重要性。例如，十七届中纪委四次全会报告明确指出，要在新形势下推进"三个越是"⑦，就"越要严格执行党的政治纪律，坚决维护党的集中统一"⑧。在这里，我们党明确将"维护党的团结统一"与"政治纪律"联系在一起，将遵守和执行政治纪律作为维护党的团结统一的重要途径。十七届中纪委六次全会报告将"维护党的团结统一"与"政治纪

---

① 中共中央纪律检查委员会．中国共产党党风廉政建设文献选编（1921—2000）：第1卷[M]．北京：中国方正出版社，2001：457．
② 中共中央纪律检查委员会．中国共产党党风廉政建设文献选编（1921—2000）：第1卷[M]．北京：中国方正出版社，2001：470．
③ 中共中央纪律检查委员会．中国共产党党风廉政建设文献选编（1921—2000）：第1卷[M]．北京：中国方正出版社，2001：576．
④ 本书编委会．中国共产党历次党章汇编：1921—2017[M]．北京：中国方正出版社，2019：304．
⑤ 本书编委会．中国共产党历次党章汇编：1921—2017[M]．北京：中国方正出版社，2019：319．
⑥ 中共中央纪律检查委员会．中国共产党党风廉政建设文献选编（1921—2000）：第1卷[M]．北京：中国方正出版社，2001：643．
⑦ 中共中央文献研究室．十七大以来重要文献选编：中[M]．北京：中央文献出版社，2011：190．
⑧ 中共中央文献研究室．十七大以来重要文献选编：中[M]．北京：中央文献出版社，2011：190．

律"联系在一起,强调"把维护政治纪律摆在首位,坚决维护党的集中统一"①。应该说,此时党中央虽然已经认识到将维护政治纪律作为维护党的团结统一的重要途径,但仍然将维护组织纪律作为维护党的团结统一的根本途径。

以习近平同志为核心的党中央将遵守政治纪律在维护党的团结和统一过程中的作用和分量看得最重,并且首次将这一作用和分量看得高于组织纪律在其中的作用和分量。例如,习近平总书记在2013年论述遵守政治纪律的要求时,明确将"自觉维护中央权威""同党中央保持高度一致"等内容②作为遵守政治纪律的核心要求,而这些属于遵守政治纪律的核心要求对维护全党的团结和统一具有重要作用。他还认为,如果不遵守政治纪律,党内就会呈现"各取所需、自行其是"③的不良状态,这显然极不利于党的团结和统一。更为重要的是,习近平总书记提出了一个重要论断,即"政治纪律是维护党的团结统一的根本保障"④。这一"论断"既是习近平总书记在政治纪律方面提出的重大论断,又是习近平总书记在维护党的团结统一方面的重大论断。这一理论上的重大突破和创新,标志着以习近平同志为核心的党中央将遵守党的政治纪律放在了维护党的团结统一的最高位置,其思想内涵体现在习近平总书记关于遵守党的政治纪律的各种论述之中。例如,习近平总书记于2015年在中央党校同县委书记研修班的学员座谈时,对"严守政治纪律"要求做出了"三个决不允许"的明确规定,即"决不允许上有政策、下有对策""决不允许有令不行、有禁不止""决不允许在贯彻执行中央决策部署上打折扣"⑤。"三个决不允许"是党员遵守政治纪律的重要内容和要求,也是党以政治纪律维护党的团结和统一的重要体现。习近平总书记在十八届中纪

---

① 中共中央文献研究室. 十七大以来重要文献选编:下 [M]. 北京:中央文献出版社,2013:87.
② 中共中央文献研究室. 十八大以来重要文献选编:上 [M]. 北京:中央文献出版社,2014:131.
③ 中共中央文献研究室. 十八大以来重要文献选编:上 [M]. 北京:中央文献出版社,2014:132.
④ 中共中央纪律检查委员会,中共中央文献研究室. 习近平关于严明党的纪律和规矩论述摘编 [M]. 北京:中央文献出版社,2016:13.
⑤ 中共中央文献研究室. 十八大以来重要文献选编:中 [M]. 北京:中央文献出版社,2016:322.

委五次全会上明确将维护党的团结统一的路径归结为"四个靠"①，而"靠严密的纪律和规矩"正是"四个靠"的内容之一。同时，他将政治纪律和政治规矩看成在所有纪律和规矩中排第一位的。他提出了遵守政治纪律和规矩的五条要求，其中"必须维护党的团结""必须维护中央权威""必须服从组织决定""必须遵循组织程序"的"四条要求"②，正是维护党的团结和统一的重要举措。显然，以上论述都是习近平总书记很好地坚持"政治纪律是维护党的团结统一的根本保障"这一论断的结果和具体体现。

将"政治纪律"作为"维护党的团结统一的根本保障"，既是习近平总书记在政治纪律理论方面的重大创新，又是具有深刻理论逻辑和现实逻辑支撑的重大理论创新。在理论逻辑方面，正如前文所述，政治纪律的"政治因素"贯穿党的其他纪律，是其他纪律得以"立得住"的"灵魂"和"硬核"。这就决定了党员和党组织在维护党的团结统一的过程中要将党的政治纪律作为根本。如果不遵守好党的政治纪律，党员也就遵守不好党的其他纪律，进而也就遵守不好党的所有纪律。在党员和党组织整体处于纪律涣散的情况下，整个党又何谈团结和统一呢？而且，从政治纪律所涉及的内容来看，政治纪律的首要内容就是"两个维护"，即维护习近平总书记在全党的核心地位和在党中央的核心地位，维护党中央的权威和集中统一领导。"两个维护"是全党团结统一的最大保障，是全党真正实现团结统一的最大体现。政治纪律的重要内容在于坚持"五个必须"，正如前文所言，其中的"四个必须"都与党的团结统一直接相关。政治纪律的基本内容在于反对和查处"七个有之"问题，比如反对和查处"搞团团伙伙"的现象，反对和查处"搞诬告"的现象，反对和查处"任人唯亲"的现象，反对和查处"搞收买人心"的现象，反对和查处"自行其是"的现象，反对和查处"尾大不掉"的现象，反对和查处"封官许愿"的现象③等，这既与维护党的团结和统一紧密相关，又是维护党的团结和统一的重要举措。从现实逻辑来看，党内的不团结、不统一

---

① 中共中央文献研究室. 十八大以来重要文献选编：中 [M]. 北京：中央文献出版社，2016：347.

② 中共中央文献研究室. 十八大以来重要文献选编：中 [M]. 北京：中央文献出版社，2016：350-351.

③ 中共中央文献研究室. 十九大以来重要文献选编：上 [M]. 北京：中央文献出版社，2019：804.

现象有很多原因，比如作风问题导致组织松散等，比如组织纪律和程序没有得以遵守甚至遭到破坏等，但是，现实中破坏党的团结和统一的大多数行为和现象都与没有严格遵守党的政治纪律有直接的关联。例如，一些党员干部没有很好地遵守和落实民主集中制，导致其所在的党组织呈现出松软无力、一盘散沙的状态。因此，无论是从理论逻辑还是从现实逻辑上看，政治纪律是确保党的团结统一的根本因素，而遵守党的政治纪律都是维护好党的团结统一的根本性途径。

将"政治纪律"作为"维护党的团结统一的根本保障"，之所以是党的政治纪律在理论上的重大突破和创新，之所以是维护党的团结统一在理论上的重大突破和创新，其根本原因在于这一"论断"的作出，彻底改变了党过去始终将组织纪律作为维护党的团结统一的根本保障的一贯做法，真正打破了党过去始终将严格遵守组织纪律看作确保党的团结统一的根本性路径的一贯认知。当然，这种把组织纪律作为维护党的团结统一的根本保障有合理的一面，也有不合理的一面。其合理性在于，党在过去相当长一段时间里特别是在革命年代主要面临着党的队伍和革命队伍的建设问题，即主要面临着"如何使党的队伍和革命队伍从弱小变强大、从散漫变团结、从思想不纯洁变纯洁"的问题。在这种情况下，党中央必须将严格组织纪律、加强组织建设作为维护党的团结和统一的根本性途径。在新中国成立以来的相当长一段时间里甚至在改革开放以来的相当长一段时间里，党内外所面临的诸多新情况以及党内出现的破坏组织程序、破坏党的团结的诸多行为，使党中央继续将严格组织纪律、加强组织建设作为维护党的团结和统一的根本途径。但是，将遵守党的组织纪律作为维护党的团结统一的根本保障，也存在着不合理的一面。这种不合理性主要体现为党中央对政治纪律在维护党的团结统一方面的重要性重视不够。正因为如此，以习近平同志为核心的党中央将政治纪律置于维护党的团结和统一的根本保障地位，这就一改过去事实上将组织纪律作为维护党的团结和统一的根本保障的一贯做法，实现了党的政治纪律理论的重大创新，实现了党的团结统一理论的重大突破。

四、组织纪律建设重要论断创新

组织纪律建设方面的重要论断创新是十八大以来党在纪律建设具体方面进行理论创新的又一核心组成部分。关于组织纪律建设方面的重要论断创新，不仅深化和拓展了纪律建设整体理论创新的内涵和外延,而且有效指导和有力推动了十八大以来党的组织纪律建设的实践创新。

(一)组织纪律性是"党性修养的重要内容"

回顾历史不难发现,中国共产党自诞生之日起就比较注重强化对自身的认识,特别是不断强化对自身的党性即自身的本质属性的认识。例如,虽然党的一大制定的纲领没有明确提出党的本质属性的问题,但仍然有"党承认苏维埃管理制度"① 等体现党的性质的提法和表达。党的二大通过的宣言中首次对党的本质属性进行了明确探讨和规定,认为中国共产党是"无产阶级政党""为无产阶级利益计"等。② 党的三大虽然有提到过体现党的性质的相关表达,但没有直接探讨党的本质属性。党的四大在通过的宣言中强调党"是无产阶级政党"③ 等表达。党的五大、党的六大虽然有提到过体现党的性质的相关表达,但同样没有直接探讨党的本质属性。党的七大修订的党章首次对党的本质属性进行了直接规定,其党性内容涉及"工人阶级的先进的有组织的部队""代表整个民族和全体人民的利益""阶段性目标和远大目标"等内容。④ 这是党在历史上首次对自身的本质属性进行比较深刻、全面的认识。党的八大修订的党章在对党的本质属性的认识方面基本沿袭了党的七大对党的本质属性的认识,但拿掉了"代表整个民族和全体人民的利益"的表述。⑤ 党的九大修订的党章基本沿袭党的八大对党的本质属性的规定,但首次使用了"先锋队"等新表达。⑥ 党的十大修订的党章在规定党的本质属性方面,基本沿袭了党的九大在党性方面所规定的内容。党的十一大修订的党章在规定党的本质属性方面,基本沿袭了党的十大在党性方面所规定的内容,

---

① 中共中央纪律检查委员会. 中国共产党党风廉政建设文献选编(1921—2000):第1卷[M]. 北京:中国方正出版社,2001:423.
② 中共中央文献研究室,中央档案馆. 建党以来重要文献选编(1921—1949):第1卷[M]. 北京:中央文献出版社,2011:133.
③ 中共中央文献研究室,中央档案馆. 建党以来重要文献选编(1921—1949):第2卷[M]. 北京:中央文献出版社,2011:270.
④ 中共中央纪律检查委员会. 中国共产党党风廉政建设文献选编(1921—2000):第1卷[M]. 北京:中国方正出版社,2001:468.
⑤ 中共中央纪律检查委员会. 中国共产党党风廉政建设文献选编(1921—2000):第1卷[M]. 北京:中国方正出版社,2001:572.
⑥ 本书编委会. 中国共产党历次党章汇编:2019[M]. 北京:中国方正出版社,2012:301.

但对"先锋队"的内涵进行了丰富。① 党的十二大修订的党章在党的本质属性方面的最大创新在于既重新将"全国各族人民的忠实代表"这一重要内容纳入其中，又首次将"社会主义事业的领导核心"作为党的本质属性的重要内容。② 党的十三大、党的十四大、党的十五大所修订的党章在规定党的本质属性方面，完全沿袭了党的十二大在党性方面所规定的内容。党的十六大在党的本质属性方面的最大创新在于将"三个代表"的内容纳入其中。③ 至此，党章中关于党的本质属性的规定处于完备和稳定的状态。党的十七大、党的十八大、党的十九大所规定的党的性质的内容与党的十六大所规定的党的性质的内容完全一样。

同样，中国共产党从诞生之日就尤其注重自身的组织建设，尤其注重对组织纪律的建设、维护和遵守。例如，党的一大党纲明确要求在党员人数达到5位以上时必须成立党的委员会。④ 党的二大党章开辟"组织"专栏对党的组织建设和组织纪律进行较为详细的规定。例如，明确规定了中央执行委员会的产生程序和任期、会议召开程序与表决原则等。⑤ 党的三大修订的党章在"纪律"专栏中对组织纪律进行了更为详细的规定，诸如"下级服从上级""全体党员服从中央执行委员会""少数党员在表决中服从多数党员""个体党员服从党组织"等，"四个服从"组织原则的雏形在此时得以相对集中、相对完备的提出。⑥ 党的五大修订的党章明确提出了"民主集中制"这一党的组织原则和组织纪律。⑦ 党的六大修订的党章对"民主集中制"内容进行了丰富和拓展。此后历次修订的党章都对党的组织建设和组织纪律方面

---

① 本书编委会．中国共产党历次党章汇编：2019［M］．北京：中国方正出版社，2012：315.
② 中共中央纪律检查委员会．中国共产党党风廉政建设文献选编：第1卷［M］．北京：中国方正出版社，2001：635.
③ 本书编委会．中国共产党历次党章汇编：2019［M］．北京：中国方正出版社，2012：441.
④ 中共中央纪律检查委员会．中国共产党党风廉政建设文献选编（1921—2000）：第1卷［M］．北京：中国方正出版社，2001：424.
⑤ 中共中央纪律检查委员会．中国共产党党风廉政建设文献选编（1921—2000）：第1卷［M］．北京：中国方正出版社，2001：426.
⑥ 中共中央纪律检查委员会．中国共产党党风廉政建设文献选编（1921—2000）：第1卷［M］．北京：中国方正出版社，2001：434、435.
⑦ 中共中央纪律检查委员会．中国共产党党风廉政建设文献选编（1921—2000）：第1卷［M］．北京：中国方正出版社，2001：444.

的相关条款内容进行调整或丰富。从党的十一大修订的党章开始，其中关于"党的组织"专栏的名称变为了"党的组织制度"。从党对党性、组织建设和组织纪律的认识和探索历程不难发现，中国共产党对党性的认识和探索与其对组织建设、组织纪律的认识和探索从一开始就联系在一起。对党性的理论阐释规定了组织建设、组织纪律的基本方向、基本性质、基本架构。例如，正是由于"先锋队"的性质规定，党的组织架构必须以运转高效、政令畅通为基本目标，党的组织纪律必须以衔接合理、严格严肃为基本样态，以此确保党组织具有"先锋队"所需要的战斗力和执行力。另一方面，党的组织纪律、组织建设是党的本质属性的具体体现和具体实现途径。党性是从总体上规定党"应该保持一种什么样的状态""应该成为什么样的政党"。如果没有严密的组织架构、严格的组织纪律作为保障，那党性就只是悬浮于空中的"楼阁"，很难有科学的路径和足够的力量得以实现。将党性与组织建设、组织纪律联系在一起，在其他国家的政党当中较为普遍，作为马克思主义政党，中国共产党应该将党性与组织建设、组织纪律更加紧密地联系在一起。

组织纪律通常是指党的各级组织如何运转以及党员与党组织之间的关系如何处理的各种规定和要求，而组织纪律性是指党员在观念上和理论上对组织纪律及其重要性的认识。党性是指党的本质属性，党性修养是指党员将党的本质属性在自身的内化程度。党的十八大以来，以习近平同志为核心的党中央在充分继承历届党中央关于党性与党的组织纪律之间的关系理论基础上，对组织纪律性和党性修养之间的关系在理论上进行了重要创新。在十八届中央纪律检查委员会第三次全体会议上，习近平总书记明确指出："组织纪律性是党性修养的重要内容。"[①] 这一"论断"是党对组织纪律的重要理论创新，也是对党的组织纪律性与党性修养之间的关系在认识上的重要突破。

党性修养的内容尽管有多个方面，但其最本质最核心的党性恰恰是立场问题。党员和干部不管做什么样的事情、表达什么样的言论，都离不开基本的立场问题，都应该自觉坚持党的立场和人民的立场。坚持党的立场，具体说来，就是每一位党员要自觉向党组织靠拢，要切实服从党组织的决定。坚持人民立场，并不是抽象的，同样也要落实到具体的行动中。党员和干部来

---

① 中共中央文献研究室. 十八大以来重要文献选编：上 [M]. 北京：中央文献出版社，2014：766.

源于人民的现实以及党的"工人阶级、中华民族、中国人民的先锋队"的真实状况决定了党员和干部要坚持好人民立场,就必须遵守组织纪律,切实向党组织靠拢,切实服从组织决定和安排,使党组织始终保持强大的战斗力和凝聚力。而且,坚持好人民立场,党员和干部归根到底要为人民群众办好事情,从而让人民群众得到实实在在的福祉。这就要求党员和干部更加具有组织纪律性,以更强的组织纪律性严格约束自己的行为,以更强的组织纪律性不断壮大为民排忧解难、为民办好事情所需的力量。习近平总书记强调:"一个人不管当到多大干部都要有组织纪律性,职位越高组织纪律性应该越强。"① 坚持党的立场和人民立场的应然性,从根本上决定了党员和干部应该始终具有组织纪律性,从根本上决定了"组织纪律性"本身就应该是"党性修养"的重要内容。而且,对党忠诚是党员和干部应该具有的基本党性修养。但是,对党忠诚并不是一件仅仅停留在口头上的事情,而是关键要落实到具体行动上的事情,关键是要在情感和行动上切实做到对党组织忠诚。这也决定了党员和干部必须始终具有组织纪律性,决定了组织纪律性也是党性修养的重要内容。

将"组织纪律性"作为"党性修养"的重要内容,之所以是党的组织纪律理论上的重要创新和组织纪律与党性修养的关系理论的重要创新,是因为这一"论断"解决了党过去没有从理论上、从观念上真正意识到组织纪律性与党性修养具有如此紧密的联系,更没有从理论上、从观念上真正意识到组织纪律性是党性修养的重要内容。尽管党在相关文件中阐述过党的性质,论述过党的组织建设、组织纪律,也意识到组织建设、组织纪律与党性之间具有内在联系,但毕竟没有从观念上、从理论上对其进行阐发,更没有看到党的组织纪律性与党性修养之间具有如此重要、如此紧密的关系。将"组织纪律性"作为"党性修养"的重要内容,从根本上改变了党在过去对二者关系不够重视的现象,将对二者的关系认识提升到一个全新的高度,有助于党员和干部意识到组织纪律对于坚持党性的重要性,从而有助于党员和干部更加重视党的组织纪律,更加严格遵守和执行党的组织纪律。

---

① 中共中央文献研究室. 十八大以来重要文献选编:上 [M]. 北京:中央文献出版社,2014:766.

（二）按规定向组织请示报告是"检验干部合不合格的试金石"

请示报告制度并不是党的十八大以来才有的新事物，而是党在革命年代就已经逐步建立起来的一种组织制度。党的二大制定的党章中有两处涉及"报告"制度：一处规定地方党组织在发展党员时要将情况向区执行委员会、中央执行委员会报告；一处规定地方党组织开除党员时必须向区执行委员会、中央执行委员会报告情况。① 这是党的文件中首次对报告制度作出的明确规定。党中央在1928年出台的文件《关于各省委对中央的报告大纲》中对报告的种类、时间等方面情况作出了明确规定，对违反报告纪律的惩罚措施进行了明确说明。② 党中央在1931年针对报告制度的建立颁布了专门的文件，明确要求苏维埃的各级政府要建立下级对上级的报告制度。③ 党中央在1942年颁布的《关于统一抗日根据地党的领导及调整各组织间关系的决定》中要求各根据地机关在决定带有普遍性的新问题时必须向党中央请示。④ 中央在1948年1月颁布的《关于建立报告制度的指示》⑤、在同年3月发出的《关于建立报告制度的补充指示》等文件标志着请示报告制度在党内和军内得以正式确立。进入社会主义社会后，请示报告制度始终都作为党章修订中一项必不可少的内容。例如，党的八大修订的党章中明确要求下级定期向上级报告工作、下级在必要时必须向上级请示等。⑥ 党的十九大修订的党章中明确规定党的下级组织"要向上级组织请示和报告工作"⑦。

从请示报告制度的发展不难看出，中国共产党从二大开始总体上始终比较重视对请示报告制度的维护和执行，这对于党组织的正常运行、党的各项工作的顺利开展以及各级党组织的科学决策起到重要作用，成为党的组织建

---

① 中共中央纪律检查委员会.中国共产党党风廉政建设文献选编（1921—2000）：第1卷[M].北京：中国方正出版社，2001：429.
② 费云东，余贵华.中共秘书工作简史（1921—1949）[M].沈阳：辽宁人民出版社，1992：117.
③ 毛泽东.毛泽东年谱（1893—1949）：上[M].北京：中央文献出版社，2013：360.
④ 中央档案馆，中共中央文献研究室.中共中央文件选集：第13卷[M].北京：中共中央党校出版社，1989：433.
⑤ 熊辉，仰义方.解放战争时期毛泽东与党内报告制度的建立[J].湘潭大学学报（哲学社会科学版），2012（3）：1-5.
⑥ 中共中央纪律检查委员会.中国共产党党风廉政建设文献选编：第1卷[M].北京：中国方正出版社，2001：582.
⑦ 中国民族语文翻译局.中国共产党章程[M].北京：人民出版社，2017：43.

设的一项重要内容和一条重要经验。从认识层面和理论层面来看，毛泽东在革命年代以及和平建设年代非常重视请示报告的建立和落实，主要基于以下几点考虑：第一，为了党的集中统一领导。中央政治局在1942年9月出台的文件中明确要求地方"必须请示中央，不得标新立异，自作决定，危害全党领导的统一"①。第二，帮助地方减少或者避免犯错误②。第三，维护党员干部的权利和义务。③ 党的十一届三中全会以来到党的十八大以前，历届党中央都比较重视请示报告制度的完善和实施，其大致也是出于上述三点认识和理论考虑。党的十八大以来，习近平总书记不仅认为请示报告制度是执行"民主集中制的有效工作机制"④，而且认为"按规定向组织请示报告是检验干部合不合格的试金石"⑤。特别是后一"论断"在请示报告制度方面的理论创新力度更大。

新时代合格干部的标准比之前有所提升。综观习近平总书记在党的十八大以来的重要讲话，我们可以将合格干部的标准概括为"敢于担当""具有真本领"⑥"对党忠诚"⑦"信念过硬""政治过硬""作风过硬"⑧"敬畏法纪""具有政德"⑨"具有科学思维"⑩ 等主要方面。其中，"对党忠诚""政治过硬""敬畏法纪"三大标准要求党员干部严格遵守政治纪律和组织纪律，严格遵守和落实请示报告制度。如果在遇到重大新问题时不向党组织请示解决思

---

① 中共中央文献研究室，中央档案馆. 建党以来重要文献选编（1921—1949）：第19册［M］. 北京：中央文献出版社，2011：428.
② 毛泽东. 毛泽东选集：第4卷［M］. 北京：人民出版社，1991：1264.
③ 中央档案馆，中共中央文献研究室. 中共中央文件选集：第17卷［M］. 北京：中共中央党校出版社，1992：211.
④ 中共中央文献研究室. 十八大以来重要文献选编：上［M］. 北京：中央文献出版社，2014：767.
⑤ 中共中央纪律检查委员会，中共中央文献研究室. 习近平关于严明党的纪律和规矩论述摘编［M］. 北京：中央文献出版社，2016：41.
⑥ 习近平. 切实学懂弄通做实党的十九大精神努力在新时代开启新征程续写新篇章［J］. 党建，2017（12）：4-5.
⑦ 中共中央文献研究室. 十九大以来重要文献选编：上［M］. 北京：中央文献出版社，2019：569.
⑧ 习近平. 习近平谈治国理政：第3卷［M］. 北京：外文出版社，2020：72.
⑨ 中共中央文献研究室. 十九大以来重要文献选编：上［M］. 北京：中央文献出版社，2019：55.
⑩ 中共中央文献研究室. 十九大以来重要文献选编：上［M］. 北京：中央文献出版社，2019：48.

路、在规定的时间段内不向党组织汇报基本情况，党员干部就不能说是做到了对党忠诚，也就不能称得上政治素质过硬；如果该请示的时候不向党组织请示、该报告的时候不向党组织报告，党员干部就不能说是真正做到了敬畏法纪，也不能说是真正做到敬畏和遵守组织纪律。可见，能否严格遵守请示报告制度在很大程度上能够反映出党员干部合格与否。鉴于此，习近平总书记在充分继承历届党中央关于请示报告制度的重要性认识的基础上明确将"按照规定向党组织请示报告"作为检验党员干部合不合格的试金石，从而以"论断"的形式在请示报告制度方面实现了理论上的重要创新。

这一"论断"的理论创新之处在于以习近平同志为核心的党中央结合十八大以来党内基本情况的新变化特别是党内请示报告方面呈现出的新特点和新问题，对严格遵守请示报告制度的重要性和基础性地位的认识提升到一个全新的高度。在通往民族复兴和通往强起来的征途中，广大党员干部面临着更多的国内外新问题、新难题需要处理，也面临着许多新经验需要提炼和升华，这就需要党员干部更加注重请示报告制度，更加严格落实好请示报告制度。但是，党内部分党员干部现阶段确实存在着没有遵守和执行好请示报告制度的现象。例如，有些干部在何处、干了何事一概不向组织请示汇报，有些干部违规办理多套护照和国外绿卡以及多张身份证却一概不向组织汇报，有些干部将家人送往国外不向组织汇报，有些干部离婚、再婚也不向组织汇报，还有些干部在身边人出现重要问题时都不向组织及时汇报情况等。① 这些不请示不汇报的违纪现象往往就是导致更大问题的直接诱因。习近平总书记不是将"向党组织请示报告"作为党员干部是否合格的标准，而是将其作为检验党员干部是否合格的"试金石"，即作为检验党员干部是否合格的重要方法。"标准"往往是从具体层面而言的，而"方法"往往是从总体层面而言的。"方法"在地位上往往要比"具体标准"要高，在重要性上往往要比"具体标准"更加重要。因此，将请示报告的情况作为考核党员干部的重要方法，其严格程度和严厉程度是前所未有的。这就意味着，如果有党员干部在请示报告制度上出现问题，其必然会受到相应的违纪处罚。严重违反请示报告制度的党员干部，还会受到撤职的处罚。习近平总书记明确指出：在请示

---

① 中共中央文献研究室. 十八大以来重要文献选编：上 [M]. 北京：中央文献出版社，2014：768.

报告方面"问题严重的就不能当领导干部"①。可见,这一蕴含着理论上重要突破的"论断"必然会深刻地影响党员干部对于请示报告的认识和重视程度,必然会推动党员干部更加严格、严肃地遵守和执行党的请示报告制度,也必然有助于推动党员干部更好地遵守和执行党的组织纪律甚至其他方面的纪律。

(三)"党的严密组织体系和强大组织能力"是党的领导能力的体现

简言之,党的组织体系是指规范党的基层组织、地方组织和中央组织正常有序运转、相互有效衔接的纪律和制度的总和。党的组织能力是指党将各项组织纪律和组织制度转化为组织有效运转、衔接和组织服务的能力。党的领导能力是指党领导党员、干部、组织为完成一定目标所需能力的总和。回顾百年历史不难发现,中国共产党历来重视组织体系建设,也历来重视党的组织能力建设。党的一大制定的党纲提出了要把农民和工人、士兵组织起来以便完成社会革命的目标,并依据人数对地方委员会的具体组织情况进行了初步规范。②党的二大制定的党章对党员的产生与构成、中央和地方党组织的构成与运行、党员和组织应遵守的纪律等进行了开创性阐释。③可以说,党的二大制定的党章几乎全篇都是阐述党的组织体系的条款,为后面历次党章阐述党的组织体系奠定了基本框架。除个别条款有所创新和充实外,党的三大、四大所修订的党章在总体上延续了二大党章关于党的组织体系的内容。党的五大修订的党章在大致遵循之前党章关于党的组织体系基本框架的基础上,不仅新增了第二章"党的建设",还将原来的"组织"章去掉,而代之以第三章"党的中央机关"、第四章"省的组织"、第五章"市及县的组织"、第六章"区的组织"、第七章"党的支部"、第八章"监察委员会"、第十章"党团"等内容④,极大地创新、拓展、充实和丰富了党的组织体系的基本内容,使党的组织体系初步趋向严密化。

从党的六大到党的十九大历次修订的党章在党的组织体系框架方面虽略

---

① 中共中央文献研究室.十八大以来重要文献选编:上[M].北京:中央文献出版社,2014:767.
② 中共中央纪律检查委员会.中国共产党党风廉政建设文献选编(1921—2000):第1卷[M].北京:中国方正出版社,2001:424.
③ 中共中央纪律检查委员会.中国共产党党风廉政建设文献选编(1921—2000):第1卷[M].北京:中国方正出版社,2001:427.
④ 中共中央纪律检查委员会.中国共产党党风廉政建设文献选编(1921—2000):第1卷[M].北京:中国方正出版社,2001:444-452.

有调整，但基本遵循了党的五大修订的党章所规定的基本框架，只不过其在总体上保持了越来越严密化的态势。党的组织能力是改革开放以来历届党中央在党员干部中极为强调的能力之一。党的十二大修订的党章首次开辟了"党的干部"专栏，并在领导干部所必须具备的条件中明确列有"有强烈的革命事业心和政治责任感，有胜任领导工作的组织能力、文化水平和专业知识"①。这是党中央在党章中首次明确强调"组织能力"。从此以后，党的历次代表大会所修订的党章都有"组织能力"的表述。自从江泽民2001年首次在讲话中将"党的领导方式"与"党的执政方式"②区分开来以后，党中央事实上改变了过去更多强调"党的执政能力"的做法，而是在强调"党的执政能力"的同时也强调"党的领导能力"。而且，随着党内外各种新问题的出现以及党所面临的挑战和风险加剧，党中央越来越重视对党的领导能力的建设。党的十九大把党的领导能力概括为"政治领导力、思想引领力、群众组织力、社会号召力"③ 四个方面。当然，也有学者将党的领导能力从宏观上概括为党的社会影响能力、党的自身建设能力两个方面④。还有学者从微观上把党的领导能力大致归纳为六种能力，即战略决策能力、制度运行能力、资源配置能力、社会动员能力、组织保障能力、统筹协调能力。⑤ 习近平总书记明确指出，党的领导能力"也体现在党的严密组织体系和强大组织能力上"⑥。这一"论断"的作出，既属于党的组织建设、组织纪律方面的重要理论创新，又属于党的领导能力建设方面的理论创新。

---

① 中共中央纪律检查委员会．中国共产党党风廉政建设文献选编（1921—2000）：第1卷[M]．北京：中国方正出版社，2001：652-653.
② 江泽民．在庆祝中国共产党成立八十周年大会上的讲话[M]．北京：人民出版社，2001：34.
③ 中共中央文献研究室．十九大以来重要文献选编：上[M]．北京：中央文献出版社，2019：12.
④ 肖存良．执政能力与领导能力：习近平党建思想的双重维度[J]．理论与改革，2017（5）：110-118.
⑤ 李君如．从"全面领导"看中国共产党领导力[EB/OL]．人民网，2018-08-20.
⑥ 中共中央文献研究室．十八大以来重要文献选编：上[M]．北京：中央文献出版社，2014：766.

第四章

新时代党的纪律建设立纪与执纪实践创新

如果理论创新是认识问题上的创新,那实践创新则是解决问题方式上的创新。探究党的纪律建设实践创新,其着重点一方面在于明晰将理论创新成果落地变现的实践程度,另一方面在于厘析解决纪律建设实践中遇到的特有问题的行为方式。可见,问题仍然是把握纪律建设实践创新的关键所在。这与党的十八大以来推进中国特色社会主义伟大建设事业的过程中始终具有的鲜明问题导向、问题意识、问题思维是一致的。同时,也正是在解决问题中,认识得以不断深化,理论创新与实践创新在不断交织、互动互促中呈现双螺旋式上升。因此,党的纪律建设实践创新中必然包含着相应的理论创新的思维火花,但更为重要的是包含着对时代问题的具体解析。

一、"依规治党":构建系统完备的党内纪律制度规范体系

问题的解决往往在发现问题时就已经开始了。人们总是在继承和发展前人所创造的生产关系、上层建筑的基础上进行物质生产。党的十八大以来,面对构建系统完备、科学规范、运行有效的制度体系的接续任务,面对推进党和国家治理现代化的奋斗目标,面对党内纪律制度规范的缺失错位等问题,面对全面从严治党管党的迫切需要,新一届党中央领导集体秉持着将制度建设贯穿党的建设始终的基本原则,为新时代党的纪律建设找准了着力点与纵贯线,开启了党内纪律制度规范的查漏补缺、更新迭代。以党章为总纲领新修增修的《中国共产党纪律处分条例》《中国共产党廉洁自律准则》《关于新形势下党内政治生活的若干准则》《中国共产党党内监督条例》等诸多党纪法规,构成了整体性、多维度、立体化的党内纪律制度规范体系,为十八大以来党的纪律建设、党员干部遵纪执纪提供了基本依据和法治遵循。

(一) 确立党章"党内根本大法"的地位

党章,是党内规章制度、规范要求的纲领性表达,一直以来都是党内关键的纪律遵循。我们党始终保持对党章的尊崇与敬畏,始终以党章为纲领加强党的纪律建设和制度建设,这是对党章历史地位与规范属性的观点继承与实践延续。同时,我们党又结合新的历史方位和实践特点,对其历史地位和规范属性的认识进行了深化。首先,在定性上,党中央强调指出党章是最根本的党内法规,是管党治党的总规矩①;其次,在定位上,党中央强调要以党章为根本,按照党章确定的基本原则、要求和任务,推进党内法规制定;再次,在行为遵循上,党中央强调严明政治纪律就要从遵守和维护党章入手。明确这些新要求并自觉地将其落实到实践中,需要我们从历史中来,探究党章与纪律建设的渊源。

1. 通过完善党章始终彰显纪律建设的斗争精神

马克思、恩格斯在指导建立世界上第一个无产阶级政党共产主义者同盟时,首要的就是着手制定同盟的纲领章程,用总括性、条规式的话语表达,阐明其政党的鲜明主张。在资本主义政党推崇所谓自由、民主、平等等人权的时代背景下,如何向公众揭示资本主义的"棍棒纪律"②"饿死人纪律"③"绝对纪律"④,展示无产阶级政党"最强有力、最守纪律并且增长最快"⑤的纪律特性,是时代赋予共产主义者同盟纲领的历史使命。在考察无产阶级所处境遇中,马克思、恩格斯发现了无产阶级与生俱来的组织性和纪律性,并认为共产党作为"各国工人政党中最坚决、始终起推动作用的部分"⑥必须有更高的纪律要求。鉴于此,他们在《共产党宣言》这一无产阶级政党的纲领性文献中,旗帜鲜明地写道,共产党人"没有任何同整个无产阶级的利

---

① 中央纪委法规室. 中国共产党纪律处分条例 [M]. 北京:中国方正出版社,2018:5.
② 中共中央马克思恩格斯列宁斯大林著作编译局. 马克思恩格斯全集:第18卷 [M]. 北京:人民出版社,1964:669.
③ 中共中央马克思恩格斯列宁斯大林著作编译局. 马克思恩格斯全集:第2卷 [M]. 北京:人民出版社,1957:546.
④ 中共中央马克思恩格斯列宁斯大林著作编译局. 马克思恩格斯全集:第37卷 [M]. 第二版. 北京:人民出版社,2019:155.
⑤ 马克思. 1848年至1850年的法兰西阶级斗争 [M]. 北京:人民出版社,2018:109.
⑥ 中共中央马克思恩格斯列宁斯大林著作编译局. 马克思恩格斯全集:第28卷 [M]. 第二版. 北京:人民出版社,2018:431.

益不同的利益""不提出任何特殊的原则"①。马克思在为国际工人协会制定共同章程和组织条例时,更是立场明确地指出,党内没有无义务的权利,也没有无权利的义务,协会的目的是"追求共同目标即追求工人阶级的保护、发展和彻底解放"②。作为领导无产阶级政党建立国家政权的伟大实践者,列宁也特别注重运用党内纲领加强和巩固劳动阶级的同志纪律,认为在《俄共(布)纲领草案》中明确纪律要求,是"彻底战胜资本主义、战胜生产资料私有制的统治所造成的习惯的最主要的办法,甚至是唯一的办法"③。

可以说,开宗明义、旗帜鲜明地宣扬党的共产主义主张、明确共产主义的远大理想和奋斗目标是无产阶级政党纲领制定的初衷,这就决定了党章具有统领思想、规范组织、严明纪律的作用,具有批判性、斗争性、现实性的檄文特点,从而使得党章从其诞生之日起,就被共产党人置于首要的、管总的、引领性的位置。马克思主义经典作家对党章应该彰显无产阶级政党阶级属性和斗争精神的认识,以及将此认识作为最基本的政治纪律要求的实践,为后继者们制定党章规范,奠定了思想基础和制度框架。十八大以来党把纪律建设摆在更加重要、更加突出的位置,党章作为纪律建设的思想载体、工作抓手,其党内地位也必然更加明确。在中国特色社会主义进入新时代的历史背景下,我们旗帜鲜明地树立起党章根本大法的地位,重温共产主义的理想信念,亮明与资产阶级自由化等错误思潮做斗争的纪律底线,筑牢党员自觉遵守纪律规矩的制度藩篱,这首先是对马克思主义经典作家关于党章与纪律建设关系认识的一脉相承与继承发展。在时隔170多年后的当下,纪律建设的阶级属性和斗争精神依然在我们的党章中熠熠生辉,绽放光芒。

2. 通过完善党章及时更新纪律建设的基本要求

综观中国共产党的百年奋斗历程,依靠党内规章凝聚共识、凝结力量的作用效力更加突显。中国共产党的第一个决议,明确提出了"不得刊登违背

---

① 中共中央马克思恩格斯列宁斯大林著作编译局. 马克思恩格斯选集:第1卷[M]. 北京:人民出版社,2012:413.

② 中共中央马克思恩格斯列宁斯大林著作编译局. 马克思恩格斯全集:第32卷[M]. 北京:人民出版社,1974:255.

③ 中共中央马克思恩格斯列宁斯大林著作编译局. 列宁全集:第36卷[M]. 北京:人民出版社,2017:109.

党的原则、政策和决议的文章"① 的原则纪律，这虽然只是宣传方面的纪律规定，但已经能够表明我们党自成立之初，就注重将纪律要求融入党内规章，并将其上升为党内成员共同的行为遵循。可以说，这一决议是我们党运用党内规章明确纪律要求、约束行为的首次尝试。中国共产党的第一个党纲，明确提出党的名称为"中国共产党"，党的奋斗目标是推翻资产阶级，在中国建立无产阶级专政，实现共产主义。② 正是在这部党纲中，我们党首次表明了共产主义的远大目标和奋斗方向，并将是否认同并维护这一"主义"视为加入中国共产党的首要条件和纪律标准。中共二大则加快了根据中国实际解决自身问题的步伐，在共产主义最高纲领的基础上，明确提出反帝反封建的民主革命纲领，实现了远景目标和阶段路径的有机统一；随后通过的《中国共产党加入第三国际决议案》点明了共产主义的斗争纪律要求，即"无论在报纸里面，公众集会里面，工团里面，合作社里面，不仅要系统的，严刻的攻击资产阶级，并且要攻击与他通气的各色改良派"③，以此来指导无产阶级解放自身、解放人类的伟大斗争。中共二大制定的严格意义上的第一部党章，更是将纪律单独成章，并列出九条条目，奠定了党章为纪律立规矩、名内容的总基调，从而也明确了党的纪律建设要将党章作为基本遵循的历史渊源。

在中共二大之后，历次党章的制定修订始终贯穿着马克思主义政党纪律建设的原则要求，并通过总结新情况、研究新问题，不断完善具体的纪律条款规定，更加突出党章的纪律规范属性。从具体章节来看，中共三大、四大、五大、六大通过的党章修正案延续二大的做法，将纪律单独成章，但条目有所增减。例如，四大党章修正案中增加了"凡党员离开其所在地时必须经过该地方党部许可。其所前往之地如有党部时必须向该党部报到"④ 一项；五大党章修正案将纪律条款整合为六条；六大党章修正案中将纪律条款精简为两条。到了中共七大、八大，纪律不再单独成章，而是其要求融入各个章节

---

① 中共中央纪律检查委员会. 中国共产党党风廉政建设文献选编：第 1 卷 [M]. 北京：中国方正出版社，2001：2.

② 中共中央纪律检查委员会. 中国共产党党风廉政建设文献选编：第 1 卷 [M]. 北京：中国方正出版社，2001：423.

③ 中共中央文献研究室，中央档案馆. 建党以来重要文献选编（1921—1949）：第 1 卷 [M]. 北京：中央文献出版社，2011：142.

④ 中共中央纪律检查委员会. 中国共产党党风廉政建设文献选编：第 1 卷 [M]. 北京：中国方正出版社，2001：441.

条目，纪律规范虽然分散，但涵盖面更广，更能体现将纪律精神融入党章的特点。值得说明的是，不管党章中有无单独的纪律章节，其具体条文本身也都体现着一种纪律精神，是纪律的彰显。

可见，自建党伊始，中国共产党党章就与党的纪律建设密不可分。虽然党章的内容根据现实需要不断调整变化，但其作为党内纪律遵循的地位没有动摇过。党在十八大以来把党章提升至党的根本大法、管党治党总章程的地位，是对党章具有的纪律规范属性的历史回应。其中的内在必然性在于，党章中的纪律规定必然是党的纪律规范内容的重要组成部分，必然被广大党员干部奉为行为准则，自觉遵守党章就是在严格执行和维护党的纪律。① 党的十八大以来的党章条款虽然在很多方面都不同于中国共产党早期的党章规定，例如，党的理论和路线方针政策、党的重要主张，党员的权利义务和对领导干部的基本要求等都顺应时代要求发生了变化，但就纪律规范属性来看，其始终是在中国共产党党章的基础上传承创新的。

3. 通过完善党章及时回应纪律建设的现实问题

十一届三中全会的召开，标志着全党的工作重心发生转移。党的领导、党的建设也随之面临着许多新问题、新挑战，特别是党员干部在经济领域的纪律失范现象尤为突出。面对这些问题和挑战，我们党总结经验教训，深化对执政党建设规律的认识，将现实中好的做法及时地体现到党章修订中，以期更好地发挥党章的纪律规范作用。例如，党的十二大修订的党章，由党的十一大修订的党章的五章十九条扩充至十章五十条，并重新增设纪律一章，对党的纪律做了较为充分、具体的规定，对党员和党的干部提出了更为严格的纪律要求。党的十三大以后，党章的体例内容、逻辑框架、行文表达、法理逻辑等构件基本沿袭了党的十二大修订的党章，这标志着党章范式的成熟与稳定，夯实了党章作为规范和制约全党行为总章程的作用和地位。党的十八大以来，党中央更是从细处入手，着力解决了党章中纪法混淆、边界不清的问题，进一步厘清了党章的适用范围与权责关系，为在全党范围内树立起党章的权威，使其成为全党的根本遵循做了内容上的准备。

问题的关键在于落实和执行。党章的统领地位并不是一句空话。虽然党

---

① 中共中央文献研究室. 十八大以来重要文献选编：中 [M]. 北京：中央文献出版社，2016：729.

在十六大以来提出要重视党章的规范制约作用,并在实践中明确全面履行党章职责的要求①,党的十七大更是把党章作为"最根本的党内法规"② 加以确立,明确了党章和党内法规的内涵边界,但是现实存在的思想滑坡、道德败坏、贪污腐败等问题确实表明党章仍然处于弱化、虚化,甚至被架空的境地。其中的原因既在于对党章地位认识不充分、条款理解不到位,更在于遵从党章规范、落实党章要求不力。解决党章面临的困境,用好这一党内"法器",需要明确党章根本大法的地位;严格党内纪律的贯彻执行,需要把党章的根本大法地位鲜明地摆出来。党的十八大以来,习近平总书记明确指出:"严明政治纪律就要从遵守和维护党章入手。"③ 党章明文规定了党的纪律要求,而要将党的纪律要求落到实处,特别是严格遵从党的政治纪律,必须从重视党章、学习党章、践行党章、对标党章开始。

总之,不管是党章体现的纪律精神,还是具体的纪律条款规定,抑或纪律建设面临的党章地位弱化等问题,都表明纪律建设与党章密不可分。党章在党内具有统摄地位,这一点是由党章制定之初的规范属性及其历史地位决定的。无论党情国情社情怎样发展、解决党内纪律问题的方式手段怎样变化,党章的统领性地位不会改变,起到的纪律规范作用不会改变。但是,从历史维度进行梳理,将业已成熟的党章规范摆在更加突出的位置,将其提升至党内根本大法的高度,确实是十八大以来党的纪律建设的创新进路。

(二) 织密党内纪律的"大法网"

中国共产党是一个拥有九千多万党员的大党,其不仅要管党治党,而且还要管好党、治好党。法治化是管好党、治好党的必然选择。推进党的建设在法治化轨道上运行,仅仅依靠党章的一维约束难免独木难支、有所疏漏,最为紧要的是织密多维度、全覆盖的党内纪律法规网。十八大以来,党中央明确提出到建党一百周年时全面建成内容科学、程序严密、配套完备、运行有效的党内法规制度体系,这是党遵循法治化逻辑全面从严治党的路线图、

---

① 中共中央文献研究室. 十六大以来重要文献选编:下 [M]. 北京:中央文献出版社,2008:173-182.
② 中共中央文献研究室. 十七大以来重要文献选编:下 [M]. 北京:中央文献出版社,2013:960.
③ 中共中央文献研究室. 十八大以来重要文献选编:上 [M]. 北京:中央文献出版社,2014:132.

指南针，也是党严明纪律、建规立纪的宣言书和动员令。

1. 将纪律制度规范的构建和完善融入党和国家治理体系大格局

党的纪律不同于党内法规，虽然二者都属于党建领域的制度规范，都对党员起着约束规范作用。但是，正如有的学者所指出的那样，党的纪律既包括成文的条款规定，也包括不成文的行为遵循①。党内法规是指形成为准则、条例、规则、规定、办法、细则、规范性文件、解释答复等条文形式的制度规范。从概念的此种释义出发，党纪与党内法规是一种交叉关系。但是，对于成文的党的纪律规范，其与党内法规是全同关系还是包含关系，学界并没有很好地厘析清楚，有待进一步深化研究。不管二者是全同关系还是包含关系，成文的党纪规范必然属于一种党内法规，有些党内法规必然是党纪规范。因而，我们可将成文的纪律制度规范统称为党的纪律法规体系。党纪不同于国法，二者的边界不能混淆。但是，构建党的纪律法规体系，并非又将纪和法混淆在一起，而是凸显出纪律制度规范在制定过程中遵循着法理逻辑的特点。

第一，在实践中，党始终坚持以法治思维、法理逻辑建立健全党内纪律法规体系。政党治理现代化是党和国家治理现代化的题中应有之义。治理现代化又包括治理体系和治理能力的现代化。实现政党治理体系现代化，实质要求就是依规治党，即依据党章党规党纪来管党治党建设党。② 因此，构建系统完备的党内纪律制度规范应该跳出就纪律论纪律的思维定式，站在党和国家治理体系的大格局中来谋篇布局，将其自觉融入党内法规的构建中。党的十八大奠定了以法治作为治国理政基本方式的总基调。党的十八届三中全会在强调全面深化改革的总目标时，对推进法治中国提出了明确要求。正是在法治的总基调和总要求的指导下，2013年11月5日，党中央出台了《中央党内法规制定工作五年规划纲要（2013—2017年）》（以下简称《纲要》），这是党内纪律法规体系制定工作的纲领性文件。

---

① 王伟国. 国家治理体系视角下党内法规研究的基础概念辨析［J］. 中国法学，2018（2）：269-285.

② 中共中央文献研究室. 十九大以来重要文献选编：上［M］. 北京：中央文献出版社，2019：79.

《纲要》强调要坚持宪法为上、党章为本。① 首先，党内纪律法规的制定要以宪法为遵循。宪法是国家的根本大法，是每个中国公民必须遵守的法律规范。中国共产党党员作为普通公民的一分子，没有任何法外特权。所以，党内纪律法规的制定必须体现宪法和法律的精神与要求，在法治思维和法理逻辑的指导下开展构建工作，这其实也是上文提到的法纪关系中"国法高于党纪"在实践层面的贯彻落实。同时，从大局上来看，这也是确保党内纪律法规体系与中国特色社会主义法律体系保持内在统一的必然要求，是依规治党和依法治党有机结合的重要保障。其次，党内纪律法规的制定要以党章为根本。一方面，以党章为根本大法，确立党内纪律制度规范的法治化、制度化路径。就适用范围和对象而言，纪律和法律分属于不同领域，但是，纪律本质上也遵循着法制思维和法理逻辑。最能说明这一关系的，就是将党章定位为党内的根本大法。所以，在制定各项党内纪律制度规范时，党首先要向党章的法理逻辑看齐。另一方面，以党章为根本纲领，明确党内纪律制度规范的原则、要求和任务，从而纲举目张。虽然党章的体例、条款不断丰富完善，但毕竟是总括性、原则性的纪律要求，它更多关注普适性的问题。但是，在实际解决党建过程中遇到的多方面问题时，还需要更为具体的纪律条文和规章制度。根据党章的原则性要求，制定党内各个领域、各项工作的"基本法"，从而形成一套"根本法""基本法"相配套的更为立体化、多维化的党内法规体系。在党章这一"根本法"的纵向布局基本成熟稳定的情况下，着手铺开横向面上的"基本法"构建，夯实党内法规基础主干，展现了十八大以来党内纪律法规体系建设的法治化路径。

第二，在实践中，党始终坚持以问题导向、目标导向建立健全党内纪律法规体系。2016年12月出台的《中共中央关于加强党内法规制度建设的意见》（以下简称《意见》）更是体现和深化了将党内纪律制度规范作为党内法规法治化、体系化建设的思想和路径。可以说，2013年制定的《纲要》解决的主要是法规不健全、体系不完善的问题。经过三年的发展，随着党内新法规的不断出台、旧法规的不断更新，制度的笼子越扎越牢，到制定《意见》时应解决的主要矛盾已经转化为体系不精细、落实不到位的问题。因而，在

---

① 中共中央文献研究室. 十八大以来重要文献选编：上 [M]. 北京：中央文献出版社，2014：480.

《纲要》提出建党一百周年建成内容科学、程序严密、配套完备、运行有效的党内法规制度体系的总目标下,《意见》将这一目标匹配到构建党内法规制度体系中,又提出了更为全面的目标要求,就是不仅要形成比较完善的党内法规制度体系,还要形成高效的党内法规制度实施体系以及有力的党内法规制度建设保障体系。① 在党内法规制度的框架建构中,2013年制定的《纲要》着重整合提升过去分散交叉的党内法规和规范性文件,做的是综合性、集成性工作,并围绕思想建设、组织建设、作风建设、反腐倡廉建设、制度建设五大建设领域以及党的领导和党的工作方面,夯实党内法规的基础主干;2016年的《意见》则明确提出"1+4"的党内法规制度体系基本框架,即在党章之下分为党的组织法规制度、党的领导法规制度、党的自身建设法规制度、党的监督保障法规制度四大板块。② 从《纲要》到《意见》,展现了十八大以来党内法规建设不仅是在前人基础上的创新,更是不断自我革新的过程,这也为构建纪律制度规范体系提供了原则遵循和思路借鉴。

2. 新修增订若干重大党内纪律制度规范

就具体条款内容来说,党内纪律法规体系包括哪些内容,依然是个亟待厘清但又不好厘清的问题。党内纪律法规体系从狭义的角度来理解,是指关涉党的纪律建设机构或纪律建设相关要求的党内文件和规范,也是由中央发出的关于加强党内纪律建设的条文规范,或是由中纪委、监察部(2018年3月设立中华人民共和国国家监察委员会,不再保留监察部,并入国家监察委员会)等专职机构发。从广义的角度来理解,凡是对党员行为起到约束规范作用的党内条文法规,都应视为党内纪律法规体系的组成部分。不管从哪一种释义来看,狭义的党内纪律法规必定内蕴于党内法规中,狭义的党的纪律与党内法规、国家法律以及一些约定俗成的规矩等,都可作为广泛意义上的党纪法规体系的组成部分。党在十八大以来推进党和国家治理体系现代化,一方面从依规治党着手,建立健全广泛意义上的党纪法规体系;另一方面也根据正风肃纪实践中的有效做法,及时总结经验,丰富完善具体的党纪制度规范。十八大以来,党结合在贯彻落实中发现的新问题、新情况,及时修

---

① 中共中央文献研究室.十八大以来重要文献选编:下[M].北京:中央文献出版社,2018:510.
② 中共中央文献研究室.十八大以来重要文献选编:下[M].北京:中央文献出版社,2018:510.

订颁布了多部党纪法规。这从表 4-1 中所列的内容可以略见一斑。

表 4-1 党的十八大以来新修订党内纪律法规概览表①

时间	名称
2012 年 11 月 14 日、2017 年 10 月 24 日	《中国共产党章程》
2012 年 11 月 25 日	《关于认真学习宣传贯彻党的十八大精神的通知》
2013 年 5 月 25 日	《关于党的机关、人大机关、政协机关、各民主党派和工商联机关公务员参照执行〈行政机关公务员处分条例〉的通知》
2013 年 7 月 3 日	《关于进一步加强烈士纪念工作的意见》
2013 年 7 月 23 日	《关于党政机关停止新建楼堂馆所和清理办公用房的通知》
2013 年 10 月 29 日	《党政机关厉行节约反对浪费条例》
2013 年 11 月 12 日	《中共中央关于全面深化改革若干重大问题的决定》
2013 年 11 月 27 日	《中央党内法规制定工作五年规划纲要（2013—2017 年）》
2013 年 12 月 6 日	《关于改进地方党政领导班子和领导干部政绩考核工作的通知》
2013 年 12 月 8 日	《党政机关国内公务接待管理规定》
2013 年 12 月 19 日	《关于党员干部带头推动殡改葬改革的意见》
2013 年 12 月 23 日	《关于培育和践行社会主义核心价值观的意见》
2013 年 12 月 25 日	《建立健全惩治和预防腐败体系 2013—2017 年工作规划》
2013 年 12 月 29 日	《关于领导干部带头在公共场所禁烟有关事项的通知》
2014 年 2 月 25 日	《关于创新群众工作方法解决信访突出问题的意见》
2014 年 5 月 28 日	《中国共产党发展党员工作细则》

---

① 根据中共中央纪律检查委员会、中华人民共和国国家监察委员会网站中"党纪法规"一栏整理得出。本表选取的时间段为 2012 年 11 月至 2020 年 12 月，参照的是广义上的"党纪法规"概念和内容，包括党章、准则、条例、规则、规定、办法、细则、规范性文件、解释答复等文体。

续表

时间	名称
2014年7月12日	《中共中央办公厅、国务院办公厅关于全面推进公务用车制度改革的指导意见》
2014年7月16日	《中央和国家机关公务用车制度改革方案》
2014年9月19日	《中共中央办公厅、国务院办公厅关于严禁党政机关到风景名胜区开会的通知》
2015年3月18日	《领导干部干预司法活动、插手具体案件处理的记录、通报和责任追究规定》
2015年7月9日	《推进领导干部能上能下若干规定（试行）》
2015年8月3日、2017年7月1日	《中国共产党巡视工作条例》
2015年10月18日	《中国共产党廉洁自律准则》
2015年10月18日、2018年8月18日	《中国共产党纪律处分条例》
2015年12月25日	《中国共产党地方委员会工作条例》
2016年6月29日	《中央和国家机关会议费管理办法》
2016年7月8日、2019年9月1日	《中国共产党问责条例》
2016年8月15日	《关于防止干部"带病提拔"的意见》
2016年10月27日	《中国共产党党内监督条例》
2016年10月27日	《关于新形势下党内政治生活的若干准则》
2016年12月8日	《中央企业负责人经营业绩考核办法》
2017年1月15日、2019年1月1日	《中国共产党纪律检查机关监督执纪工作规则》
2017年3月1日	《中国共产党工作机关条例（试行）》
2017年10月5日	《机关团体建设楼堂馆所管理条例》

续表

时间	名称
2017年12月20日	《中国共产党党务公开条例（试行）》
2018年4月4日	《中国人民解放军内务条令（试行）》
2018年7月	《关于党的基层组织任期的意见》
2018年10月28日	《中国共产党支部工作条例（试行）》
2018年11月20日	《干部人事档案工作条例》
2019年1月31日	《中国共产党重大事项请示报告条例》
2019年5月13日	《干部选拔任用工作监督检查和责任追究办法》
2019年8月19日	《中国共产党农村工作条例》
2019年8月30日	《中国共产党党内法规制定条例》
2019年1月1日	《党组讨论和决定党员处分事项工作程序规定（试行）》
2019年1月13日	《中国共产党政法工作条例》
2019年4月7日	《党政领导干部考核工作条例》
2019年5月6日	《中国共产党党员教育管理工作条例》
2019年5月	《关于加强和改进城市基层党的建设工作的意见》
2019年7月7日	《党政主要领导干部和国有企事业单位主要领导人员经济责任审计规定》
2019年8月30日	《中国共产党党内法规执行责任制规定（试行）》
2019年9月24日	《中国共产党党校（行政学院）工作条例》
2019年11月	《2019-2023年全国党员教育培训工作规划》
2019年11月29日	《中国共产党党和国家机关基层组织工作条例》
2019年11月29日	《中国共产党国有企业基层组织工作条例（试行）》
2020年1月2日	《纪检监察机关处理检举控告工作规则》

续表

时间	名称
2020年2月26日	《党委（党组）落实全面从严治党主体责任规定》
2020年6月29日	《中国共产党基层组织选举工作条例》
2020年9月28日	《中国共产党中央委员会工作条例》
2020年11月30日	《中国共产党统一战线工作条例》
2020年11月30日	《中国共产党党员权利保障条例》
2020年12月11日	《中国共产党地方组织选举工作条例》

3. 小结

可以说，每部党纪法规的出台都有着自身的生发逻辑，每部党纪法规的修订都有着历史的延续和创新。例如，2013年11月18日出台的《党政机关厉行节约反对浪费条例》就是为党的群众路线教育实践活动建章立制的重要成果。这其中的内在逻辑是，党政机关存在文山会海、三公经费开支过度等铺张浪费现象，直接影响党和政府的形象，影响人民群众对党和政府的直接感受。党和政府为改变这一不良印象，首先从"刹风"这一治标之举开始进行改革，制定针对厉行节约、反对浪费的专门性纪律规定，从而为党政机关纠改"四风"问题提出纪律要求和行为规范。整治"四风"问题不是一阵风，需要在建立长效制约机制上立规树纪。在新时代用好巡视这把"利剑"，用好监督这个"利器"，需要更为严格的要求。2015年、2017年党中央分别新修订的《中国共产党巡视工作条例》，是在2009年颁布实施的《中国共产党巡视工作条例（试行）》的基础上修订完善的。但就巡视这项工作来说，其实际上是中国共产党早就开始运用的一项惯例。党的十八大召开以来，面对党风廉政建设和反腐败斗争的新形势以及全面从严治党的新任务，加之党的十六大以来在正式开展巡视工作中积累的丰富实践经验，出现的不足之处以及经实践证明了的巡视制度化、规范化的重要性等现实因素，都决定了党需要对巡视工作作出调整和改变。党的十八大以来，巡视工作的重大创新就是聚焦"一个中心"、围绕"四个着力"①。这相较于试行版的巡视工作条例，更加聚焦任务中心，廓清巡视范围，解决了之前巡视内容过于宽泛问题；同时也拓宽了巡视覆盖范围，理顺了工作领导体制机制，解决了巡视纪律落实不到位等问题。党在此基础上结合新形势，总结吸纳巡视工作的实践创新成果，于2017年又与时俱进地重新修订了《中国共产党巡视工作条例》，进一步深化了政治巡视纪律要求，明确规定了中央和国家机关巡视、市县巡察、一届任期内巡视全覆盖等工作内容。

从巡视条例的变迁，我们可以窥见党纪法规的修订所遵循的实践逻辑。正如习近平总书记所总结的那样，"对实践中长期以来形成的历史经验和成功做法，结合新形势任务和实践要求加以创新"。② 这是保持制度生机和活力的有效途径。从党纪法规的体系创新来看，巡视本身是加强党内监督的一种方式方法，巡视法规的完善无疑加强了党内监督的效力，但党内监督自身的逻辑体系还需要从监督主体、监督责任、监督渠道、监督制度等方面进一步完善相关规定，党内监督环节还存在监督的系统性、经常性、有效性不够以及监督存在盲区、主体责任缺乏硬性规定、自我纠偏机制不健全等漏洞③。2016年10月27日新修订的《中国共产党党内监督条例》，是对管党治党工作的现实回应，是对2003年12月颁布施行的《中国共产党党内监督条例（试行）》的发展和完善。做好监督，就要明确责任，执行问责。党在十八大以来增订《中国共产党问责条例》就是从责任落实方面新增加的一项党纪法规，属于一项从无到有的全新创造。

从党纪法规的构建方式创新来看，其在制定时不光从硬性约束入手，还注重加强正面倡导。2015年10月18日颁布施行的《中国共产党廉洁自律准则》是在2010年《中国共产党党员领导干部廉洁从政若干准则》的基础上新修完成的，秉持着化繁为简、突出重点、针砭时弊的原则，仅用281个字，

---

① 佚名.中纪委有关负责同志就中央颁布实施新修订的《中国共产党巡视工作条例》答记者问［R/OL］.（2015-08-13）［2022-08-12］.http：//www.xinhuanet.com/politics/2015-08/13/c_1116248455.htm.
② 中共中央文献研究室.十八大以来重要文献选编：下［M］.北京：中央文献出版社，2018：407.
③ 佚名.中纪委有关负责同志就中央颁布实施新修订的《中国共产党巡视工作条例》答记者问［R/OL］.（2015-08-13）［2022-08-12］.http：//www.xinhuanet.com/politics/2015-08/13/c_1116248455.htm.

简明大义地向全党发出了道德宣示,向人民群众做出了庄严承诺。① 重新修订的《中国共产党纪律处分条例》,将党的十八大以来落实中央八项规定精神、反对"四风"等方面的实践经验和现实要求,与时俱进地增添为新的纪律条款,为广大党员开出了新时代的纪律"负面清单"。从党纪党规的执行动力来看,其在制定时不仅考虑外部纪律约束,也注重唤醒主体的纪律自觉意识。党内纪律的生命在于执行,而执行的关键在于树立起执纪主体的自觉意识。如何在新时代条件下切实发挥党内政治生活的内在凝聚作用,继续发挥党内民主集中制的制度优势,从而加强党的集中统一领导,维护党中央的权威,是急需解决的问题。这使得党非常有必要在1980年制定的《关于党内政治生活的若干准则》的基础上,结合实际情况和现实问题,修订《关于新形势下党内政治生活的若干准则》,以此提升党内政治生活的科学化水平,提升党员干部的"四个意识",使其切实做到"两个服从"。《中国共产党重大事项请示报告条例》则是由此衍生出的具体条文规定,属于新增项。

(三)代表性党纪法规实践创新逻辑追溯

1. 将政治纪律要求更加突出地融入党纪法规中

以《关于新形势下党内政治生活的若干准则》为例。2016年10月27日,党中央重新修订《关于新形势下党内政治生活的若干准则》,是对1980年《关于党内政治生活的若干准则》的坚持和发展,是新时代全面从严治党的又一"利器",其位阶仅次于党章。为什么将此准则置于如此高的地位呢?

一方面是由于严肃党内政治生活反映着党对政治纪律认识得更加清醒。政治纪律首要的是与党中央保持一致,维护中央权威和集中统一领导。如果以自上而下的单向度思维进行认识,政治纪律很容易被误解为绝对服从,甚至被别有用心的人歪曲为专制纪律。而党内政治生活是我们打破这一偏见和误解的有力证明。中国共产党历来重视发扬党内民主精神。早在新民主主义革命时期,毛泽东同志率先提出"党内生活的民主化",认为这是巩固和发展党的必要步骤②。在社会主义建设时期,他更是强调我们要造就的是一个"又有集中又有民主,又有纪律又有自由,又有统一意志又有个人心情舒畅、

---

① 中共中央文献研究室. 十八大以来重要文献选编: 中 [M]. 北京: 中央文献出版社, 2016: 765.
② 戚义明. 毛泽东与严肃党内政治生活 [EB/OL]. 人民网, 2016-09-12.

生动活泼"① 的政治局面。通过党内生活充分发扬民主，在民主的基础上集中统一，才是党严明政治生活的正确路径。可以说，党内政治生活是一种集体意志的彰显，是统一思想认识的过程，是确保集中统一领导的路径。当党内政治生活开展得好，思想达成统一时，党的政治路线贯彻得就好，政治纪律就严明。对此，中国共产党始终保持认识上的清醒。所以，两部《准则》关于党内政治生活的具体内涵在前后两个时期虽然表述有所不同，但目标都是在党内创造一个既有民主又有集中，既有自由又有纪律，既有个人心情舒畅、生动活泼又有统一意志、安定团结的政治局面，都以增强党内政治性为目标靶向。可见，加强党的领导、实现集中统一和发扬党内民主，在党内政治生活中实现了有机统一，消解了二者的内在张力。

另一方面是由于严肃党内政治生活是解决党内矛盾和自身问题的重要途径。在长期的革命实践中，特别是在延安整风、党的七大之后，中国共产党逐渐总结出实事求是、理论联系实际、密切联系群众、开展批评与自我批评、坚持民主集中制等为主要内容的党内政治生活基本准则。当党在政治生活中坚持这些原则时，矛盾往往能够得到很好的解决，达到团结教育党员的良好效果。"文化大革命"的错误则表明，在党用不正确的方式解决党内矛盾时，往往伴随着党内政治生活的缺位和畸形。中国共产党在1980年出台的《关于党内政治生活的若干准则》是对"文化大革命"中民主集中制遭到破坏的反思和警醒，也是对党的优良传统的恢复和传承，通过重申民主集中制，完善组织纪律，来达到加强党的集中统一、强化党的政治纪律的目标。经过四十多年的民主生活实践，党在依靠民主生活解决党内矛盾方面取得了显著成效，但民主生活的形式化、官僚化问题也逐渐突显，使得这一自我革命的武器钝化、效果弱化。

新《准则》首先明确既要继续发扬党内政治生活的优良传统和宝贵经验，又要体现其时代性、创新性。在谈到十八大以来党内存在的特权思想、特权现象时，习近平总书记强调指出，要重温1980年准则，学习其简明深刻的内容及其精神，明确"共产党员和干部应该把谋求特权和私利看成极大的耻

---

① 毛泽东. 毛泽东文集：第8卷 [M]. 北京：人民出版社，1999：293.

辱"① 的严明纪律。为了破解"特殊党员""山头主义""两面人"等严重危害党内政治生态和党的形象的问题，新《准则》强调指出，必须增强党内政治生活的政治性、时代性、原则性、战斗性，以此解决强化党员干部政治意识、保证政治纪律贯彻落实。同时，针对党内生活不经常、不认真、不严肃的问题，习近平总书记也强调指出，必须按从严的要求，使党内生活真正严格起来②，"反复强调严肃党内政治生活问题，就是因为我们党正处在一个关键的历史节点上……迫切需要我们首先从政治上把全面从严治党抓紧抓好"。③

新《准则》着重强调坚持党的领导首先是坚持党中央的集中统一领导，并在内容中将严明党的政治纪律单独列为一条。针对党内在讲政治方面存在的"七个有之"的问题，特别是无视党中央权威的现象存在④，新《准则》将党内政治生活在民主基础上的集中作用更加突出强调出来。集中，从其实现路径来说，是指既要发扬党内民主，营造民主讨论的良好氛围，鼓励讲真话、讲实话、讲心里话，允许不同意见碰撞和争论，又要善于进行正确集中，防止议而不决、决而不行。⑤ 从其靶向旨归来看，集中是指始终维护党中央的权威，坚决执行党内政治纪律，做到有令必行、有禁必止。正如习近平总书记所指出的那样，在听取各方意见后，最终的决定权"就在党中央，只此一家，别无分店""全党只有党中央权威、只有向党中央看齐""层层提权威、要看齐，这在政治上是错误的、甚至是有害的"。⑥

2. 将纪法分开的科学主张更加鲜明地反映到党纪法规中

以《中国共产党纪律处分条例》为例。党中央在 2003 年 12 月印发的

---

① 中共中央文献研究室．十八大以来重要文献选编：上 [M]．北京：中央文献出版社，2014：137．

② 中共中央文献研究室．十八大以来重要文献选编：上 [M]．北京：中央文献出版社，2014：352．

③ 中共中央文献研究室．十八大以来重要文献选编：下 [M]．北京：中央文献出版社，2018：457．

④ 中共中央文献研究室．十八大以来重要文献选编：下 [M]．北京：中央文献出版社，2018：558．

⑤ 中共中央文献研究室．十八大以来重要文献选编：上 [M]．北京：中央文献出版社，2014：352．

⑥ 中共中央文献研究室．十八大以来重要文献选编：下 [M]．北京：中央文献出版社，2018：588．

《中国共产党纪律处分条例》基础上，分别于2015年、2018年两次修订了《中国共产党纪律处分条例》。最早的《中国共产党纪律处分条例（试行）》在1997年2月得以颁布实施。但是，从历史脉络来看，纪律处分作为一种惩戒机制，一开始便被纳入党章规范，并随着党内纪律问题的突显以及对纪律认识的深入，逐步成为党章关于纪律要求的重点内容之一。《纪律处分条例》是对党章及其他党内法规关于纪律要求的具体化、落地化表达，在党内法规中居于基础性地位。

第一，纪律处分内涵和方式的演变创新。党纪处分的适用范围、内涵、方式方法等是历史的、具体的，需要结合实际情况与时俱进地调整变化。例如，随着革命实践的发展，国共合作事宜的推进，党为了更好地实现合作救国，于1926年在《中国共产党广东区委员会对中国国民党第二次全国代表大会宣言》中明确提出不仅违背中国共产党章程的行为要受处罚，对于违背国民党章程的行为也必定要受本党的处罚。[①] 这是对纪律处分适用范围结合实际情况加以拓展的。同时，通过与国民党纪律章程的对比，我们党认识到"与群众接近，不必太侧重于死板的章程而自己束缚自己"[②]，因而，此时关于党的纪律处分内容不可能有太明确、极严苛的具体规定。党的五大修订的党章中首次明确纪律处罚的具体方法，将处罚按照对象进行分类，分为对整个党部、党组织的处罚以及对党员个人的处罚，处罚方式涉及警告、解组、公开警告、取消工作、留党察看、开除党籍等。虽然仅拓展两条，但不仅为违纪行为的处分提供了更为明确、具体的依据，而且奠定了不断深化纪律处分的内涵、完善方式方法的思路和传统。在随后的党章中，我们可以找到关于纪律处分划分的具体规定，而且越来越标准化，具有层次性。党章也成为执纪处罚的总依据。

当然，对纪律处分的相关要求也散见于其他党内法规条例中。1943年施行的《陕甘宁边区各级政府干部奖惩暂行条例》，就内容来看，表明我们党认识到纪律处分的方式方法不只有惩戒一种，就惩恶扬善的目的来看，还应该注重使用奖励这一手段。就其形式来看，奖惩条例的制定也说明了我们党尝

---

① 中央档案馆，中共中央文献研究室.中共中央文件选集：第2卷[M].北京：中共中央党校出版社，1989：601.

② 中央档案馆，中共中央文献研究室.中共中央文件选集：第2卷[M].北京：中共中央党校出版社，1989：178.

试将纪律处分的相关规定从党章中剥离出来，想要构建纪律处分的横向条规。不过，在初步尝试中取得的经验做法还是应该被提升和归纳到党章中，党的七大修订的党章将"奖励与处分"单列为一章，并明确指出奖励和处分的积极目的，都是教育党员和人民群众，并教育受奖励者与受处分者本人。① 但是，实际情况却表明，党内奖励是不必要的，因而党的八大做出了重大调整：一是取消了关于奖励的规定；二是取消了关于对组织处分的规定；三是简化了关于对党员的处分的规定。② 1957年施行的《中央监察委员会关于处分党员的批准权限的规定》，更是对党章规定的补充与完善，它分条、分类地规定了纪律处分的种类。具体包括：（1）警告、严重警告处分；（2）撤销党内职务、留党察看、开除党籍处分；同时规定了纪律处分的执行主体、执行程序等内容。③ 例如，支部以上各级党委会有权给予党员纪律处分④，处分党员必须经过党组织的集体讨论等⑤。纪律处分实践探索积累的丰富经验以及"文化大革命"带来的教训启示，使得十二大修订的党章集纪律处分的基本原则、处分种类、程序、范围等多方面内容于一体。⑥ 可见，党章和纪律处分的横向条规已经开始在实践中交织而生。根据党章的基本原则要求制定更加细化的独立条文，再将其经验融入新党章中，是1997年试行版《纪律处分条例》诞生的实践基础。在此基础上结合新情况修订完善的《中国共产党纪律处分条例》成为新时期纪律处分的一大遵循，其清晰严密的条例式体例体现着党内法规的法制化水平。例如，将事业单位工作人员和国有企业人员也纳入纪律处分的监管范围中等新内容新举措。⑦

---

① 中共中央纪律检查委员会．中国共产党党风廉政建设文献选编：第1卷［M］．北京：中国方正出版社，2001：493．
② 中共中央纪律检查委员会．中国共产党党风廉政建设文献选编：第1卷［M］．北京：中国方正出版社，2001：628．
③ 中共中央纪律检查委员会．中国共产党党风廉政建设文献选编：第6卷［M］．北京：中国方正出版社，2001：84-87．
④ 中共中央纪律检查委员会．中国共产党党风廉政建设文献选编：第6卷［M］．北京：中国方正出版社，2001：86．
⑤ 中共中央纪律检查委员会．中国共产党党风廉政建设文献选编：第4卷［M］．北京：中国方正出版社，2001：151．
⑥ 中共中央纪律检查委员会．中国共产党党风廉政建设文献选编：第1卷［M］．北京：中国方正出版社，2001：653-655．
⑦ 中共中央文献研究室．十七大以来重要文献选编：上［M］．北京：中央文献出版社，2009：431．

进入中国特色社会主义新时代，为了使纪律处分更具现代性、更有针对性，在吸收纪律内涵新认知的基础上，针对突出问题和新型违纪行为，条例首先重新划定纪律处分的大类标准。对比2003年版的《中国共产党纪律处分条例》，变化之一是将原来分则中关于违反纪律的行为大类，即违反政治纪律，组织、人事纪律，廉洁自律规定，财经纪律的行为以及犯有贪污贿赂，破坏社会主义经济秩序，失职渎职，侵犯党员权利、公民权利的行为，更清晰、更有逻辑地梳理为违反政治纪律、组织纪律、廉洁纪律、群众纪律、工作纪律、生活纪律六大类的行为。这是将党的理论创新成果及时更新到法规条文中，并以此指导实践的创新举措。其次，重新增减纪律处分的小类种类和幅度。随着大类的重新划定，条目随之也要及时更新。面对纪律新规定以及违纪现象的新情况、新特点，如何更好地理解并对其进行归类，如何厘清执纪标准并方便实际操作，需要我们对此做出更为细化的规定，以进一步深化认识、凝聚共识。例如，对于违反政治纪律中出现的在重大原则问题上不同党中央保持一致的行为，明确规定此种行为的划分标准及其适用的处分种类和幅度；对于违反组织纪律中出现的违反民主集中制原则的行为，明确规定其适用的处分种类和幅度；还有针对搞拉票助选等非组织活动、亲属特定关系人收受财物的行为、乱搞"形象工程"和"政绩工程"等行为的处分种类和幅度，都做出了比较翔实的列举和说明，使纪律处分的标准更加一目了然，判断和断定更为精准。①

第二，解决纪法混淆问题的创新。纪法混淆是个老问题，在党的纪律建设探索历程中长期存在。其具体表现有党纪与军纪的混淆，党纪与政纪的混淆，党纪与国法的混淆，等等。纪律和法律虽属于不同领域，但都具有约束规范作用，长期交织共同对党员的行为起约束作用，所以难以厘清。从大逻辑上来说，这虽然与党、政、国、军的客观内在联系密不可分，但更多的是对纪律主观认识的不准确造成的。针对党纪和军纪区分不清的情况，党在1940年就曾声明指出："开除党籍是党纪的最高处分，至于逮捕、徒刑等等已是法律及军纪的范围。"② 在新中国成立后，随着纪律检查涉及面的扩大，纪

---

① 中央纪委法规室. 中国共产党纪律处分条例：亮点释义［EB/OL］. 中国共产党网，2018-10-22.
② 中共中央纪律检查委员会. 中国共产党党风廉政建设文献选编：第8卷［M］. 北京：中国方正出版社，2001：37.

律处分多方面的问题也显现出来。例如，存在党政不分的现象，导致在执行纪律时把党内处分与党外处分混淆起来的情况①；存在政纪与法律不分的现象，导致在处理贪污、浪费及克服官僚主义的错误时规定不清，使得政府有必要明确"刑事处分里的机关管制与行政处分里的开除处分，两者性质不同，前者重于后者"②。对于在党员违背国法时的党籍处理问题，中国共产党早已认识到，"凡共产党员因违犯国法，经法院审判，确定给予刑事处分时，在判决前，即应开除其党籍"。③可见，关于纪法不同、违法必定违纪的认识是普遍的，但是在实际操作层面，囿于存在纪法逻辑难以剥离清晰的客观限制与困难，也没有专门针对违纪处分的成文规定，所以在具体执纪过程中，纪法等同的问题还是时常产生。例如，在指导方针上，强调严肃党纪必须"先立法，先教育，有法必依，违法必究，执法必严"④；在党的十二大及其之后的党章中，明确规定违犯政纪国法的党员，必须受到行政机关或司法机关的处理。⑤

特别是2003年版的《中国共产党纪律处分条例》，作为一部关于纪律处分的专门性规章制度，其列有许多违反法律的具体行为。例如，条例规定违反国（边）境管理法律、法规，偷越国（边）境的，应给予开除党籍处分等⑥。据统计，178条条文中有70多条是与当时施行的法律重复的。在违法必定违纪的思维理路中，这样做是合乎逻辑的。但是，一方面存在法理逻辑上不周延的问题，即难以在党纪条例中纳入足够全面的违法行为；另一方面存在条例重复的问题，即法律中存在党员违犯法律的处分规定，在纪律规定中又重申了一遍法律要求。二者杂糅在一起，在实践中容易造成对执纪标准的困惑，即对违纪行为的处分到底是依据国法还是党纪，难以分清楚。在这

---

① 中共中央纪律检查委员会. 中国共产党党风廉政建设文献选编：第5卷 [M]. 北京：中国方正出版社，2001：918.
② 中共中央纪律检查委员会. 中国共产党党风廉政建设文献选编：第6卷 [M]. 北京：中国方正出版社，2001：62.
③ 中共中央纪律检查委员会. 中国共产党党风廉政建设文献选编：第6卷 [M]. 北京：中国方正出版社，2001：81.
④ 中共中央纪律检查委员会. 中国共产党党风廉政建设文献选编：第4卷 [M]. 北京：中国方正出版社，2001：164.
⑤ 中共中央纪律检查委员会. 中国共产党党风廉政建设文献选编：第1卷 [M]. 北京：中国方正出版社，2001：653-654.
⑥ 中央纪委法规室. 中国共产党纪律处分条例 [M]. 北京：中国方正出版社，2004：47.

种背景下，急需厘清党纪、政纪、国法的适用边界，制定出台一部专门针对纪律处分的条文规定，使纪律的条文回归纪律，法律的条文统归法律。2015年新修订的《中国共产党纪律处分条例》的又一大亮点就是将与法律规定重复的内容全部剔除，通过更清晰的内涵界定，为党纪"减负"。① 例如，把原条例中"违反政府采购和招投标法律法规""违反财政、金融、工商管理、海关、会计、统计等方面法律法规"等类似冗杂的表述条规都删除，紧紧围绕"纪律"重新划定内容。

纪法分开并不意味着各管一摊，互不相通。党纪的涵盖面要大于法律，最明显的一点就是道德领域的某些失范行为，被认为是违纪行为，但不一定是违反法律的行为。例如，将生活奢靡、贪图享乐、追求低级趣味，与他人发生不正当性关系，不重视家风建设，违背社会公序良俗等社会公德和家庭美德的行为②，纳入党员的违纪行为行列，而法律方面是没有相关规定的，这体现了对纪律包涵性更广等特点的认识深化。同时，在厘清纪法边界后，对纪法衔接、纪法协调也作出了强调说明和条文规范。十八大以后新修订的《中国共产党纪律处分条例》（下文简称"《条例》"）开宗明义地指出，党组织和党员必须自觉遵守党章，模范遵守国家法律法规。为了解决实际操作层面上的纪法衔接问题，《条例》单独列出一章对违法犯罪的党员的纪律处分作出明确规定。例如，把原条例中贪污贿赂、失职渎职等违犯刑法的罪名保留，但是将此类行为整合表述为"违反法律涉嫌犯罪"的大类中，也就是党员如有"贪污贿赂、滥用职权、玩忽职守、权力寻租、利益输送、徇私舞弊、浪费国家资财"③ 等违反法律、涉嫌犯罪的行为，应当给予其党纪处分，如撤销党内职务、留党察看、开除党籍。这是更加侧重从党员这一主体可能发生的违反法律的行为进行的归纳概括，而不再是"广撒胡椒面"式的以及简单套用现成法律规定和纪法混淆式的规定。当然，《条例》对违反刑法规定的行为也作出了纪律处分说明，但适用范围更为严格，其强调：如果出现有刑法规定的行为，即使不构成犯罪，需要追究党纪责任，对其给予党纪处分。④

---

① 薛万博. 如何理解"纪法分开"？[EB/OL]. 党建网，2015-11-10.
② 中央纪委法规室. 中国共产党纪律处分条例[M]. 北京：中国方正出版社，2018：57-58.
③ 中央纪委法规室. 中国共产党纪律处分条例[M]. 北京：中国方正出版社，2018：14.
④ 中央纪委法规室. 中国共产党纪律处分条例[M]. 北京：中国方正出版社，2018：14.

但是，纪法衔接的问题并不是一次性就能解决好的，在现实运行中，也存在对违纪处分和违法判定哪个在先、哪个在后还是同时进行的模糊问题。对此，《条例》在总则中分两种情况进行了区分：一种是在纪律审查中发现违纪行为涉嫌违法犯罪的，原则上应先作出党纪处分决定，并给予政务处分后，再移交司法机关依法处理①；另一种是确定党员行为依法受到政务处分、行政处罚时，党组织应当追究其党纪责任，给予党纪处分。② 这就很好地为纪法衔接提供了实践上的具体指导。总之，纪法分开只是为了更好地执行纪律处分，并不意味着违纪可以不受国法的约束。党纪和国法是各有规定且有机衔接的，是各有专长又并行不悖的。

二、"执纪必严"：纪律执行要在从严从实上下功夫

一分部署，九分落实。有纪可依是前提，党纪法规体系的制定和完善固然重要，但更为重要的是落实和执行，做到执纪必严。再好的制度规范，如果不加以落实，只是停留在学究阶段，而不进入实践层面，就无法实现自身的社会价值。再周延缜密的纪律条文，如果不全面从严、全面覆盖地加以执行，只是作为一种摆设，成为只会唬人的"纸老虎""稻草人"，就无法发挥应有的惩戒作用和教育意义。使纪律这根"高压线"真正带电、通电，彰显了党管党治党全面从严、从实的底线思维，体现了对党员干部的"严管"与"厚爱"相统一。

（一）把纪律建设成为"真正带电的高压线"

中国共产党的重要特征之一就是纪律严明。在革命战争年代，中国共产党为了在强大的敌人面前求得生存和发展，无论是在解放区还是在非解放区开展工作，不管是开展党内工作还是开展军队工作，都比较注重纪律的严明性。在和平建设年代，中国共产党为了在强大的困难、挑战、阻力、风险中求得自身所领导事业的不断发展和进步，无论是在党中央还是在党的地方组织，不管是在事业处于顺境之中还是处于逆境之中，都比较注重纪律的严明性。严明纪律是中国共产党推动自身建设的一条重要经验，也是推动革命、建设和改革开放事业不断向前发展的一条宝贵经验。以习近平同志为核心的

---

① 中央纪委法规室. 中国共产党纪律处分条例 [M]. 北京：中国方正出版社，2018：15.
② 中央纪委法规室. 中国共产党纪律处分条例 [M]. 北京：中国方正出版社，2018：16.

党中央在十八大以来面对党内外新情况新问题将"严明纪律"提升到一个新高度，多次明确强调，"使纪律真正成为带电的高压线"①。

首先，让"纪律"成为"带电的高压线"，将严明纪律提升到前所未有的高度。纪律不严明，就等于没有纪律，许多党员和干部可能会产生侥幸心理，会导致党内出现"大范围""塌方式"的违法违纪现象。同样，纪律不够严明，就难以发挥出应有的震慑力，会导致部分党员和干部在违纪违法与"是否受惩"面前"算概率""赌运气"，甚至不惜铤而走险。应该说，中国共产党的纪律在十八大以前总体保持了严明的态势。例如，党的一大通过的《第一个决议》要求党的任何级别的出版物都不能刊登违背党的原则和政策的文章。②党的二大通过的《关于共产党的组织章程决议案》出现了"很严密的集权的有纪律的"③ 表述。这是"严"与"纪律"比较近距离连在一起的表达，在中国共产党成立初期是极为少见的。党在1927年11月制定的关于《最近组织问题的重要任务决议案》中提出了"严格的整饬纪律"④ 的要求。尽管中国共产党在早期将"严明纪律"主要集中在组织纪律方面，但"严明纪律"已经成为党的纪律建设的基本要求是确定无疑的。随着党的建设的推进，特别是全国执政以后，党越来越重视纪律建设的综合性、整体性，因而"严明纪律"也超出了"严明组织纪律"而呈现出整体性、广泛性。例如，在新中国成立初期党就成立了中央及各级党的纪律检查委员会⑤，并且明确要求：党员在违法的情况下既要接受政府监察机关惩处或人民检察院审理以外，还要受到党纪处分⑥。这对于推动全面严明纪律的落实起到保障和促进作用。

为了应对资本逻辑和各种国外思潮的影响，党在改革开放新时期更加注

---

① 中共中央纪律检查委员会，中共中央文献研究室. 习近平关于严明党的纪律和规矩论述摘编 [M]. 北京：中央文献出版社，2016：77.
② 中共中央纪律检查委员会. 中国共产党党风廉政建设文献选编（1921—2000）：第1卷 [M]. 北京：中国方正出版社，2001：2.
③ 中共中央纪律检查委员会. 中国共产党党风廉政建设文献选编（1921—2000）：第1卷 [M]. 北京：中国方正出版社，2001：11.
④ 中共中央文献研究室，中央档案馆. 建党以来重要文献选编（1921—1949）：第4卷 [M]. 北京：中央文献出版社，2011：640.
⑤ 中共中央纪律检查委员会. 中国共产党党风廉政建设文献选编（1921—2000）：第8卷 [M]. 北京：中国方正出版社，2001：44.
⑥ 中共中央纪律检查委员会. 中国共产党党风廉政建设文献选编（1921—2000）：第8卷 [M]. 北京：中国方正出版社，2001：55.

重对纪律的严格要求。例如，时任中纪委书记的王鹤寿在1983年1月阐述各级纪委办案的目的时明确使用过"严明纪律"① 的表述。为了保证抗洪救灾的胜利，中纪委在1991年7月专门发布的《通知》中不仅明确提出要"严明纪律"，而且对于违纪行为制定了严厉的惩罚措施。② 为了确保各类机构改革顺利进行，中纪委和监察部在1993年4月出台的《通知》里不仅明确规定要"严明纪律"，而且重点对"组织人事纪律""财经纪律"等进行严格而明确的规定。③ 中纪委和监察部在1998年8月为抗洪抢险专门发布的《通知》中明确提出"越是紧要关头，越要严明纪律"④。中纪委和监察部在2000年8月针对机构改革专门发布的《通知》中严肃批评了少数地方检察机关在改革中将监察综合室撤销的错误做法，明确强调保留监察综合室的必要性。⑤ 党在2004年针对党风廉政建设和反腐败工作明确提出了"严格执行四大纪律八项要求"⑥ 的重要任务。党在2006年提出要"在全党重申严明政治纪律的极端重要性"⑦。党在2010年针对党风廉政建设和反腐败工作再次明确强调要"严明党的纪律特别是政治纪律"⑧。因此，从总体上看，党在十八大召开以前把"严明纪律"作为自身一以贯之的要求和做法，将"严明纪律"放在了党的建设的重要位置，将"严明纪律"提升到较高地位。但是，从客观上来看，党在十八大前后仍然存在放松纪律建设的情况，仍然存在纪律不严明的现象。例如，一些党员明显违反了纪律，党组织也没有对其进行应有的处分；

---

① 中共中央纪律检查委员会. 中国共产党党风廉政建设文献选编（1921—2000）：第4卷 [M]. 北京：中国方正出版社，2001：203.

② 中共中央纪律检查委员会. 中国共产党党风廉政建设文献选编（1921—2000）：第5卷 [M]. 北京：中国方正出版社，2001：811-812.

③ 中共中央纪律检查委员会. 中国共产党党风廉政建设文献选编（1921—2000）：第5卷 [M]. 北京：中国方正出版社，2001：823-824.

④ 中共中央纪律检查委员会. 中国共产党党风廉政建设文献选编（1921—2000）：第5卷 [M]. 北京：中国方正出版社，2001：864.

⑤ 中共中央纪律检查委员会. 中国共产党党风廉政建设文献选编（1921—2000）：第8卷 [M]. 北京：中国方正出版社，2001：234.

⑥ 中共中央文献研究室. 十六大以来重要文献选编：上 [M]. 北京：中央文献出版社，2005：703.

⑦ 中共中央文献研究室. 十六大以来重要文献选编：下 [M]. 北京：中央文献出版社，2008：179.

⑧ 中共中央文献研究室. 十七大以来重要文献选编：中 [M]. 北京：中央文献出版社，2011：402.

有些党员错误地认为只要不贪污腐败，做其他违反党纪党规的事情也没有关系等；在一些时候对党纪要求不严明或者对党纪要求严明的程度不够，致使部分党员和干部出现了不少违纪违法的现象，甚至在一些部门出现了不少"团体式""塌方式"的违纪违法现象，给党的形象造成了极大的损害；连曾经比较严格的组织纪律、财经纪律"这两条纪律在一些地方和部门成了最松弛的低压线"①。

回顾党的建设历程不难发现，党在十八大召开以前确实从来没有过"让纪律成为带电的高压线"这一提法。让"纪律"成为"带电的高压线"虽然是一种生动的表述，但它的明确提出，成为党在严明纪律思想和理论上的一次重要创新。将"纪律"看成"高压线"，就是给严明党的纪律明确画了"一条线"，这就改变了过去事实上没有给严明纪律明确画线的做法。而且，将"纪律"看成"高压线"，表明将严明纪律的标准提升到最高级别，因为既没有将"纪律"看成"中压线"，更没有将"纪律"看成"低压线"。这一理论创新表明：以习近平同志为核心的党中央在十八大以来彻底改变了过去在个别时候事实上存在的将"纪律"看成"中压线"甚至"低压线"的做法，事实上将严明纪律提升到前所未有的高度。这种"高压线"的高度既体现在纪律建设的方方面面，又融入纪律建设的全过程。例如，在横向"面"上，习近平总书记在党的十八大以来明确强调过"严格落实党内组织生活制度"②"严明组织人事纪律"③"严明财经纪律"④"严明政治纪律"⑤等各类纪律，并明确提出"必须严明党的纪律，党的各项纪律都要严"⑥的基本要求。在纵向"环节"上，习近平总书记在党的十八大以来明确要求"经常开

---

① 中共中央文献研究室. 十八大以来重要文献选编：上 [M]. 北京：中央文献出版社，2014：771.

② 中共中央文献研究室. 十八大以来重要文献选编：上 [M]. 北京：中央文献出版社，2014：353.

③ 中共中央纪律检查委员会，中共中央文献研究室. 习近平关于严明党的纪律和规矩论述摘编 [M]. 北京：中央文献出版社，2016：74.

④ 中共中央纪律检查委员会，中共中央文献研究室. 习近平关于严明党的纪律和规矩论述摘编 [M]. 北京：中央文献出版社，2016：78.

⑤ 中共中央纪律检查委员会，中共中央文献研究室. 习近平关于严明党的纪律和规矩论述摘编 [M]. 北京：中央文献出版社，2016：79.

⑥ 中共中央纪律检查委员会，中共中央文献研究室. 习近平关于严明党的纪律和规矩论述摘编 [M]. 北京：中央文献出版社，2016：76.

展纪律教育"①"认真执行巡视条例"②"认真落实监督制度"③"严格执行纪律"④"严格查处违纪行为"⑤等。在横向"面"与纵向"环节"上同时发力，使党在严明纪律方面形成了"立体式"的"高压"态势。

其次，让"纪律的高压线"变得"真正带电"，对"纪律落实"的强调程度前所未有。党的十八大召开以前，在部分党组织和部分党员以及干部中间确实存在"有纪律条文但无纪律落实"的现象。纪律得不到落实，纪律条文制定得再完善、严明纪律的标准制定得再高，纪律就像一只没有牙齿的老虎仍然起不到对党组织、党员和干部应有的约束作用。对于"在出台不少制度规定的情况下，党员和干部仍然存在诸多问题"的原因，习近平总书记明确指出："一个重要原因是讲'认真'不够。"⑥ 鉴于此，以习近平同志为核心的党中央在十八大以来尤其注重将"认真"作为开展干部管理工作的一条重要原则⑦，明确提出让"纪律的高压线"变得"真正带电"。如果"不带电"，"纪律的高压线"就是"纸老虎"，就是"低压线"；如果"真正带电"，"纪律的高压线"就变成了名副其实的"高压线"。可见，让"纪律"成为"高压线"，是为严明纪律设立了高标准，而让"高压线"变得"真正带电"，是为了将高标准的严明纪律真正落到实处。"高压线"往往能令人望而生畏，而"真正带电"的"高压线"就更加能够令人望而却步，更加能够将严明纪律落到实处，从而能够更有效地约束党员和干部的言行。

---

① 习近平. 在党的群众路线教育实践活动总结大会上的讲话 [M]. 北京：人民出版社，2014：26.
② 中共中央纪律检查委员会，中共中央文献研究室. 习近平关于严明党的纪律和规矩论述摘编 [M]. 北京：中央文献出版社，2016：88.
③ 中共中央纪律检查委员会，中共中央文献研究室. 习近平关于严明党的纪律和规矩论述摘编 [M]. 北京：中央文献出版社，2016：90.
④ 中共中央纪律检查委员会，中共中央文献研究室. 习近平关于严明党的纪律和规矩论述摘编 [M]. 北京：中央文献出版社，2016：73.
⑤ 中共中央纪律检查委员会，中共中央文献研究室. 习近平关于严明党的纪律和规矩论述摘编 [M]. 北京：中央文献出版社，2016：76.
⑥ 中共中央文献研究室. 十八大以来重要文献选编：上 [M]. 北京：中央文献出版社，2014：350.
⑦ 中共中央纪律检查委员会，中共中央文献研究室. 习近平关于严明党的纪律和规矩论述摘编 [M]. 北京：中央文献出版社，2016：72.

（二）防止"破窗效应"要"敢管""真管""严管"

"破窗效应"本是国外关于犯罪心理研究的一个理论，最先用来表达社会领域行政事务中的负面从众效应。率先打破规范扰乱秩序的行为，利用公众的无知和监管的缺失，在轻松获利中形成违法成本低的错误认知，大有愈演愈烈的态势；当这种行为被少部分人观察到并加以效仿时，便形成了多极加倍的扩散效应，导致打破常规的违法犯罪行为以倍速增加，"窗户"越捅越大，破碎的"窗户"越来越多。当发生率达到社会一定的容忍度边界时，矛盾便会被激化，问题倒逼机制发力，从而引起政府相关部门的重视，进而通过建规立制以惩戒约束违法行为，开始补修"窗户"。中国共产党将这一理论迁移至党的建设领域，用来表达党员违纪行为因缺少监督、及时干预以及责任追究而得不到有效制止，引起不良示范效应，导致党内违纪行为多发连发，最终演化为普遍失范的行为现象。正如习近平总书记形象表达的那样："打碎一块玻璃没人管，最后所有玻璃都会被打碎，因为打了不受惩罚。"①

如果以党内规章制度为"黏合剂"来进行修补事项的话，可以说，党在改革开放以来就已经开始着手在建章立制上下功夫，到党的十八大召开时，党的纪律规定可谓不少，可以说基本形成了一套纪律法规体系，在很多方面都有明确的政策规定。但漏洞还是存在，有些"纸糊"的工程经不起检验，"窗户"很容易再次被打破。党的十八大以来，我们运用这一理论来形容严明党内纪律的必要性、紧迫性，强调从严监管、从严执纪、从严问责的重要意义，将其考察领域从社会失范行为延伸至党内失范行为，与社会环境、党内生态紧密结合，对其进行新的理论阐释，并明确指出："执行党的纪律不能有任何含糊，不能让党纪党规成为纸老虎、稻草人，造成'破窗效应'。"② 这表明党充分认识到"窗户"年久失修是要出大问题的，而且，只是出于问题倒逼、忙于修修补补，必定会疲于应付，效果不佳。从打破窗户所带来的负面效应来看，"窗户"和"高压线"都含有"底线"的喻义。守好"窗户"，使"高压线"带电，即解决党内纪律问题的关键在于将这种底线思维贯穿落实于监督执纪问责的具体实践和操作层面。

---

① 中共中央纪律检查委员会，中共中央文献研究室. 习近平关于严明党的纪律和规矩论述摘编 [M]. 北京：中央文献出版社，2016：73.
② 中共中央纪律检查委员会，中共中央文献研究室. 习近平关于严明党的纪律和规矩论述摘编 [M]. 北京：中央文献出版社，2016：79.

防止"破窗效应"要"敢管",敢于管在前头,加强多方面的监督作用。对党员干部的监督不仅有党内监督,还有群众监督、司法监督等社会监督。党委和纪检监察机关负有不可推卸的监督责任,但社会监督同样必不可少。"破窗效应"发生时,公众事不关己的冷漠态度①、政府等相关主体监管的不到位,客观上充当了违纪违法分子滑向深渊的助推器。对应到党内,民主生活、组织生活不健全,党员干部之间批评与自我批评弱化、相互监督意识的缺乏等因素,使得党内也在一定程度上存在着对待违纪失范现象的冷漠态度和监督主体的缺位。例如,有的党员奉行"好人主义",事不关己,高高挂起;有的领导抱着"鸵鸟心态",担心得罪人、丢选票,不敢、不愿开展批评;有些基层干部热衷于"官场哲学",讲关系、讲人情。同时,监督机关对于一些违纪违法的小错,睁一只眼闭一只眼,对于反映的违纪线索,视而不见、听而不闻,甚至存在"你不要讲了,我什么也没有听见"②的不正常回应,这些在现实中真实存在的问题造成了对违纪事实的纵容。只要存在纵容,就会引发从众效应,产生负面连锁反应。违纪分子的违纪成本降低,执纪成本必然会增加,二者是此消彼长的关系。破解不敢管难题,必须敢于"板起脸来批评",活泛党内监督,自觉接受群众监督。

防止"破窗效应"要"真管",握紧党纪国法的红线,真正将纪律执行落到实处。纪律具有强制约束效力,但是这种必然属性只是一种应然状态,能否起到实效,还需要强化实现必然的现实路径。这一路径不在于制定了多少制度、出台了多少法规,而在于执行落实的程度。首先,严格执行纪律体现在执纪对象范围的全覆盖上,具体表现在纪律面前人人平等,不存在不受纪律约束的特权人士和法外人士。遵守党的纪律是无条件的,无论是谁、身居什么样的位置,都必须在党的纪律规范内活动,触犯了纪律都要受到严厉的处分。对于过去执纪过程中存在的"老虎屁股摸不得"等错误执纪观,习近平总书记严厉地批评道:"不管级别有多高,谁触犯法律都要问责,都要处

---

① 朱力. 社会规范建设的困境:三种理性人的策略性选择[J]. 探索与争鸣,2009(10):44-48.
② 中共中央纪律检查委员会,中共中央文献研究室. 习近平关于严明党的纪律和规矩论述摘编[M]. 北京:中央文献出版社,2016:112.

理,我看天塌不下来。"① 党的十八大以来,对一些高级官员违纪违法行为的严肃处理,彰显着党"执纪无例外""反腐无禁区"的鲜明态度和坚强决心。其次,严格执行纪律体现在对违纪行为的零容忍上。阻断个别违纪行为演化为普遍失范行为的联系,应特别重视对于打碎"第一块玻璃"违纪分子的惩罚,也应加大对于"明知不可为而为之"的从众者的惩罚,坚决用好"惩治"这一手,提高违纪违法的成本。最后,严格执行纪律体现在加大问责力度,将责任压实、落实上。没有问责,纪律执行还是难以实现真正的从严从实。对于执纪主体来说,敢抓敢管如果只是停留在呼吁、鼓劲阶段,是难以从根源上消除执纪中的畏难情绪、"得失"思想的。正如习近平总书记所指出的那样,"不明确责任,不落实责任,不追究责任,从严治党是做不到的"。②通过明确权责、强化问责,为思想"加码",才能为行动"增力"。

防止"破窗效应"要"会管"。首先,要抓住平常时期。加强对党员干部的日常巡视能够及时探知风险隐患,对于发现的问题,深挖线索、顺藤摸瓜、查处到位,是防止纪律流于形式、实现纪律约束"严、紧、实"的有力武器。其次,要抓住关键时期。越是危机多发期、矛盾凸显期,纪律越要严明、制度越要发力。这是因为困顿时期最容易产生思想迷茫、行为错乱,如果没有忧患意识、前瞻规划、提早介入,任由党员干部胡思乱想、恣意妄为,这是对他们不负责任的表现,没有尽到组织应尽的责任与义务,使得党员干部应享有的组织关怀权利无从落实。权利与义务的不对等,明显有违党内法规的基本精神。最后,要注重执纪策略。对于违反党章和党纪,特别是政治纪律、组织纪律、财经纪律的行为,绝对不能放过,更不能纵容;对于一般性的作风问题,应从批评教育着手,重在促使其正视自身问题、加以改进;对于群众意见大、不认真整改的,要进行组织调整;对于顶风违纪的,更要加以严肃处理,绝不含糊。③

---

① 中共中央文献研究室. 习近平关于全面从严治党论述摘编[M]. 北京:中央文献出版社,2016:179.
② 中共中央纪律检查委员会,中共中央文献研究室. 习近平关于严明党的纪律和规矩论述摘编[M]. 北京:中央文献出版社,2016:118.
③ 中共中央纪律检查委员会,中共中央文献研究室. 习近平关于严明党的纪律和规矩论述摘编[M]. 北京:中央文献出版社,2016:79.

(三)"严管"与"厚爱"相结合

实践经验表明,"针尖大的窟窿能透过斗大的风",对党员干部要求严一点儿可以防微杜渐,通过严格执行纪律处分的警示作用可以降低违纪发生率。"严管"干部,最终落脚点不在于惩治了多少违纪分子,查办了多少案件这一"显绩"上,而应在于能否及时介入,发现问题,对党员干部负责,在其思想有困惑的时候为其开启"一扇窗",在其行为失范的时候"拉一把",最终目标是保护好党内的每一位同志,避免他们走上违纪违法的道路,滑向违纪违法的深渊。为了"保护森林",执纪队伍不仅要"治病树""拔烂树",也要"治未病""防大病",发挥执行纪律的惩戒作用和监督的预防作用,做到"惩防并重"。

从生成机制上看,执行纪律本身作为一种惩戒手段,其实施对象是具有违纪可能和造成违纪事实的党员干部,问题的解决需要使用强制措施和惩罚手段。没有严明的纪律规范和严格的纪律执行,就无法确保工作的顺利开展。从严管理干部是执行纪律的必然结果。从作用发挥上来看,执行纪律的最终目的是"治病救人",而"治病"本身就是一种"保护",体现了对党员干部的"厚爱"和"关怀"。面对"生病"的违纪党员干部,如果放任不管,任由其继续遭受外部"致病源"的侵袭,接受内部"免疫力"的衰弱,无疑会加重病情,最终"病入膏肓";如果对其及时加以"治疗",保护其免受干扰,还其健康体魄,无疑是对"患者"的最大爱护,彰显"医者"的"大爱精神"和"仁爱之心"。从此种意义上来说,执纪必严、违纪必究很好地实现了从严管理干部与关怀关心干部的有机结合。

党的十八大以来,我们不仅亮明违纪就要受处分的"底线""红线",也更加注重发挥监督作用,将监督关口前移,对党员干部出现的苗头性、倾向性问题,坚持早提醒、早纠正,这实质上体现了执纪观的转变。执纪观反映的是执纪主体之于执纪对象的关系的观念变化。特别是在党面临"四大考验""四大风险"的新形势下,发展观念的转变、执政理念的更新,要求广大党员干部不仅要站在执纪主体业绩凸显的角度考虑执纪手段的变化,也需要站在对象这一客体角度考量执纪手段为什么要转变。这也是"严管就是厚爱"的深层次逻辑所在,也就是通情才能达理,只有时刻秉持着对人民负责、对党员干部负责的立场,执纪手段才能带有温度,才能更好地发挥纪律的"带电"作用。

对于未"生病"的党员干部时常开展监督提醒，始终从严监管，发挥监督"治未病"的作用，这也是一种"保护"和"爱护"，而非苛求，因为自觉遵守党内法规，遵守党的纪律，本就是党员干部"天经地义的事"①；对患有"小病"的党员干部开展监督劝诫，说服教育，发挥监督和执纪的双重功效，有错必纠、无错勉之，而不是无原则"哄着""护着"的"溺爱"，对其存在的错误及时给予批评指正，咬咬耳朵、扯扯袖子，防止小错误酿成大问题，这才是组织给予的真正"关怀"，才是一种"大爱"。例如，党的十八大以来新修订的《中国共产党纪律处分条例》，将原本属于私人生活领域的行为加以规范，纳入纪律处分范围，从表面来看，这一做法对党员干部的要求更加严格，限制条件更多了，但是，事实表明，贪污腐败的违纪违法行为往往是从生活领域的不正之风开始的。从此种意义上来说，划定生活纪律的负面清单是堵住违纪可能、防止沦为"腐化分子"的爱护之举。

三、"四种形态"：监督执纪的重要策略与创新手段

"四种形态"是党的十八大以来创新监督执纪方式的重大理论和实践成果，属于党的纪律建设领域"新鲜出炉"的标志性话语表达，具有重大的原创性意义。"四种形态"对应了违纪行为生发的阶段性特征，针对不同阶段采取不同的监督执纪方式，对症下药，具有强烈的问题针对性和指向性，因而使得监督执纪方式更为科学合理。同时，"四种形态"反映了事物发展量变质变的转化规律，及时遏制坏事物的发展态势，促使其向好的方向转化，防微杜渐，因而也就有效防止了党内人才队伍的流失。

（一）秉持"惩前毖后、治病救人"的方针

2015年，王岐山在福建调研时，首次提出探索监督执纪"四种形态"的设想。党的十八届中纪委六次全会全面阐述了"四种形态"的内涵。② 随后，各地各级纪律检查监察机关开展了学习贯彻落实"四种形态"的生动实践。"四种形态"在理论与实践的互动中上升到新时代监督执纪的政策策略高度。特别是新修订的纪律处分条例更是将"四种形态"作为重要内容纳入其中，

---

① 中共中央纪律检查委员会，中共中央文献研究室. 习近平关于严明党的纪律和规矩论述摘编[M]. 北京：中央文献出版社，2016：80.
② 罗星. 监督执纪"四种形态"的研究述评及若干前沿问题探讨[J]. 廉政文化研究，2020（4）：60-68.

为执行纪律处分提供了政策遵循和方法指导。

就违反纪律要受处分这一精神，党的文件自始至终就有表达和体现。例如，党的历史上的第一个决议，从其"不得做"的表述中，早已为纪律开出了负面清单。可以说，党对纪律的规范，是从划定"不可为"的边界开始的。这是因为明确不能做什么，要比明确做什么，更容易提出规范，而且更具有广延性。但其在具体操作层面以及内涵清晰度上，却会遇到标准模糊、难以分区的问题。党的二大制定的第一部党章，已经开始转变思路，注重正面约束，并直接点明违反纪律要受处分的原则要求。例如，在"纪律"一章中提纲挈领地提出"下级机关必须完全执行上级机关之命令"，同时明确"不执行时，上级机关得取消或改组之"①。可以说，这奠定了违反纪律要受纪律处分的原则基础，也在一定程度上标志着党章内容的丰富完善以及法理逻辑的周延紧密。

强调违反纪律要受处分的目的绝不是为了处分而处分。例如，1929年中央在给鄂东北特委的指示信中，针对该地方存在机械式的强迫纪律，明令指出："最严重的惩罚便是公开的消灭他在群众中的政治生命，而不是暗地里消灭其肉体。"② 对于犯错误的同志，应该用教育的方式，对其指出错误，使其自己纠正错误，只有在教育无效时，才能用组织方法停止其工作或开除党籍。要坚决杜绝使用纪律这一组织制裁手段在党内制造恐怖空气。③ 党纪处分作为一种组织手段，应起到教育管理党员干部的目的。党的七大则将这一思想原则明确表述为"批评或处分的目的是惩前毖后，治病救人"④。但在实践中，实事求是、严肃慎重地执行纪律处分，需要结合实际探索更为具体的原则和方法。例如，在处理"三反"问题时，针对执行党纪中出现的规定开除党籍数字等僵化做法，中央提出了在一个地区或大单位先进行"大体比较"，然后再"具体处理"，"统一处分标准"的做法。在处分党员时必须经过支部大会

---

① 中共中央纪律检查委员会. 中国共产党党风廉政建设文献选编：第1卷 [M]. 北京：中国方正出版社，2001：429.

② 中共中央纪律检查委员会. 中国共产党党风廉政建设文献选编：第1卷 [M]. 北京：中国方正出版社，2001：43.

③ 中共中央纪律检查委员会. 中国共产党党风廉政建设文献选编：第1卷 [M]. 北京：中国方正出版社，2001：37.

④ 中共中央纪律检查委员会. 中国共产党党风廉政建设文献选编：第1卷 [M]. 北京：中国方正出版社，2001：484.

讨论，吸收本人参加申辩；允许本人提出申辩；履行批准手续；向受处分者正式宣布审批结果等一系列的重要原则和方法。① 这些都是贯彻"惩前毖后、治病救人"原则的具体措施，其目的都是为了团结、教育犯错误的党员。即使在社会主义过渡时期，强调用阶级斗争的观点分析和处理党内一切重大问题时，纪律处分仍然是坚持着正确的原则方法，坚决执行"惩前毖后、治病救人""既要弄清思想，又要团结同志"的原则，强调"着重从思想上教育，不应轻易采取纪律处分"②。面对党的八大以来对执行纪律精神"一律从宽"的误解，党中央更是作出严厉指示，强调不认真领会纪律处分的方针和原则精神，片面地、字面上了解是错误的。③ 在实践层面，更为重要的是运用唯物辩证的方法，对具体问题做具体地分析和解决。④ 在开启和推进中国特色社会主义的伟大事业中，"惩前毖后，治病救人"更是作为纪律处分的基本精神和方针写入党章，成为党纪处分实践的指导原则。

  正是在这一原则的指导下，党在十八大以来在完善监督执纪的方式方法中，始终坚持"惩前毖后、治病救人"，把握好纪律处分的轻重程度，注重纪律的教育尺度，做到"惩治极少数，教育大多数"⑤。同时着重强调要"把纪律挺在前面"，充分释放纪律监督抓早抓小、防微杜渐的功效。"把纪律挺在前面"，一种理解是把纪律挺在法律前面，强调纪严于法；还可以将其理解为把纪律要求摆在违纪行为发生之前，亮明纪律处分的惩戒作用，从而减少违纪行为的发生。"四种形态"的提出，通过一种量化标准，强调使监督经常化、违纪处分递减、违法行为成为极少数，表明我们致力于将工作做在前头，亮明纪律在先，而不是等到酿成大错后给予不可挽回的纪律惩罚。把纪律挺在违纪行为之前，其目的就是把问题防患于未然，化解于微端，治病于未晚，通过纪律约束规避违纪风险，体现着"惩前毖后、治病救人"原则方针的时

---

① 中共中央纪律检查委员会．中国共产党党风廉政建设文献选编：第1卷[M]．北京：中国方正出版社，2001：125-127．
② 中共中央纪律检查委员会．中国共产党党风廉政建设文献选编：第1卷[M]．北京：中国方正出版社，2001：163．
③ 中共中央纪律检查委员会．中国共产党党风廉政建设文献选编：第1卷[M]．北京：中国方正出版社，2001：109．
④ 中共中央纪律检查委员会．中国共产党党风廉政建设文献选编：第4卷[M]．北京：中国方正出版社，2001：159．
⑤ 中共中央文献研究室．十九大以来重要文献选编：上[M]．北京：中央文献出版社，2019：77．

代化表达。

(二) 创新"监督执纪问责"的精准方式

党在十八大以来进一步深化了党纪与国法的关系认识，在厘清纪律话语边界的时候，明确提出要"把纪律挺在前面"的原则要求，强调要坚持"纪严于法""纪在法前"。这一原则不仅是构建党纪法规体系的基本遵循，也应体现在监督执纪的实践过程中。大量事实证明，党员干部的违法行为往往是从违纪开始的，就像健康的肌体产生病患往往是从小疾微病演化而来的。虽然党章等党内法规对违纪行为进行了类型划分、程度区分，给出了明确的纪律处分标准，例如警告、严重警告、撤销党内职务等，但是这种量纪定罪标准的明确并不自然对应执纪手段的明确，纪律处分条例等条规也多为对违法事实判定后的违纪行为追溯。这一方面反映了过去纪律"后知后觉"的出场方式，另一方面也反映了监督执纪方式的落后、策略的不科学。

"四种形态"坚持"把纪律挺在前面"，表现在方式选择上，就是把监督执纪关口前移，把纪律挺在既成违纪事实之前。这里有一个"四种形态"适用的起点问题需要明确，也就是"监督执纪行为"发生在"违纪行为"发生之前、之时还是之后的问题。"形态"是指事物处于不同发展期所反映出来的不同状态。监督执纪实践中最困难的问题在于对违纪行为所属阶段的边界厘定。从第一种形态对应的监督手段来看，"发现违纪苗头就及时谈心提醒""收到问题反映要严肃认真分析"[①]，表明在接收到线索之时、在违纪事实确认之前，即在"违纪可能"阶段，就已经开始在执行纪律处分了，而不是等到违纪事实确认之后，才开始执行纪律处分。这与过去相比，是一个很大的创新。所谓"关口前移"，主要是指第一种形态的确定。之所以要关口前移，在违纪事实确认之前圈定出来执纪的第一个阶段，也就是第一种形态，是因为违纪行为的发生往往具有隐蔽性，其显现曝光具有迟滞性。从结果形态判定来看，如图 4-1 所示，违纪行为可以分为正常、违纪（轻度/重度）、违法三大类。从过程形态判定来看，对违纪行为的区分，其结果标准是用来对应的，而过程标准是无缝衔接的。"四种形态"是对从"违纪可能"到"违法事实"这一大阶段的四种小阶段划分，遵循的是一种过程标准，而非简单的

---

① 中共中央文献研究室. 十九大以来重要文献选编：上 [M]. 北京：中央文献出版社，2019：64.

结果标准。同时,纪律执行的方式手段也因第一种形态的显现,更加丰富多样,除了轻重处分、组织处理之外,还包括线索处置、谈话函询、批评教育等,咬咬耳、扯扯袖、红红脸、出出汗成为常态化的执纪方式。

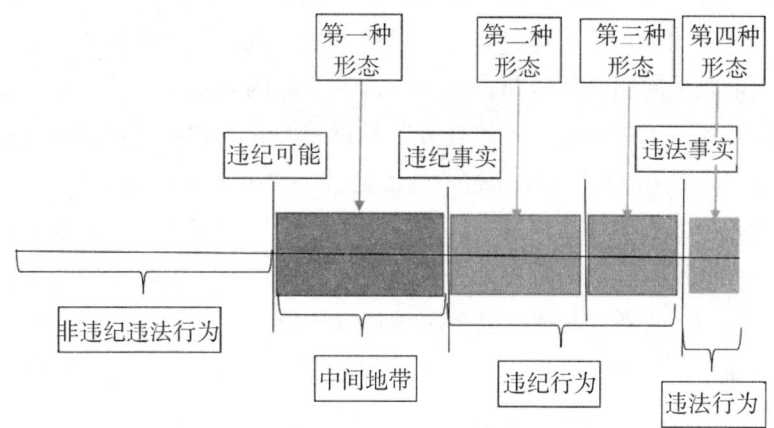

图4-1 违纪行为结果形态图

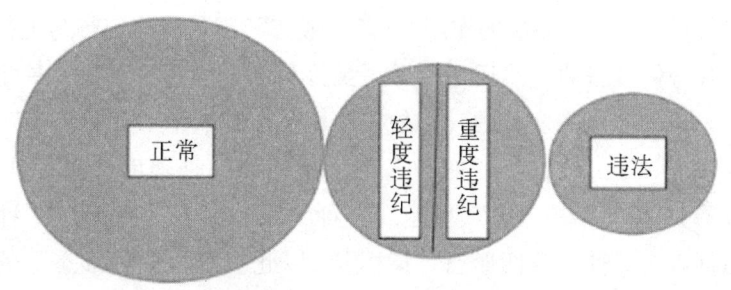

图4-2 违纪行为过程形态图

如图4-2所示,"四种形态"不仅履行对违纪、违法行为的或轻或重的处分职能,同时还开辟出"违纪"与"不违纪"之间的"中间地带",将监督执纪的起点前移至"违纪可能"端口。即通常意义上执纪职能的发挥是从确定"违纪事实"端口开始的,党章及纪律处分条例中关于违纪行为的划分,也是从"违纪事实"开始。从对应关系上来看,在确定违纪事实之后,根据情节轻重及危害程度,精准定位其应属于第二种形态的党纪轻处分范围,还是属于第三种形态的党纪重处分范围,抑或属于涉及违法行为的第四种形态范围,再依次对应给予其警告、严重警告、撤销党内职务、留党察看、开除党籍等党纪处分或者交由司法机关立案审查。但是，对于"违纪事实"之前的阶段并未做出细分，笼统地归纳为"非违纪违法行为"阶段，这显然是不合适的。在无违纪违法行为的正常状态和违纪事实确认之间，存在具有隐匿性和有待确证性的"违纪可能"阶段。将这一阶段划归为单独一种形态，表明过程和结果的区别，更加符合过程阶段的发展规律，从而也更易于实现策略运用上的具体问题具体分析。其实，这种策略的创新可以从方法论上概括为"划定大类—精准对应—具体处分"的过程，它与党在过渡时期纪律检查工作探索时所使用的"大体比较—具体处理—统一处分标准"的执纪做法，有着一定程度的相似性。但是，区别在于"精准"二字上。经过长时期的经验探索，"四种形态"的阶段划分更加精准，相较于"大体比较"的标准更为清晰。同时，党章、纪律处分条例等党内法规的建立和完善，使得"处分标准"更为统一明晰。在第二、第三种形态中，实现了执纪过程与纪律处分标准的衔接对应。在第四种形态中，实现了执纪过程与执法过程的衔接对应。

"四种形态"以深化查办案件的方式方法创新，破解党员干部遵守纪律不严的问题，通过切实有效的策略和手段把隐匿在党内的违纪乱纪分子揪出来，起到警醒一片、教育大多数的作用。"四种形态"不仅将违纪行为进行大类划分，而且对每种形态的实践运用设置了更为科学、可行、系统的具体执行方式。例如，2017年颁布实施的《纪检监察机关监督执纪"四种形态"统计指标体系（试行）》，设置了"四种形态"指标和一种辅助性指标共5类56项，涵盖了14种"第一形态"指标，21种"第二形态"指标，12种"第三形态"指标以及2种"第四形态"指标[①]，以此织密"四种形态"的标准体系网，为执纪队伍量纪定罪、精准定位提供了客观依据，既不冤枉一个好人，也能有效避免漏网之鱼。从严从实的执纪举措，向党内传递一种信号，违反纪律就要受到处罚，绝不姑息。科学规范的标准体系，向党内表明一种态度，查办案件不是要和什么人过不去，而是要严肃法纪[②]。通过这样一种外力惩戒教育作用，把纪律和规矩"立起来""严起来"，使纪律真正成为"带电"的高压线。

---

① 张磊.纪检监察机关"四种形态"统计指标体系印发［EB/OL］.人民网，2016-12-28.
② 中共中央纪律检查委员会，中共中央文献研究室.习近平关于严明党的纪律和规矩论述摘编［M］.北京：中央文献出版社，2016：75.

"四种形态"以强化日常监督管理，及时有效地化解党员干部违纪风险，通过"第一种形态"的深化运用，将监督执纪的关口前移到"违纪可能"，将工作做在"违纪事实"前头，避免出现"要么是好同志，要么是阶下囚"[①]的极端情况发生。加强监督是对党员干部的厚爱，这是因为通过常态化监督及时发现苗头性问题，可以切断"违纪可能"向"违纪事实"转化的必然联系；通过重点监督及时发现已经存在的问题，开展批评教育、谈话函询等，可以阻断"违纪事实"向更严重的程度转化；同时，通过监督及时对不同程度的违纪问题实施处分和惩戒，可以避免违纪行为向违法行为的转化。对党员干部的"厚爱"不仅体现在"治已病"，还体现为"治未病"。管得严，就不容易产生违纪苗头，就不容易导致小问题酿成大错误；管得松，对一些违纪违法的小错，提醒不够，批评不力，睁一只眼闭一只眼，往往导致"要么不暴露，要么就出大问题"。[②] 从此种意义上来说，"四种形态"体现了严管就是厚爱的执纪理念。

（三）把握"关键少数"与"绝大多数"的辩证关系

从历时性来看，"四种形态"是对党员违纪违法行为所历经阶段的对应划分，是一种高度概括的理论形态，标示着纪律处分由轻到重的过程演化。从共时性来看，每一种形态独立成"章"，对应着不同的纪律处分和执纪标准，属于不同性质的质变阶段。这就需要执纪主体辩证、全面地看待违纪行为演化过程，同时有重点地切断不同阶段的内在关联，将矛盾化解在量变阶段，甚至是化解在第一阶段、第一种形态的量变阶段。策略和手段是思维理念的彰显，"四种形态"正是辩证思维的深刻体现。

"四种形态"不仅是执纪方式的创新，还表现在监督策略的创新，着力在强化党内日常管理监督上下功夫。纪检监察机关的主体职责是监督执纪问责，监督职责是第一位的，而且监督需要常态化。党员违纪违法的根源在于思想作风方面出了问题，而思想作风问题是个常抓不懈的历史性课题，绝不能有"松口气、歇歇脚"的想法，这就需要党内监督"无处不在""无时不在"。开启党内监督的全天候"探照灯"，需要在"常""长"上下功夫。其中，

[①] 中共中央文献研究室. 十八大以来重要文献选编：中[M]. 北京：中央文献出版社，2016：762.

[②] 中共中央纪律检查委员会，中共中央文献研究室. 习近平关于严明党的纪律和规矩论述摘编[M]. 北京：中央文献出版社，2016：76.

"四种形态"中的第一种形态，聚焦过去党内监督的"空白地带""薄弱环节"，让"咬耳扯袖、红脸出汗"成为常态，解决的是监督常态化和长效机制的问题。第二种、第三种形态聚焦党内监督的"重大环节""重要时刻"，解决的是对既成违纪事实开展重点监督的问题。在过去，纪检监察机关将主业放在查办大案、要案上，对小案、苗头性问题重视不够。早在1955年划定中央纪律检查委员会的组织机构和业务范围时，党内就有注重处理重大案件的明文规定①，在1983年总结打击经济领域中严重犯罪活动的经验时，中央也强调要排除阻力，"集中力量查处大案要案"，特别是新发生的大案要案。②这是因为查办具有重要、重大影响力的违纪违法案件，具有深刻的警示作用，特别是在力量有限的条件下，能够更有成效地整顿纪律，但是也不可避免地造成工作重心有失偏颇。"四种形态"的提出，将工作重心重新加以平衡，不仅抓住重大违纪违法案件，同时盯紧党员干部的不良倾向性问题、违纪行为的"小枝小节"。这反映了纪检监察工作执纪观念的转变以及职能发挥的最优化。这就使得纪律监督不仅要针对"极少数人"，还要覆盖"大多数人"；不仅要重视"党内处分"，更要重视"日常监督管理"，以此实现监督对象由点到面的铺开以及监督过程的常态化、贯通性，实现监督策略的重大创新。

党中央在十八大以来，把纪委的监督执纪职责形象地比喻为"树木"与"森林"的关系。"树木"与"森林"实质反映的是"关键少数"和"绝大多数"的问题，二者具有内在一致性。把握好"树木"与"森林"的辩证关系就是处理好"惩治极少数"向"管住大多数"的转变问题。从形象化表达来看，"树木"与"森林"构成了一个局部与整体相统一的"生态系统"，对应到党的建设领域，也即通过创新性地运用监督执纪方式，有针对性地管好党员队伍，由此打造健康的政治生态，涵养纪律文化。纪检监察干部不仅要"治病树"，还要当好"护林员"，其落实到具体工作层面，就是抓重点与两点的统一，不能只见"树木"不见"森林"，也不能"眉毛胡子一把抓"。首先，抓住"关键少数"仍是重点。"少数人"是个集合体概念，本义是指这部分人在党内所占比例少，可以指违反纪律的少数投机分子，也可表达具有

---

① 中共中央纪律检查委员会．中国共产党党风廉政建设文献选编：第8卷［M］．北京：中国方正出版社，2001：51.
② 中共中央纪律检查委员会．中国共产党党风廉政建设文献选编（1921—2000）：第5卷［M］．北京：中国方正出版社，2001：710-711.

领导职务的少数党员干部。在改革开放初期，少数领导干部群体的违纪行为就已经引起党的重视。例如，在强调党内保密纪律时，党中央严肃指出少数领导干部无视纪律，随意扩散机密的违纪行为①；利用职权谋取私利，搞特殊化破坏群众纪律的不良作风问题②。同时，党内也有极少数人不遵守党的宣传纪律，主张资产阶级自由化的政治问题③，还有少数人搞个人专断违反民主集中制的组织纪律等问题④。加之，自建党以来，身居高官要职的极少数高级干部暴露出来的严重违纪案件，如表4-2所示，也使得党中央对"极少数"关键分子的重大影响始终保持警醒。

表4-2 中国共产党历史上处理的重大事件、案件概览⑤

时间	案件
1929年	《关于开除陈独秀党籍并批准江苏省委开除彭述之、汪泽楷、马玉夫、蔡振德四人党籍的决议案》
1931年	《关于开除罗章龙中央委员及党籍的决议案》
1938年	《关于开除张国焘党籍的决定》
1951年	《关于开除刘青山、张子善党籍的决议》
1955年	《关于政治骗子李万铭的情况报告》
1955年	《关于高岗、饶漱石反党联盟的决议》
1980年	《关于康生、谢富治的两个审查报告》
1988年	《关于"两案"审理工作的总结报告》
1998年	《关于陈希同案件有关情况的通报》
2000年	《关于给予成克杰开除党籍处分的决定》

---

① 中共中央纪律检查委员会.中国共产党党风廉政建设文献选编（1921—2000）：第5卷[M].北京：中国方正出版社，2001：269.
② 中共中央纪律检查委员会.中国共产党党风廉政建设文献选编（1921—2000）：第6卷[M].北京：中国方正出版社，2001：106.
③ 中共中央纪律检查委员会.中国共产党党风廉政建设文献选编（1921—2000）：第5卷[M].北京：中国方正出版社，2001：367.
④ 中共中央纪律检查委员会.中国共产党党风廉政建设文献选编（1921—2000）：第4卷[M].北京：中国方正出版社，2001：418.
⑤ 中共中央纪律检查委员会.中国共产党党风廉政建设文献选编：第5卷[M].北京：中国方正出版社，2001：979-1093.

"关键少数"是党的十八大以来的创新表达，用来特指在党的事业中起着关键作用的少数人、极少数人，特别是"一把手"。紧盯紧抓紧查"关键少数"，对其高标准严要求，既有对历史与现实中少数高级干部违纪行为的深刻反思，也反映了抓事物的主要矛盾的哲学智慧。但是，马克思主义的辩证法要求我们不仅要抓重点，还要抓两点。党的纪律建设绝不是靠单独解决"关键少数"人的问题就能取得根本性好转的，因为其毕竟是"少数"。因而，管住广大党员干部这一"绝大多数"主体也至关重要。监督执纪的"四种形态"，正是着力在"管住大多数"上的策略探索。例如，运用第一种形态时，不仅针对党内高级干部的苗头性问题，更是针对全体党员苗头性问题的监督审查。据近年来"四种形态"运用情况的数据显示，如表4-3所示，第一种形态已经成为主要策略和手段。从"四种形态"提出后，2015年至2017年运用到第一种形态的对象占到"四种形态"总对象的46.7%①，2017年占到59.7%，2018年达到63.7%，2019年占到67.4%，2020年占到68.1%。② 比重的节节提升，说明纪检监察队伍将工作重心向监督处理广大党员干部的违纪行为倾斜，使监督覆盖到绝大多数党员干部中。

表4-3 "四种形态"中第一种形态运用占比③

时间	审查对象 总人数（万人次）	第一种形态 运用对象人数（万人次）	占比
2015年至 2016年	73.2	16.9	23.1%
2017年	131.6	78.6	59.7%
2018年	173.3	110.4	63.7%
2019年	184.9	124.6	67.4%
2020年	195.4	133	68.1%

---

① 中共中央文献研究室．十九大以来重要文献选编：上［M］．北京：中央文献出版社，2019：65.

② 瞿芃．数字背后：2020年批评教育帮助和处理195.4万人次［R/OL］．（2021-01-28）［2022-08-12］．http：//www.ccdi.gov.cn/toutiao/202101/t2021 0128_ 234902.html.

③ 根据中央纪委国家监委网站发布数据整理得出，根据十八届中央纪委工作报告中的数据计算得出。

就"关键少数"与"绝大多数"的辩证关系来看,"四种形态"政策策略的提出促使监督执纪工作从紧抓"关键少数"向管住"绝大多数"转变,但是,在这两者的辩证关系中,"关键少数"还是更为关键。强化监督,就要明确监督责任。"四种形态"的划分还有一个显著的创新之处,就是将监督责任分解,不仅凸显了纪委的监督责任,也将各级党委要落实对党员干部的日常监督责任摆在更加突出的位置。这样就将纪委监督责任与党委日常监督责任对接起来,因为第一种形态的适用起点始于"违纪可能",也就是在接到群众举报、线索反映后开启的监督阶段,这与"非违纪违法行为"的监督阶段既有区别但又相互交融。在"非违纪违法行为"阶段开展的批评与自我批评、民主生活会、主题教育活动等都起到对党员的日常监督作用,而且由党委负起主要的责任。在"违纪可能"阶段,纪委采用函询约谈、批评教育等红脸出汗的手段,与党委协同开展对党员的调查核实,在此过程中共同承担对党员的监督教育责任。可以说,在第一种形态里实现了党委主体责任与纪委监督责任的有机融合,形成了监督合力。不同于之前将"违纪事实"确认之前的阶段笼统地归为党委负主体责任,纪委负监督责任的表述与做法,形态的划分也使得监督责任更加有重点、有侧重,更加清晰。"四种形态"划定了第一种形态,强调对党员的日常监督,这就将监督责任随之前移,不仅由纪检监察负主要监督责任,也要党委负起监督责任,不仅要"治已病",还要"治未病"。而党委监督责任的落实,要靠关键少数的"一把手"。对绝大多数党员的监督,是"关键少数"的责任。第一种形态的明确规定,使得各方监督责任变得明晰且联系更为紧密。同时,这也是对抓住"关键少数"与管好"绝大多数"辩证关系的进一步深化论证。

(四)划定"三个区分"的适用情形

"四种形态"作为监督执纪的策略,将监督执纪的关口前移,丰富了执纪的手段,但是仍然无法很好地解决党员行为的执纪划分问题,还需要配合其他的执纪策略和方法。在执纪过程中,区分各种违纪行为之间的边界,是自古以来监察工作的难题。这里面不乏人为因素起作用,从而影响纪法的权威性。如何化解执纪主体的主观判断因素与纪律标准的客观量化要求的内在张力,需要更为明确的规范。对于这些限制因素,十九届中央纪律检查委员会第五次全体会议提出了深化"四种形态",做到"三个区分开来"的新要求①。"三个区分"的最早提法可以追溯到 2016 年习近平总书记在省部级主要领导干部学习贯彻党的十八届五中全会精神专题研讨班上的讲话。讲话针对一些干部"为官不为"的突出问题,提出了"三个区分":"要把干部在推进改革中因缺乏经验、先行先试出现的失误和错误,同明知故犯的违纪违法行为区分开来;把上级尚无明确限制的探索性试验中的失误和错误,同上级明令禁止后依然我行我素的违纪违法行为区分开来;把为推动发展的无意过失,同为谋取私利的违纪违法行为区分开来。"② 这不仅是广泛有效调动干部队伍积极性的创新举措,也为细化监督执纪标准提供了更为客观的依据。

  如果以结果事实来认定,有些党员干部在履行职责中,可能会因为对政策的理解不到位、怀着想要创新干事业的激情,但囿于现实的条件限制,以及对客观规律的把握程度不够,造成了党的事业的损失,这必然也是违反了纪律,甚至触犯了法律。但是,从过程形态来分析时,有些行为的出发点是好的,方法手段是探索性的,甚至结果也是具有一定成效的,但可能突破了规则底线,触及纪律法律红线。这就需要执纪主体精准把握,将"四种形态"的运用与"三个区分"的运用有机结合起来。朱德早在 1951 年就曾指出,对于那些因为水平太低,不了解党的政策而犯的错误,可酌情予以惩罚,教育与处罚不能机械地分开。③ 在新时代,党员干部违纪违法现象呈现出更加隐蔽、复杂的趋势,使得纪律监督执行的难度加大,对纪检监察队伍也相应提出了更高的要求。纪检监察队伍在执纪执法中要区分是能力问题,还是思想认识问题,这是两种性质不同的问题,处理方式自然也不同。对于这种区分,党在历史上有着一定的经验可以借鉴。在回顾党的纪律检查工作在新中国成立后的两年里所取得的成效时,党总结的重要经验就是,"在执行党的纪律时,必须严格区别党内问题和党外问题的性质,必须严格区别犯错误者是本质的错误还是非本质的错误""对有意违犯党的纪律者,必须给以一定的纪律

---

① 佚名. 中国共产党第十九届中央纪律检查委员会第五次全体会议公报 [N]. 人民日报,2021-1-25 (1).

② 习近平. 在省部级主要领导干部学习贯彻党的十八届五中全会精神专题研讨班上的讲话 [R/OL]. (2016-01-18) [2022-09-09]. http://www.xinhuanet.com/politics/2016-05/10/c_128972667.htm.

③ 中共中央纪律检查委员会. 中国共产党党风廉政建设文献选编(1921—2000):第 4 卷 [M]. 北京:中国方正出版社,2001:15.

处分；对因政策水平不高，缺乏经验，而造成工作上的错误者，或其错误仅属于个人生活作风上虽有毛病不影响群众者，则不应采取简单的纪律处分的办法，而应采取批评教育的方法使之改正"。① 中央纪律检查委员会在1984年总结端正党风的经验时强调，要把一般性的官僚主义同对党对人民严重不负责任的官僚主义区别开来——辛辛苦苦、忙忙碌碌的官僚主义作风情形，主要是由于经验不足、工作水平低，或由于体制不合理而产生的；对党对人民严重不负责任的官僚主义，则是思想意识和品质问题。对于前者，应当采取党内教育的方法解决；对于后者，必须坚决反对和严肃处理。②

在执行纪律时，坚持实事求是，区别对待的方针理念，彰显了科学的方法论遵循，也体现了对党员干部的"保护"和"爱护"。从此种意义来看，"三个区分"彰显的精神实质与"四种形态"具有内在一致性。在1956年关于修订党章的报告中，党曾表明了这种区分开来的原因，即党员初次违背自己的义务的时候，及时地给予批评和教育，常常可以帮助他们不再犯类似的错误，或者避免使小错误发展为大错误。在这种情况下，轻易地给予纪律处分，是不正确的。③ 党在十八大以来提出并深化实践"四种形态"，也是为了给予犯错误的党员以帮助，及时介入，避免小错酿成大错。但是，具有显著区别的一点是，党的十八大以来提出"三个区分"有着更为严格的前提条件和适用环境。习近平总书记在省部级主要领导干部学习贯彻党的十八届四中全会精神的专题研讨会上指出："无论是因为'法盲'导致违纪违法，还是故意违规违法，都要受到追究。"④ 不管是能力认识上存在短板，还是明知不可为而为之的违纪故意，只要触碰纪律的红线，就要接受纪律检查。相较于过去，这是对"全面从严治党"的有力彰显。即使对违纪行为做出不同性质的区分，也内蕴着严明纪律的前提，即纪律面前没有例外，违纪必被查。在党员干部能力和态度的关系问题上，习近平总书记更是强调："一个干部能力有

---

① 中共中央纪律检查委员会. 中国共产党党风廉政建设文献选编（1921—2000）：第4卷[M]. 北京：中国方正出版社，2001：33.
② 中共中央纪律检查委员会. 中国共产党党风廉政建设文献选编：第4卷[M]. 北京：中国方正出版社，2001：222.
③ 中共中央纪律检查委员会. 中国共产党党风廉政建设文献选编：第1卷[M]. 北京：中国方正出版社，2001：623.
④ 中共中央纪律检查委员会，中共中央文献研究室. 习近平关于严明党的纪律和规矩论述摘编[M]. 北京：中央文献出版社，2016：86.

高低，但在遵纪守法上必须过硬。"① 不管有天大的本事，如果纪律意识不强、法治意识淡薄、不受纪律约束，那就不能当领导干部。对于一个领导干部来说，首要的是讲政治、讲纪律，其次才看有能力与否。因而，只要突破纪律的红线，越过原则的底线，必定要被严肃处理，严厉对待。对待破坏法纪的党员干部，不管什么原因，都要执行纪律，虽然在轻重上可以酌情考虑，作出区分，但执纪不能失之于宽、失之于软的原则必须被明确和贯彻。

在执纪实践中，"四种形态"策略往往不会单独使用。如果说纪律起着"穿针引线"的缝合作用，"内容科学、程序严密、配套完备、运行有效"的党内法规体系则为发挥纪律作用提供了粗细不等、颜色各异的"线"。但是，如何用好执纪这跟"针"，例如，针对不同的受体，是选择使用"绣花针"，还是其他针，也需要做出具体的细分。强调以"六项纪律"为尺子，明确"三个区分"的政策尺度，实践好"四种形态"，都是对执纪策略的科学运用、综合运用。

---

① 中共中央纪律检查委员会，中共中央文献研究室．习近平关于严明党的纪律和规矩论述摘编［M］．北京：中央文献出版社，2016：101．

第五章

新时代党的纪律建设保障机制创新

纪律建设理论和纪律建设实践是纪律建设中最核心的两大构件，直接关乎纪律建设质量的好坏。但是，除了纪律建设理论和纪律建设实践外，纪律建设保障机制同样是纪律建设的重要构件。纪律建设保障机制创新在总体上属于制度创新，属于具体的体制机制创新，包括组织机构、纪律教育、纪律文化等方面的保障性体制机制创新。纪律建设保障机制对于纪律建设相当重要，因为保障机制健全完善，不仅能为纪律建设提供坚实的保障，还能提升纪律建设的整体实效。鉴于此，中国共产党历来在推动纪律建设理论创新和实践创新的过程中，比较重视推动纪律建设保障机制创新。党在十八大以来更是加大了对纪律建设保障机制的创新力度，取得了多方面创新性成果。

一、"合署办公"：理顺纪律检查和监察组织机构及其职责

明确党的历史上监督执纪机构的类型和形式，是探讨十八大以来纪律建设组织机构改革创新的基本前提。有学者认为，纪律监督机关不等于纪律专职监督机关[①]，因为纪律监察机关不仅包括中央监察委员会、中央纪律检查委员会等党内专职监督机关，也包括国家国家监察委员会、国家监察委员会等人民监督机关，还包括党委领导下的"兼职"纪律监督机关，比如各级党委（党组）的监督职能部门，中央党务委员会，中央组织部，宣传部的纪律宣教职能部门，检察院、法院等司法机关的监察职能部门等。本文在赞同此种分类的基础上，依据纪律所担任务的分类标准，认为纪律监督机关不仅包括党员执纪情况的检查教育机关，也包括党纪处分的执行机关，还包括党员违反政纪、法律情况的执法监察机关。因此，对纪律建设组织机构的探讨分析，

---

① 陈自才，陈惠. 党的纪检监察体制演变的历史回顾[J]. 中州学刊，2014（4）：5-11.

不能仅从涉及纪律字眼的中央纪律检查委员会等机构着笔,还应对起着纪律监督职能的专兼职监察机构、党内外监督机关的演变发展加以考虑。从这种角度来看,党内纪律检查机构和国家行政监察部门都是党内纪律监督组织的构成部分。

(一)实现纪律检查和监察机构"第三次"合署

重视对纪律执行的监督和检查,在中国历史上由来已久。从政治制度的文化意蕴来看,监察文化在中华民族发展的历史长河中也可谓源远流长。就中国共产党的纪律监督机关的演变历程来看,其在几经分合中逐步走向完善和成熟。因为本文着重理析机构设置的大历史逻辑,以明确党的十八大以来纪检、监察机构的不同点,故而对机构变更的细节原因不做过多探讨。我们需要重点关注不同历史阶段发生了什么,以便从不同时期的对比中发现规律。

1. 1921年7月—1949年9月:探索集合职能的中央及地方监察委员会

中国共产党严明的纪律规范为监督执纪机构的设置提供了思想上和行动上的准备。为了巩固党的纪律,党员最初是受所隶属的区执行委员会、地方执行委员会及支部干事会指挥①。这表明纪律作用的发挥首先要依托组织力量。党的五大开始设立中央监察委员会,选举产生了中央监察委员会委员。②从名称来看,将党内专职监察机关称为"监察委员会"是有着历史文化渊源的,是对自古以来"监察"机构名称的继承。这种名称上的文化渊源,有利于保障监察机构在人们心目中的权威地位,从而更好地形成震慑作用。就适用的范围而言,将名称规定为"中央监察委员会",就已经表明其是针对党内纪律监督而设置的机构。党的五大设立的中国共产党中央监察委员会是党的历史上首次设立的最高党内监督机关,行使对党员及党组织的纪律监督职权。但是,由于多方面原因,党的五大创建的中央监察委员会根本无法行使职权。在这种情况下,党的六大取消了"监察委员会",增设"审查委员会"。无论是党的五大明确要求设置中央监察机构,还是党的六大取消中央监察机构,

---

① 中共中央纪律检查委员会.中国共产党党风廉政建设文献选编:第1卷[M].北京:中国方正出版社,2001:22.
② 中共中央纪律检查委员会.中国共产党党风廉政建设文献选编:第8卷[M].北京:中国方正出版社,2001:1.

都与共产国际的影响有很大关系。① 这说明党的监察机关组织建构从一开始在思想认识和客观条件上是成熟的，但在理论上和组织上是不独立的。思想认识上的清晰是指意识到要依靠监督，要建立专职监督机构来加强党内纪律性；不成熟则是指其在建构指导上过于依赖共产国际，未能很好地从中国"治官"的实际出发。

随着中央苏区的巩固和发展，以及在具备一些纪律监督、教育及巡视工作的实际经验后，党中央考虑重新设立监察委员会。1933年，中央决定成立中央党务委员会和中央苏区省县监察委员会②，随后又在区党委之下设置监察委员会③，形成省、县、区级的地方监察委员会，并详细规定了各级职权及运行规则。这种机构布局延续至抗日战争结束。由于无法召开全国性的党代表会议，中央一级的监察委员会一直未能建立。党的七大虽然在总结长期经验的基础上认识到监察委员会成立之必要，并明确在党章中规定中央及地方监察委员会的组织选举及职权任务，但因解放战争的爆发未能落实。④ 总的说来，这一阶段党的主要任务是带领人民建立独立、统一的新中国，党设立监察机构实施对党员、党组织的监督，为的是建立一支纪律性极强的团结、能战斗的党和军队。故而，从组织架构出发，成立一个既有文化根源、易被接受，又吸收借鉴苏联相对成熟建制规范的监督机关，是十分必要的。中央及地方"监察委员会"的设立正是顺应需要的创新之举。

2. 1949年10月—1977年7月：初步尝试任务分化的纪律检查和监察机关合署办公

新中国成立后，党内纪律监督机构得以重塑，其具体表现是1949年10月19日中央人民政府委员会第三次会议决定成立人民监察委员会⑤以及1949

---

① 中共中央党史研究室第一研究部.共产国际、联共（布）与中国革命档案资料丛书：第7卷[M].北京：中央文献出版社，2002：416.
② 中共中央纪律检查委员会.中国共产党党风廉政建设文献选编：第8卷[M].北京：中国方正出版社，2001：4.
③ 中共中央纪律检查委员会.中国共产党党风廉政建设文献选编：第8卷[M].北京：中国方正出版社，2001：34-35.
④ 陈自才，陈惠.党的纪检监察体制演变的历史回顾[J].中州学刊，2014（4）：5-11.
⑤ 郭兴全.新中国70年纪检监察机构的改革与发展[J].廉政文化研究，2019（4）：1-9.

年 11 月 9 日中央政治局决定成立中央及各级党的纪律检查委员会①。从所承担的执纪任务上来看，纪律检查委员会其实是对新中国成立前中央监察委员会机构设置的借鉴与细化，依然属于党内纪律监督的专职机关。从执纪环境来看，在取得全国执政地位后，党政领域具体性事务增多，党纪和政纪的适用范围大大延伸。原先政纪党纪混在一起，由一个职能机关进行处理的情况已经不能适应形势的发展需要。所以，由中央人民政府政务院牵头成立人民监察委员会，分化党纪和政纪的监督任务，将政纪监督交给政府监察部门，扩大对公职人员的监督范围，既是顺应现实之举，也是对人民当家作主的充分彰显。

将党内监督的任务分化，虽然有利于纪检机构的专业化、针对性发展，但是，新中国成立初期纪检工作面临的是基础薄弱、经验缺乏、人才短缺等现实问题。加之，新中国成立前，中央监察委员会的实践更多停留在理论借鉴和组织架构上，在一定程度上缺乏现成的经验可以借鉴，所以在执行中不可避免地会遇到党纪松懈、滥用职权、过多关注私生活、党政不分等问题。②鉴于此，党中央在 1952 年作出指示，明确各级党委纪律检查委员会可酌情与各级人民监察委员会实行合署办公③，正式开启了纪检、监察的第一次合署尝试。但是，鉴于党内发生的高岗、饶漱石反党联盟事件，为加强党中央的监督力量，人民监察委员会在 1954 年被降格为国家监察部④，其所处行政地位下降。1955 年前后，党中央又再次考虑成立中央监察委员会，以此代替新设置的纪律检查委员会。这相当于将刚分化出的纪检和监察所属的不同职能，又重新集合起来，集权于中央监察委员会一身，以免造成权力分散、致使破坏分子有机可乘。可以说，做出这些调整的考虑是为了经常性、更有力度地

---

① 中共中央纪律检查委员会. 中国共产党党风廉政建设文献选编：第 8 卷 [M]. 北京：中国方正出版社，2001：5.
② 中共中央纪律检查委员会. 中国共产党党风廉政建设文献选编：第 5 卷 [M]. 北京：中国方正出版社，2001：917-918.
③ 中共中央纪律检查委员会. 中国共产党党风廉政建设文献选编：第 8 卷 [M]. 北京：中国方正出版社，2001：50.
④ 郭兴全. 新中国 70 年纪检监察机构的改革与发展 [J]. 廉政文化研究，2019（4）：1-9.

与党员违反党章党纪和国法的行为做斗争①，但这也意味着纪检、监察机构第一次合署办公的终止。

3. 1977年8月—2012年11月：第二次开展任务分化的纪律检查和监察机关合署办公

党的十一大通过的党章重新恢复设置党的纪律检查委员会的相关条款。党的十一届三中全会选举产生新的中央纪律检查委员会，实现了新中国成立以来纪律检查职能的延续。②随着党政体制改革的推进以及国家法制的日趋健全，党的纪检工作也要求贯彻执行党政分开的原则。1986年12月，六届全国人大常委会第十八次会议作出恢复并确立国家行政监察体制，成立国家监察部的决定。③从机构设置上把党的纪律检查工作同政府的监察工作再次分离开来。④相较于新中国成立初期的纪检、监察机关的分化，此次国家行政监察机关和党的纪律检查机关的单独设置，为纪律建设提供了更加细化且精确的组织支撑。更为关键的是，此次纪检和监察机构的分化建立在党政分开的体制改革基础之上，因而也就有着更深层、更稳固的动力源。

即使有着稳固的制度基础，问题还是不可避免。党纪、政纪、国法的边界不清晰，党员和行政公职人员身份的交叉等问题，使得两个机构确实有着较高的职能重合度、工作交叉度。虽然对两个机构在查处案件中的分工协作作出了明文规定⑤，也制定了专门的行政监察条例和行政监察法等，但在实践中还是会存在信息交流、人员调配、权责不清等问题。1993年，中央纪委、监察部再次进行合署办公，实行一套工作机构、两个机关名称的体制，由中央纪委履行党的纪律检查和政府行政监察两项职能，对党中央全面负责。⑥ 在

---

① 中共中央纪律检查委员会. 中国共产党党风廉政建设文献选编：第5卷［M］. 北京：中国方正出版社，2001：1025.
② 中共中央纪律检查委员会. 中国共产党党风廉政建设文献选编：第8卷［M］. 北京：中国方正出版社，2001：12.
③ 郭兴全. 新中国70年纪检监察机构的改革与发展［J］. 廉政文化研究，2019（4）：1-9.
④ 中共中央纪律检查委员会. 中国共产党党风廉政建设文献选编：第1卷［M］. 北京：中国方正出版社，2001：297.
⑤ 中共中央纪律检查委员会. 中国共产党党风廉政建设文献选编：第8卷［M］. 北京：中国方正出版社，2001：243-244.
⑥ 中共中央纪律检查委员会. 中国共产党党风廉政建设文献选编：第8卷［M］. 北京：中国方正出版社，2001：182.

后续的持续探索中，二者的职能边界越发明晰，合作机制逐步顺畅深化。但这种改革仍然处于铺面搭架的量变阶段，远未达到深化改革的质变阶段。

4. 2012年11月以来：全面深化纪律检查和监察机关改革，推进第三次合署办公

党的十八大以来，面对全面深化改革的艰巨任务，调整机构改革十分必要；面对全面从严治党的现实需要，深化纪律检查监察机构的改革十分必要。在问题倒逼下，改革具有鲜明的目标指向，即理顺纪律检查和监察机关的合署办公机制。党中央和国务院首先从大刀阔斧地改机构、调结构着力。党的十八大到党的十九大期间，先去存量，精简中央纪委监察部议事协调机构，由党的十八大召开前的125个清理调整至14个；精简省级纪委、监察厅（局）议事协调机构，由党的十八大召开前的4619个减少至460个。① 同时，盘活存量，增设新量，组建中纪委职能部门，如党风政风监督室等；成立"中央追逃办"、国际合作局；设立纪检监察干部监督室，增加纪检监察室至12个等②，从而实现了党的纪律检查机构和行政监察机构的"第三次"合署办公。

有学者认为，党的十八大以来经历了"第四次"合署办公。即在党的十九大召开前，国家监察体制改革加速，组建完成了国家、省、市、县四级监察委员会，完成监察部向监察委员会的转变。改革后的监察委员会隶属于国家机构，而不再是政府职能部门。因此，党的纪律检查委员会和四级监察委员会的合署办公被视为"第四次"合署。③ 我们可以看到，无论是第三次合署还是第四次合署，都是以监察侧的改革为主，通过调整监察机构设置，以更好地与纪律检查工作相互配合、协同发力。虽然两次调整机构在具体做法上有所不同，但都属于十八大以来的纪检监察合署实践，可以总称为"第三次"合署。虽然"第三次"合署的提法并未得到官方认证，但是从学术分析角度来看，党的十八大以来在纪检监察合署实践上确实有着质的不同。

---

① 中共中央文献研究室. 十九大以来重要文献选编：上［M］. 北京：中央文献出版社，2019：58、59.
② 中共中央文献研究室. 十九大以来重要文献选编：上［M］. 北京：中央文献出版社，2019：58.
③ 郭兴全. 新中国70年纪检监察机构的改革与发展［J］. 廉政文化研究，2019（4）：1-9.

5. 小结

从纪律监督机构设置的演变来看，其经历了从唯一体到并存体再到融合体，从集合化到分众化再到衔接化的转变。十八大以来的纪检监察机构改革，不同于新中国成立前的集合职能的中央及地方监察委员会，其区别主要在于集中任务还是分化任务的选择，因为一个是"大杂烩"式的混淆集合，一个是将纪检和监察任务分化清楚后的集合。十八大以来党的纪检监察机构改革，不同于新中国成立后第一次合署办公实践，它不是在分化原有机构基础上的重建，而是对承继下来的机构设置的重新塑造，也就在机构内部以及重合部门之间进行"加减乘除"运算的过程，是在框架内的创新。十八大以来党的纪律检查机构改革，不同于改革开放后的第二次合署办公实践，它们虽然在基础框架方面相同，分化任务明确，但十八大以来既注重对纪律检查双重领导体制的改革，又侧重从监察侧加以整改落实，且改革的力度更大、目标更加清晰、效果更加凸显，将纪检监察的"合署"演绎成了二者更完美的"融合"。

从机构名称的变化来看，我们可以梳理出两条线索：一条是从中央监察委员会到中央纪律检查委员会再到中央监察委员会的变化，一条是人民监察委员会到国家监察部再到国家监察委员会的变化。这种名称上的变化当然与其内在职能不同有很大关系，但我们首先从表象上观察其名称变化的含义。在第一条线索中，名称的改变在一定程度上反映党中央对党内政治形势和任务的判断。从词义及其轻重程度上来看，"监察"更突出强制手段、负面惩戒意思，"检查"更凸显主动教育、正面劝导意味。"纪律检查"比"纪律监察"听起来更温和，更易被人理解和主动接受。新中国成立后，疾风骤雨般的革命斗争已经过去，纪律的作用场域发生变化，改用"中央纪律检查委员会"这一较温和的机构名称，既洋溢着春风化雨般的纪律要求，也不失继续加强监督执纪的规范和约束。这一名称与态度的关联，在1955年重新恢复使用"中央监察委员会"的表述中得到印证。当从政治上判断党内矛盾凸显，必须使用强硬的"监察"手段时，"中央监察委员会"便充当了集中权力整治党内问题的重要抓手；反之，当认为党内矛盾可控可化解时，长期进行春风化雨般的纪律"检查"即可。"中央纪律检查委员会"在此情况下便很好地贴合了题中之义。

同时，名称的改变在一定程度上也标志着我们结合自身实际，独立自主构建纪律监督机构的开始。从借鉴苏联监察机关建设经验构建中央监察委员会，到新中国成立后独立探索中央纪律检查委员会与人民监察委员会的合署办公，到改革开放后探索具有中国特色的中央纪律检查委员会与国家监察部的合署路径，再到党的十八大以来全面深化中央纪律检查委员会与国家监察委员会的合署改革，这一条线索反映了中国道路、理论、制度、文化的自信逐渐彰显。沿着中国特色社会主义的政党纪律建设道路，构建起中国特色的纪律建设理论话语体系，通过深化纪检监察机构改革，完善中国特色社会主义政党制度体系建设，彰显中国共产党最深沉的治理文化自信，这些都是十八大以来党的纪律建设创新取得的深层次成效。

（二）落实纪律检查和国家监察职能"融合"

组织机构实现合署并不代表职能上的真正衔接和融合。党中央在十八大以来再次重申合署要求，强调"一套工作机构、两个机关名称"的机制耦合，明确中央纪委实行纪律检查和行政监察的职能融合，这是对1993年中央提出的第二次合署思路的延续与落实。经过十多年的改革，虽然在机构名称、班子人马的整合上取得了显著成效，但是这些属于浅水领域的改革。现实中存在的监管"无人区""编外人"，使得违纪行为依然有"空子"可钻；合署办公的机械僵硬操作，使得破坏分子在纪法"结合地带"游走生存，等等。这些问题说明改革的逻辑有必要向深层次推进，应从治本上改善党内纪律监督。纪检监察机构在党的十八大以来的合署改革从抓落实着手，而合署办公的真正落实，仅靠"花架子"必定不行，还需要及时"调架子"。党中央率先从"行政监察"的框架上进行调整，将其扩展为"国家监察"，打破了过去在框架内原地绕圈改革的困境。改革仅靠"搭架子"远远不够，还需要从深化纪检和监察的职责融合上下功夫，实现纪律监督职能的力量整合、机制融合。由此，我们可以从三个问题的解答中更加清晰地把握十八大以来党的纪律建设创新的组织机构保障。

1. 为什么要实现纪律检查和行政监察的职能融合

这首先是因为二者有着不同的职能，分属党、政不同的监督领域。新中国成立以前，纪律监督机构是个职能集合体概念。虽然以"监察委员会"命名，却没有纪律检查和政务监察的职责之分，而是笼统地负责党内纪律监督的一切事宜。例如，代行中央监察委员会职责的中央党务委员会主要负责处理党籍和对党员的处分问题，并与省县监察委员会一起监察党章和决议的实行情况，检查违反党的路线及官僚腐化现象。① 对区一级的监察委员会，明文规定其职权不仅要查处违反党章党规的情况，还要负责审查党的各种机关账目以及监察党员破坏革命道德的行为。② 其既有对执行党内纪律规范的监督，也有对政务处理的监督，还有对道德领域的监督，可见，"监察委员会"在实际落地中成了综合性党内监督机关。例如，机关账目的审查显然已经属于政务查处内容，依据的不仅仅是纪律约束，而是需要有法律支撑。但是，由于法律是国家范围之内的概念范畴，在未取得国家政权之前，也就没有代表无产阶级意志的国法可言，故而党的监察机关的总依据就是带有法的性质的党内纪律规范。纪法自成一体，是此时进行党内监督的总依据，由此也奠定了监察机构依法监督公职人员的定性设置。党务和政务不分，党内纪律和党外纪律不分，纪律和法律、道德不分等，种种混淆也是由当时的客观条件决定的。

纪律检查和行政监察职能真正实现分化是在新中国成立以后。党中央在当时决定成立中央及各级纪律检查委员会，即设立党内纪律的专职监督机关。其任务与职权是检查党员违纪行为，受理审查党员及党组织的违纪处分，同时在党内加强纪律教育，以实现全党的统一与集中。③ 其最突出的变化在于两个方面：一是监督范围的变化，新成立的纪律检查机关集中负责党内纪律的监督与管理；二是任务上的变化，将党员纪律教育的任务明确纳入纪律检查委员会的职责范围。同时，新设立的人民监察委员会，属于中央人民政府政务院下面的职能部门，其职能是对政府机关和政府公务人员的履职情况、违法乱纪等行为进行监督检查，对有渎职、贪污、腐败、挪用公款等行为的公职人员进行严肃查处。④ 一个是专职党纪检查；一个是专职政纪监察。随着党纪政纪、党务政务的分开，纪律检查和行政监察的领域划分、职能分工也逐渐清晰。

---

① 中共中央纪律检查委员会. 中国共产党党风廉政建设文献选编：第8卷 [M]. 北京：中国方正出版社，2001：29.
② 中共中央纪律检查委员会. 中国共产党党风廉政建设文献选编：第8卷 [M]. 北京：中国方正出版社，2001：34.
③ 中共中央纪律检查委员会. 中国共产党党风廉政建设文献选编：第8卷 [M]. 北京：中国方正出版社，2001：44.
④ 中共中央文献研究室，中央档案馆. 建党以来重要文献选编：第26册 [M]. 北京：中央文献出版社，2011：753-755.

在党的十一大重设纪律检查委员会后，随着经济领域的违法乱纪现象增多，党中央强调各级纪律检查委员会应当成为领导经济领域斗争的强有力的办事机构①，并明确指出"由于十年内乱遗留下来的党风不正问题，不能不使党的纪律检查工作，从主要处理党员违犯组织纪律案件，发展到着重抓执政党的党风问题"②。可见，不同于以往集监督职权于中央监察委员会的做法，此时的中央纪律检查委员会反倒起到了综合性党内监督机关的作用，其增加了经济监督、党风教化等多领域的监督管理职责。但这种"双肩挑"也只是短暂的、过渡性的。党的十三大着手开展党政体制改革，单独设立政府监察部门，把党的纪律检查工作同政府的监察工作再次分离开来，并将二者的职能做了更为清晰的划分：明确纪律检查机关应更加集中精力维护党章，更加侧重维护党纪、端正党风的工作；明确监察机关应更加关注行政事务领域，更加侧重党员违反政务国法情况的监督；强调纪检和监察机关要把"党性教育同职业道德建设结合起来，把端正党风同纠正行业不正之风结合起来"。③不同于以往，这次分化是将监察职能从中央纪律检查委员会中剥离了出来。同时，党中央开始意识到监察部门与检查部门在职能覆盖范围上的交叉，即党员身份的公职人员，既要受党纪约束，又要遵从政纪。鉴于此，党中央认为，解决这一交叉重合问题的思路在于不仅要明晰监察职能与检查职能的职责边界，还应注重二者在执纪过程中的对接。

在纪律检查和行政监察所属职责、覆盖范围清晰明确的基础上，十八大以来的党中央不仅要解决二者职能上的对接问题，更要着力解决职能上的衔接融合问题。就纪律检查职能来说，正风肃纪反腐④仍然是主业、大业、要务，即加强党风教育、查办违纪案件、着力整治腐败仍然是党内纪律检查监督的主要任务。面对党风廉政建设和反腐败斗争形势依然严峻复杂的形势，加强党员遵守党章和其他党内法规的监督，加强对党的政治、组织、宣传、

---

① 中共中央纪律检查委员会.中国共产党党风廉政建设文献选编：第3卷[M].北京：中国方正出版社，2001：355.

② 中共中央纪律检查委员会.中国共产党党风廉政建设文献选编：第1卷[M].北京：中国方正出版社，2001：225.

③ 中共中央纪律检查委员会.中国共产党党风廉政建设文献选编：第1卷[M].北京：中国方正出版社，2001：298.

④ 中共中央文献研究室.十九大以来重要文献选编：上[M].北京：中央文献出版社，2019：59.

群众工作等纪律执行情况的督促与检查,可以说仍然是党的纪律检查机关的主要职责。① 具有时代特色与现实针对性的一点是,党中央要求纪律检查机关要把握政治问题和经济问题相互渗透的新问题,要认清拉帮结派、利益交换、对抗欺瞒组织背后所反映的政治性问题②,特别注重查办案件中的政治纪律问题。而就行政监察职能来说,最显著的变化就是大大扩展了监察覆盖范围。正如有学者指出,新修订的《国家监察法》在工作范围上既涵盖了对党员等公职人员的纪律监察,也包括了对所有公职人员的政务监察,还有对那些涉嫌构成职务犯罪的公职人员的刑事监察,尤其是对犯罪案件的调查实质上就是一种"司法行为"③。这一变化使有的学者认为,就机关性质而言,国家监察机关更多像是一种综合监督机关。④ 在分属党、政的不同领域中,纪律检查和监察工作在各自的清晰边界内,迈开了全面深化改革的步伐,走出了开拓创新之路。更为重要的是,在纪检和监察机构的合署实践中,党中央强调在纪法分开、党政分开的基础上要加强纪法衔接,坚持纪在法前,纪严于法,这些原则要求和理论创新为纪检机构和监察机构更好地履行各自职责划出了预留区、缓冲带,架起了连接桥、畅通路。

总的说来,不管是党内监督机构成立之初就已经明确的"为了巩固党的一致及权威"⑤的职责使命,还是经过分分合合、起起落落,都始终围绕查办纪律案件和加强纪律教育开展本职工作,抑或是要求充分发挥纪律检查和监督执行党的政治路线及其具体政策的职责,明确做好纪律保障的任务,其最终目标指向始终都在于维护党的统一与集中,以纪律检查监察带动纪律严明、党风好转,从而为加强党的领导提供坚实的保障。

2. 为什么由中央纪律检查委员会履行纪律检查和行政监察职能

党中央早在1983年就明确指出,合署是要实现一套工作机构、两个机关

---

① 中共中央文献研究室. 十八大以来重要文献选编:上 [M]. 北京:中央文献出版社,2014:123.
② 中共中央文献研究室. 十八大以来重要文献选编:下 [M]. 北京:中央文献出版社,2018:133.
③ 陈瑞华. 论国家监察权的性质 [J]. 比较法研究,2019 (1):1-15.
④ 李晓明. 从行政监察到国家监察及其学科原理的建构 [J]. 法治研究,2021 (1):60-68.
⑤ 中共中央纪律检查委员会. 中国共产党党风廉政建设文献选编:第1卷 [M]. 北京:中国方正出版社,2001:450.

名称的整合，合署办公后中央纪委履行纪律检查和行政监察两项职能。① 遵循此种思路，在中央纪律检查委员会和国家行政监察部的组织框架内进行调整，其结果在于：中央纪委一方面担负起纪律检查的专职责任，一方面将国家监察部的职能收归其下，合并履行行政监察职能。在党的十八大之初，我们确实也是在沿袭这一思路中推进中纪委和监察部的合署改革的。但是，这无论是从职阶隶属还是从党政关系上来看，都很容易引起以党代政等错误认识。

  我们主要从隶属关系上来分析这一错误认识产生的原因。中央纪律检查委员会的成立，最初是由中央政治局会议决定产生的。中央明确规定各级党的纪律检查委员会直接在各级党委的领导下开展工作，属于各级党委的职能部门，与党委宣传部、组织部位阶一样，对党委负责。② 党的十一大通过的党章，明确作出关于恢复设置党的纪律检查委员会的条款。随后，党的十一届三中全会选举产生以陈云为首的中央纪律检查委员会。十一届中央纪委一次全会后通过的《中共中央纪律检查委员会关于工作任务、职权范围、机构设置的规定》强调："中央纪律检查委员会在党中央领导下进行工作。应经常向党中央反映情况，报告工作。"③ 可见，无论职能有何变化，纪律检查委员会隶属于党委，对党负责这一属性是未曾变化的。而最初履行行政监察职能的人民监察委员会是由中央人民政府委员会决定成立，属于政务院的职能部门，接受政务院的领导。④ 其后设立的国家监察部，由全国人民代表大会选举产生，接受全国人民监督，在国务院的直属领导下负责政务领域的监察工作。⑤ 可见，将原本属于政府部门的监察职权统归到党委直属机关下管理，特别是在党政体制改革的大背景下，如果从表面来理解，就很容易给人们造成党政不分的混乱。

---

① 中共中央纪律检查委员会. 中国共产党党风廉政建设文献选编：第8卷［M］. 北京：中国方正出版社，2001：182.

② 中共中央纪律检查委员会. 中国共产党党风廉政建设文献选编：第8卷［M］. 北京：中国方正出版社，2001：47.

③ 中共中央纪律检查委员会. 中国共产党党风廉政建设文献选编：第8卷［M］. 北京：中国方正出版社，2001：81.

④ 中共中央文献研究室，中央档案馆. 建党以来重要文献选编：第26卷［M］. 北京：中央文献出版社，2011：753-755.

⑤ 中共中央纪律检查委员会. 中国共产党党风廉政建设文献选编：第8卷［M］. 北京：中国方正出版社，2001：243-244.

这确实是一种认识上的误区。一方面，中央纪律检查委员会兼负检查和监察职责，是在中央纪律检查委员会和国家监察部合署办公的基础上作出的职责说明，属于事后职责的界定，而不是事前职责的笼括，遵循的是从加强党内纪律监督任务出发整合相关机构职能的实践逻辑，而不是混淆党务和政务的集权逻辑。即党纪检查和行政监察在监督党员、党组织违反党纪、政纪、国法中存在工作上的交叉，中央纪律检查委员会履行的行政监察只是针对这部分党员党组织而言的。除去这部分交叉，对于非党员身份的公职人员的监督，依然属于政府的职责，即国家监察部门要负责。另一方面，党的十八大以来对党政关系的理论认识达到新高度，为打破这一党政关系的伪命题提供了有力武器。党政军民学，东西南北中，党是领导一切的。无论是党的纪律检查，还是政府的行政监察，其落脚点都归于党和国家的现代化建设，而加强党的集中统一领导是实现国家现代化的根本保障，党的纪律建设自然也应归由党委统一领导。可以说，中央纪律检查委员会履行纪检和监察职能正是党领导一切的具体彰显。同时，这也是党集中力量办大事的制度优势的彰显。体现在纪检工作上，这一制度优势就是建立一个牵头部门，将涉及纪律建设的各方力量统筹起来，合力开展正风肃纪反腐工作，从而为党和国家的事业发展提供坚实的组织力量支撑和纪律保障。

同时，中央纪律检查委员会集中负责党内纪律检查与行政监察的双重职责也是有历史先例的。从党的十一大决定重设纪律检查委员会到党的十三大重新恢复国家监察部的十几年时间里，党经历了中央纪律检查委员会肩负纪律检查和监察双重任务的实践尝试。为了维护党规党法，搞好党风，中央、省、县各级党委会及地委都要求设立纪律检查委员会，国务院部、委、局以及县团级以上的大专院校、大中型企业、事业单位等，都要求建立纪律检查机构。[①] 同时，将原来分散在中央组织部、国家司法机关中的相关职能整合到中央纪律检查委员会，成立对外经济纪律检查委员会[②]、在金融系统入驻纪律

[①] 中共中央纪律检查委员会. 中国共产党党风廉政建设文献选编：第8卷 [M]. 北京：中国方正出版社，2001：85-86.

[②] 中共中央纪律检查委员会. 中国共产党党风廉政建设文献选编：第8卷 [M]. 北京：中国方正出版社，2001：93-94.

检查组①等。其一方面开展对历史遗留案件的审查，开展对违反保密纪律、人事纪律以及外贸经济犯罪等案件的检查；另一方面开展端正党风、加强职业道德②和党纪教育等工作，同时加强与其他部门联合执纪执法的合力。例如，在1983年前后，中央纪律检查委员会与林业部党组联合下发《关于制止乱砍滥伐森林歪风的情况报告》，与国务院联合下发《关于制止乱涨生产资料价格和向建设单位乱摊派费用的紧急通知》《关于坚决制止农业生产资料供应中违法乱纪活动的通知》，以及中央纪律检查委员会单独下发的《关于彻底查禁传播淫秽录像图书制造淫乱活动的通知》，等等。可以看出，这一时期中央纪律检查委员会囊括了党纪和政纪领域方方面面的事务，兼任多路角色，管辖范围很广，权限很大，但这很容易使其陷入具体性事务中，在纪律建设方面出现以党代政、党政不分的问题。

中国共产党是善于反思和学习的党。党的十八大以来，由中央纪律检查委员会肩负纪检和监察双重职责，必定不是要恢复建立过去事务性堆压的办事机构，而是要开展以党的纪律建设为统领的宏观规划与具体落实工作；必定不是过去以纪检机构统抓一切、事无巨细的一把抓，而是要实现党政分开基础上的联合办公。1993年以来，特别是十八大以来，党一直坚持的是纪检和监察分属不同领域，二者是在有明确界限基础上的联合与衔接。党政分开是明确的原则，这一点未曾改变过。所以，中央及地方各级纪律检查委员会在整合纪检力量时，加入行政监察职能，并不意味着取消了行政方面的监察，而是在二者交叉职能中建立了联系联合，构建了沟通渠道，便于对党员党组纪律监督工作开展调查。党中央在十八大以来明确指出，纪律检查机关是党内监督的专责机构③，而中央纪律检查委员会这一机构不是党内监督的专责机构，这说明中纪委如果不只负责纪律检查而是加上监察职能的话，就不单是党内纪律的专职监督机关了。这显然与机构的设立宗旨、职责权限等事实是不符合的。这些问题确实会造成认识上的错位。因此，为纪律检查和监察工

---

① 中共中央纪律检查委员会．中国共产党党风廉政建设文献选编：第8卷［M］．北京：中国方正出版社，2001：137．

② 中共中央纪律检查委员会．中国共产党党风廉政建设文献选编：第5卷［M］．北京：中国方正出版社，2001：778．

③ 中共中央文献研究室．十八大以来重要文献选编：中［M］．北京：中央文献出版社，2016：337．

作合署正名，明确其隶属机构，着手进行体制机制上的改革就显得尤为迫切了。

3. 为什么国家监察体制改革与党的纪律建设创新相关

党中央在十八大以来既把深化纪律检查委员会的体制机制改革作为重点，又把深化国家监察体制改革作为事关全局的重大政治体制改革。在纪律检查方面的改革中，党的十八届三中全会在作出全面深化改革的决定中，强调要推动党的纪律检查工作垂直化领导体制改革落实落细落到位，切实实现纪检工作的双重领导，特别是上级纪委对下级纪委的领导。① 可以说，这一改革正是为了解决以往纪律检查机关在开展具体检查工作时，掣肘于党委的尴尬境遇，首先实现了对纪律检查组织机构及其职责隶属上的"名正言顺"，为其更好地发挥党内监督专门机关的作用提供了体制机制上的保障。从历史延续来看，纪律检查工作隶属于党委，对党委负责，这一定性设置是无可厚非的，但是，由于纪律检查遵循着法理逻辑，其行使的监督职权具有客观公正的内在要求，因而，在具体实践层面，纪律检查工作需要有自身独立的运行空间。同时，现实中显露出的纪律检查工作面临的诸多困境，也使得改革变得较为迫切。例如，党章中明确规定各级纪委在执行立案检查时，需要先报告同级党委后才能报告上级纪委②。如果不上报同级党委，或者受到同级党委的牵制，纪检工作便会难以进行下去，党内监督作用便难以有效发挥。这也成为纪律检查领导体制备受诟病的根结所在。党在十八大以来精准把脉，找准问题突破口，一方面，坚持原则不丢，强调纪律检查机关要协助党委开展反腐工作，切实担负起党内监督责任；另一方面，保障运行空间，强调在查办案件中各级纪委应以上级纪委领导为主，必须向同级党委和上级纪委同时报告，二者没有先后顺序之分，也无须经过同级党委同意后才能上报。这就有效化解了纪委与同级党委的工作关系、监督运行机制不顺畅等弊端，使得纪检工作更能"放开手脚"。而且，上级纪委的及时介入，使得权力制衡有了"多重保障"，既能有效防止同级党委的过多干预，也能有效防止下级纪委"灯下黑"等不良现象的发生。

在监察方面的改革中，党中央将原来的行政监察部门调整为国家监察机

---

① 中共中央文献研究室. 十八大以来重要文献选编：上 [M]. 北京：中央文献出版社，2014：532.
② 中国民族语文翻译局. 中国共产党章程 [M]. 北京：人民出版社，2012：58.

关,成立国家、省、市、县监察委员会,将《行政监察法》修改为《国家监察法》等,监察领域的种种改革力度之大,前所未有,成为十八大以来党的纪律建设领域的一大创新点。党中央将监察体制改革作为推动纪检监察工作改革的主方向,这是因为监察改革与党的纪律建设密切相关。纪律检查机关执行与管理的依据是党的纪律,而监察机关依据的是政纪和法律。从理论上来说,党纪不同于政纪和法律,但问题的关键在于实践中对党员党组织的纪律监督和执行,是由多家机关共同完成的,因为党员党组织不只会违反党纪,还会违反政纪,或是触犯法律。党纪法规明确规定,违反法律的行为必然违反党纪,并规定了相应的纪律处分。在实践领域,我们不是依据执行标准来判断是否属于党的纪律建设实践,而是依据党员、党组织这一主体来讨论党的纪律建设实践。也就是说,落实到实践层面,我们的重点是党的纪律执行,而不只是党的纪律规定。凡是对党员纪律行为起到监督约束作用的执行机构,都属于纪律建设实践领域的考察范围。因此,纪律检查和监察机构职能的发挥事实上直接关乎党的纪律建设。

围绕党的纪律建设实践,纪律检查是对党员党组织的监督,而监察机关虽然只对部分党员干部进行监督,也就是对具有公职身份和性质的党员干部进行监督,而且是对其在政务中的违纪、违法行为进行处理,但其也是兼具监督管理党员干部的职能。从此种意义上说,党的纪律建设实践对纪律检查职能和监察职能的探讨必不可少。在实现中纪委和监察部合署办公的改革实践中,由中纪委肩负纪检和监察两项职责的过程中,在对党员身份的公职人员的党内纪检和政府监察双重监督后,其剩下的就是对非党员部分的公职人员的监督。对这部分人的监督就属于监察部门的职责,而不属于中纪委监督的覆盖范围。但这部分人执行政纪、遵守国法的情况,同样关乎党和国家事业的发展,同样需要接受党的领导。可见,对监察机关的改革同样是关乎党的建设、党的事业发展的重大举措。

从行政监察部到国家监察委员会,将原本隶属于政府的监督职责提升到国家层面,就能很好地化解中纪委和监察部在合署中引发的职阶不匹配、党政不分的误解。改革开放后重新恢复设立的国家监察部,一直延续到党的十八大的召开。国家监察部的职责是对"国家行政机关及其公务员和国家行政机关任命的其他人员"① 行使监察职权的政府机关,其遵从的执行依据是《中华人民共和国行政监察法》。党中央在十八大以后设立国家监察委员会,制定《国家监察法》,规定"各级监察委员会是行使国家监察职能的专责机关",探索建立省、市、县监察委员会,整合行政监察、预防腐败和检察机关查处贪污贿赂、失职渎职及预防职务犯罪等力量,赋予监察委员会以监督、调查、处置职责和谈话、讯问、搜查、留置等调查权限。② 可见,国家监察委员会已经不仅局限于政府职责范围内的监察,而是一个集各方监察力量于一体的综合性监察机构。在此基础上实现中央纪律检查委员会与国家监察委员会的合署,相当于把党内监督与国家机关监督、民主监督、司法监督等多方力量集合起来,而不仅仅是把党内自我监督和政府对公职人员监督两种力量结合起来。在集合的过程中,既可以通过国家监察委员会的力量,开展对党员违反党纪、国法等行为的检查和监察,又可以加强对全部公职人员违反政纪、国法等行为的监察,提升在行使公共权力的过程中贯彻执行党的主张的力度,将党的主张更好地上升为国家意志。

同时,国家监察委员会的整合性、黏合性,有助于推进纪检监察工作的深度融合、体制机制的高度耦合,从而将中纪委和监察部的合署办公要求真正落实落地,更好地解决合署中出现的重纪检建设轻监察建设的不良倾向。如果不将监察部门提升到国家层面,可能会导致中纪委在集中履行纪律检查和监察职责的过程中,出现党内监督功能强化但党外监督弱化的问题,即可能会出现监察机关弱化对非党员及其他公职人员的监察职责,进而引发对党员身份的公职人员的监督标准随之降低或者执行松懈的情况,最终影响党纪的执行与监督。从此种角度出发,我们也可以看到监察机关的改革之于党的纪律建设的重要意义。建立国家监察委员会,整合纪检、监察、司法等多方力量,最终是要建立由党委统一领导的国家反腐败机构,从而形成反腐败的合力。从此种任务出发,共同依托纪检、拓展监察、衔接司法,通过"整合规范监督执纪问责和监察调查处置的法规制度,完善监察调查与刑事司法衔接机制,推动形成与审判机关、检察机关、执法部门相互配合、相互制约的

---

① 李晓明. 从行政监察到国家监察及其学科原理的建构[J]. 法治研究,2021(1):60-68.
② 中共中央文献研究室. 十九大以来重要文献选编:上[M]. 北京:中央文献出版社,2019:70.

体制机制"①,有效打破了纪检、监察的党政界限,解决了纪法衔接的问题,破除了融合难、执行难的壁垒,为党在十八大以来将反腐倡廉建设推进到新高度、将党的纪律建设摆在更加突出的位置做了体制机制上的准备。

(三)建设一支"忠诚、干净、担当"的纪检监察"铁军"

经历了纪法分开,再到纪法衔接、纪法融合的改革举措,纪检监察干部的职责也变得清晰起来,同时也越发艰巨起来。党在十八大以来新修订的《纪律处分条例》《中国共产党党内监督条例》等党纪法规,为纪律检查工作提供了执纪遵循,而新修订的《国家监察法》等法规,为监察工作提供了执法遵循。条理清晰的纪法规定、分工明确的机构改革,为纪检监察工作人员着实减负不少,着实解决了过去因外部机制体制不畅引起的内部功效弱化等问题。但是,人员队伍数量不足、能力不强,尤其是贯彻落实纪法衔接的能力弱、严格执纪的生态环境不良好、对一线执纪执法人员关怀度不够等内外部问题,使得纪检工作依然任重道远,同时也对纪检队伍、干部提出了更高、更严的要求。

1. 打铁还需自身硬,着力建设一支忠诚、干净、担当的纪检监察干部队伍。② 纪律面前人人平等,监督绝无法外之地。纪检监察机关作为监督机关,更应主动接受监督,执纪执法人员作为公职人员,更应自觉遵纪守法,首先做好遵守纪律的楷模③。如何破解纪检监察队伍的自我监督难题,打造一支全党信任、人民信赖的铁军④,需要回应时代问题,作出与时俱进的回答。早在1993年实行第二次合署办公的实践中,党就已经深刻认识到纪检干部的特殊地位及身份,强调"纪检监察干部处于反腐败斗争最前沿,往往是不法分子拉拢腐蚀的对象"⑤,因而纪检队伍建设的好坏直接关乎党的反腐败大局。堡

---

① 中共中央文献研究室.十九大以来重要文献选编:上[M].北京:中央文献出版社,2019:789-790.

② 中共中央纪律检查委员会,中共中央文献研究室.习近平关于严明党的纪律和规矩论述摘编[M].北京:中央文献出版社,2016:124.

③ 中共中央文献研究室.十八大以来重要文献选编:中[M].北京:中央文献出版社,2016:769.

④ 中共中央文献研究室.十八大以来重要文献选编:中[M].北京:中央文献出版社,2016:346.

⑤ 中共中央纪律检查委员会.中国共产党党风廉政建设文献选编:第4卷[M].北京:中国方正出版社,2001:506.

垒最容易从内部突破,守好维护党纪的坚强阵地,防止突破防线,需要强化队伍纪律要求。

党对纪检监察队伍的要求,也有着认识上的不断深化。在改革开放的背景下重设纪检监察机关后,面对审查历史遗留案件、重塑党内风气的艰巨任务,党需要投入大量的人力、物力和精力。为了解决人员数量不足、素质不高的问题,选拔干部、扩充队伍成为党的纪律建设的首要任务。落实到具体层面,即首先要把纪检监察干部选好、用好。陈云在中纪委成立后的第一次全体会议上明确提出纪检工作干部应该是有坚强党性、一股正气的人,应该是敢于坚持原则、同各种不正之风及违法乱纪行为做斗争的人,而不应该是在原则问题上"和稀泥",做和事佬、老好人的人。① 针对纪检队伍组织不纯的问题,他更是列出了"三种人"的负面清单,强调要将这三种人开除出党。② 其次是要把纪检监察干部培养好。党通过开展"学先进、比先进、超先进"等活动,通过树立纪检工作中的先进典型,形成示范带动效应,提高纪检队伍的整体素质。③ 同时,党中央多次强调纪检干部应具有的专业态度和敬业精神。早在1989年加强党的纪律检查工作会议中,党就曾表明过这样的态度:"执纪办案如果说得罪人的话,我们得罪的是极少数人,维护的是党和国家的利益,赢得的是广大党内外干部、群众的信任和支持。"④ 正是在这样的理念与要求下,党在十六大以来强调纪检监察干部要继续"做党的忠诚卫士、当群众的贴心人",提出"清正廉洁、敢于碰硬、刚直不阿"的纪律要求。⑤

党的十八大以来,纪检监察干部作为党的忠诚卫士,始终牢记习近平总书记学会算政治账、民心账、长远账的政治嘱托,始终秉持着宁肯"得罪千百人,不负十三亿"的决心和担当,在正风肃纪、反腐惩恶斗争中取得了突

---

① 中共中央纪律检查委员会.中国共产党党风廉政建设文献选编:第8卷[M].北京:中国方正出版社,2001:72-73.

② 中共中央纪律检查委员会.中国共产党党风廉政建设文献选编:第8卷[M].北京:中国方正出版社,2001:115.

③ 中共中央纪律检查委员会.中国共产党党风廉政建设文献选编:第8卷[M].北京:中国方正出版社,2001:170.

④ 中共中央纪律检查委员会.中国共产党党风廉政建设文献选编:第4卷[M].北京:中国方正出版社,2001:276.

⑤ 中共中央文献研究室.十八大以来重要文献选编:中[M].北京:中央文献出版社,2016:346.

出成绩，赢得了党和人民群众的信任。但是，信任不能代替监督，只有更严的监督，才是对纪检监察队伍的关爱，也才能赢得更多的信任。因而，纪检监察干部要主动接受人民群众监督，勇于自我革命；纪检监察队伍建设要从严从实抓，严防出现"灯下黑"，始终用铁的纪律打造全党信任、人民信赖的干部队伍。① 同时，在新时代，纪检监察干部更应继续发扬斗争精神，坚守党性原则，敢于为党和人民的利益唱"黑脸"、当"包公"，决不消极懈怠、回避矛盾、做"老好人"②，从而展现新时代纪检监察工作的时代风气和面貌。

2. 维护党的集中统一，着重在提高纪检监察队伍的政治站位和工作能力上下功夫。习近平总书记形象地将纪检机关比作"纪律部队"③。纪检监察队伍作为"纪律战士"，干的就是"监督的活、得罪人的活"④，必须是政治觉悟高和专业能力强的结合，因而加强纪检监察队伍的政治纪律建设和能力建设是提升队伍整体素质的关键。早在1955年中央纪律检查委员会在总结新中国成立以来的纪检工作经验中，就对政治思想问题和能力问题的辩证关系进行过说明，认为只有紧紧围绕党的总路线和中心任务，党的纪检工作才能有明确的目标，不致忽视政治思想问题；同时也指出，如果认为纪检工作只要资格老、政治上没问题，不一定有能力，这种错误思想必然会降低纪检工作水平。⑤ 正确的做法是始终把握住思想政治和能力水平这两大方面，提升纪检队伍的发展。

党中央在十八大以来明确提出各级纪检机关要把维护政治纪律放在首位⑥，这是适应党的建设总体布局的重要举措，也标示着新时代纪检监察工作的执纪方向。在严格审查党员和公职人员遵守政治纪律的过程中，党始终注

---

① 中共中央文献研究室. 十八大以来重要文献选编：中 [M]. 北京：中央文献出版社，2016：346.
② 中共中央文献研究室. 十九大以来重要文献选编：上 [M]. 北京：中央文献出版社，2019：219.
③ 中共中央文献研究室. 十九大以来重要文献选编：上 [M]. 北京：中央文献出版社，2019：512.
④ 中共中央文献研究室. 十九大以来重要文献选编：上 [M]. 北京：中央文献出版社，2019：512.
⑤ 中共中央纪律检查委员会. 中国共产党党风廉政建设文献选编：第4卷 [M]. 北京：中国方正出版社，2001：75.
⑥ 中共中央文献研究室. 十八大以来重要文献选编：上 [M]. 北京：中央文献出版社，2014：123.

重提升纪检监察队伍的政治站位和政治素养,重点加强其对中央大政方针和国务院重大决策部署落实情况的监督检查①,明确提出对于"不能严格遵守党的政治纪律和政治规矩,不能坚决执行党的基本路线和各项方针政策,不能在思想上政治上行动上同党中央保持高度一致"②的情况,纪检监察队伍要及时发现、及时予以审查调整的要求。同时,党提出要提升纪检监察工作的政治关口、政治标杆,以此来提高执纪队伍的政治站位,从而推动全党干部坚决做到"两个维护",坚持"五个必须",杜绝"七个有之"③。这种以纪检监察倒逼反促、正向互促政治纪律贯彻落实的微循环,是十八大以来党在强化辩证思维、科学方法基础上的创新之举。在具体的工作能力提升上,纪检监察工作人员更是需要辩证思维和科学方法的指导。随着纪检监察体制机制的改革,特别是在纪检监察合署办公中,党中央提出了纪法衔接、纪法贯通的新要求,纪检监察干部本领恐慌的问题会更加凸显。执纪、执法虽然各自有明确的标准,但在衔接处考验着干部适用纪律条例和法律条文的能力。即纪检干部既要明纪,更要懂法。因此,纪检干部认真学习党章党规和宪法法律,增强专业知识储备和学习实践能力,就尤为迫切了。

二、"纪律教育":注重纪律教育内容形式及其实效

纪律建设具有标本兼治的利器作用。④ 纪律"治本"作用的发挥离不开教育的传播和文化的濡染。有学者指出,纪律建设是立纪、执纪、普纪三者的有机统一。其中,普纪就是指纪律教育。构建党员和党组织广泛传播纪律体系,实现人人学纪、知纪、懂纪是党的纪律建设的基点,也是党员和党组织主动认知纪律建设、积极践行纪律行为的要求。⑤ 通过纪律教育,在党内形成崇尚纪律、自觉遵守纪律的良好氛围和党内风气,筑起纪律文化的氤氲之

---

① 中共中央文献研究室. 十八大以来重要文献选编:上[M]. 北京:中央文献出版社,2014:275.
② 中共中央文献研究室. 十八大以来重要文献选编:中[M]. 北京:中央文献出版社,2016:619.
③ 中共中央文献研究室. 十九大以来重要文献选编:上[M]. 北京:中央文献出版社,2019:804.
④ 中共中央文献研究室. 十九大以来重要文献选编:上[M]. 北京:中央文献出版社,2019:584.
⑤ 赵慧礼. 新时代党的纪律建设:问题症候、成因分析、实践进路:以运行机理为视域[J]. 理论导刊,2020(12):36-44.

气,以此滋养中国共产党人的初心和使命,形成持久不息的内在激励和源源不断的内在动力。

(一)贯穿以党章为主要内容的党纪教育

学习贯彻党章是党内教育的一贯抓手。从历史维度来看,党章、党规和党纪属于不同的范畴对象。例如,党中央在1979年提出中央纪律检查委员会应该向党员进行党章和党的纪律教育①。在庆祝中国共产党成立八十五周年的总结大会上,党中央明确指出要激励广大党员自觉遵守党章和党规党纪②。党的十八大以来也多次强调开展党章党纪的教育。这种分开并列的表述,标示着党章的重要历史地位。从党内法规体系来看,党章属于党内法规体系的主干内容,而党纪教育主要是对党内法规体系开展普及教育,目的是树立党章意识、纪律意识、规矩意识。从此种关联上来看,党章必然是党纪教育的主要内容。同时,从现实维度来看,针对长期以来党内存在的对党章重视不够、党章意识淡薄、党章教育滞后等现实情况,习近平总书记在党的十八大以来重申强调:"认真学习党章、严格遵守党章,是加强党的建设的一项基础性经常性工作。"③ 随后,他还特别指出:"尊崇党章是最根本、最重要的政治纪律。"④ 这一论述将党章与政治纪律挂钩,意味着学习党章不仅是加强党的建设的重要教育内容,更是加强党的纪律建设的重要教育内容。要想将这一政治纪律贯彻落实到位,严明党内纪律,必须把加强党章的学习教育置于关乎党的纪律建设的重要位置。随着对教育规律认识的深化,党在十八大以来落实党章的教育中,更加注重教育的过程论、系统学,更加注重步骤分解,全程贯穿,整体效果。

一是在教育引导阶段,学习党章。纪律教育的引导功能发轫于纪律行为萌生之端,属于一种提前介入教育。党内纪律教育的目标指向始终在于"教育党员和干部严格按照党章和准则办事,明确该做什么,不应该做什么,从

---

① 中共中央纪律检查委员会. 中国共产党党风廉政建设文献选编:第8卷 [M]. 北京:中国方正出版社,2001:81.
② 中共中央文献研究室. 十六大以来重要文献选编:下 [M]. 北京:中央文献出版社,2008:530.
③ 习近平. 认真学习党章 严格遵守党章 [J]. 求是,2012(23):9-10.
④ 中共中央文献研究室. 十九大以来重要文献选编:上 [M]. 北京:中央文献出版社,2019:197.

而端正党风,保证党的路线、方针、政策的贯彻执行"。① 但具体以什么样的内容开展教育,每个时期却有所侧重。党中央在十八大以来明确要求广大党员干部要学习党章规定的八项义务、六项基本条件、六大纪律的基本要求,明确指出教育的目的是使党员做到"党章规定的就必须不折不扣执行,党章禁止的就必须坚决查处和纠正"②,要使他们不仅明确自己该做什么、不该做什么,同时明确能做什么、不能做什么。这是十八大以来党章教育的重要思路转变。从"该做"到"能做",反映了党章教育重在启发党员主动求变,激发党员主动学习的思想自觉。党章不仅规定了党员的"纪",还规定了理想信念宗旨也是中国共产党人的"德",所以学习党章是践行依规治党和以德治党的统一③。开展以党章为主要内容的学习教育,既是对党员的党纪教育实践,也是党性修养教育的实践,更是党风教育的重要抓手。学习党章,将党内纪律教育和党性党风党纪的党内教育衔接了起来。对党章了然于胸,以此明确言行规范,明确权责义务,是十八大以来对党员日常学习党章和党内法规的基本要求。

二是在教育说服阶段,对标党章。纪律教育的说服功能常运用于与违纪行为的倾向性、苗头性问题做斗争的过程中,属于一种事中介入教育。党纪党规不只是停留在学的阶段,学的目的在于致用。以党章为镜,要求广大党员干部时常用党章中规定的纪律要求对标行为,摆问题、找差距,最终目标导向在于解决问题,实现自我革命,与错误思想开展激烈的思想斗争。马克思主义的基本观点表明,只有理论彻底,才能说服人。开展纪律教育,必须有彻底的理论,而党章就是我们战胜错误思想和行为的彻底理论武器。同时,对于党员既成违纪事实的行为,党早已强调过,不搞不教而诛。从本源上来说,党员所犯错误属于党内矛盾,而对党内矛盾的解决,"要以党章为根本规则"④。根据六项纪律要求划定的负面清单、对标行为,及时给予有违纪倾向

---

① 中共中央纪律检查委员会. 中国共产党党风廉政建设文献选编:第4卷[M]. 中国方正出版社, 2001:203.
② 中共中央文献研究室. 十八大以来重要文献选编:上[M]. 北京:中央文献出版社, 2014:123.
③ 中共中央文献研究室. 十九大以来重要文献选编:上[M]. 北京:中央文献出版社, 2019:77.
④ 习近平. 认真学习党章 严格遵守党章[J]. 求是, 2012(23):9-10.

的行为以教育，唤醒其内在的党章意识、党纪意识、规矩意识和组织意识①。实践表明，党员违反纪律的发生机制往往与党章意识淡薄有关，目无条文法纪、心无道德律令，表现在行为上，必然是恣意妄为，无所顾忌。通过说服教育，激发教育引导阶段已经培育起来的党章意识，用党章砥砺初心，校正方向，才能构筑纪律教育的长效机制。

　　三是在教育惩戒阶段，回归党章。纪律教育也应在违纪失范行为的惩戒过程中发挥作用，进行事后介入教育。在执纪审查中，我们要求审查对象学习党章，重温入党誓词，对照入党志愿书，从灵魂深处剖析自己的违纪行为，唤醒"激情燃烧岁月"的记忆②；对于形成违纪事实的犯错误的同志，更是要用党章党纪教育感化，用理想信念宗旨启发其觉悟，使其认识所犯错误，重回正轨。③ 这些举措体现了对违纪分子的严管与厚爱，也彰显了纪律教育的感化作用和温度，而非惩戒的目的。可以说，实施惩戒机制也是一种教育机制，二者具有内在一致性。法国哲学家、社会学家福柯认为，惩罚更像是一种政治策略，不仅有"镇压"效应和"惩罚"方面，还可能产生一系列的积极效应。④ 在纪律惩戒中使用党章教育作为惩罚手段，可谓找到了教育和惩戒相互作用的契合点。通过党章学习教育，违纪分子不仅知其然，而且知其所以然，能够更深刻地认识到错误根源，树立起负面警戒意识，从而实现了纪律教育和纪律惩戒的有机结合。

　　党在十八大以来，将党章贯穿于纪律教育的整个阶段，构成完整的教育闭合体系，切实实现了尊崇党章、执行党章的落实落地落细。当然，除了党章，以其为衍生的、日渐完善的党内法规体系也属于党员干部纪律教育的主要内容，同时，以马克思主义中国化最新理论成果的教育内容，党的基本知识、基本理论、基本路线的教育内容，也属于党内纪律教育的重要内容。特别是党中央在十八大以来明确提出要加强各级领导干部严守政治纪律、自觉

---

① 中共中央文献研究室. 十八大以来重要文献选编：中［M］. 北京：中央文献出版社，2016：769.
② 中共中央文献研究室. 十八大以来重要文献选编：下［M］. 北京：中央文献出版社，2018：143.
③ 中共中央文献研究室. 十九大以来重要文献选编：上［M］. 北京：中央文献出版社，2019：67.
④ 福柯. 规训与惩罚［M］. 刘北成，杨远婴，译. 北京：三联书店，2019：24.

维护中央权威的教育，加强民主集中制的教育培训①，学习政治纪律、组织纪律在内的六项纪律及其要求更是党内纪律教育的重中之重。为了不至研究对象的泛化，本文只探讨党章这一主体内容的教育。

（二）纪律教育"经常化、制度化、规范化"

党内纪律教育不同于党内教育。如果就学习党纪规章内容、明确纪律要求来看，纪律教育只是党内教育的一部分。但如果就培养纪律意识和纪律精神来看，纪律教育应从广义上来理解，所有有助于提升党员遵纪守法的教育活动都可视为是党纪教育。无论从狭义上还是广义上来理解，党内主题教育活动是党的纪律教育的重要载体，将纪律教育作为党内教育的主要内容，是题中应有之义。就党纪教育实施主体来看，各级党委对纪律教育负主体责任，纪检监察机关也是党内纪律教育的监督机关，党委组织部门、宣传部门以及政府职能部门对纪律教育宣传也有相关责任。因此，无论是党委牵头还是专兼职纪律监督部门的纪律教育活动都属于纪律教育的实践作为。

1.党纪教育经常化。十八大以来，党中央开展经常化党纪教育活动，始终将其纳入全面从严治党的党内教育共同规划之中，这是对党的历史上开展经常性思想教育优良传统的发扬与继承。党在1929年就已经认识到，只有"经常的教育与组织上的制裁，党员的行动才能得以约束，有了错误才能得以纠正"②。在1953年总结纪律检查工作时，党中央指出必须在党内经常地进行纪律教育。1983年，党中央明确作出计划，指出要用集中轮训和经常性教育相结合的办法，对所有党员进行一次新党章的教育。③ 党的十六大更是将经常性教育视为党的建设的一项基础性工作。

在宏观层面上，党中央在十八大以来先后开展了群众路线教育实践活动、"三严三实"专题教育、"两学一做"学习教育以及"不忘初心、牢记使命"主题教育等，对党性党风党纪多方面教育作出了明确要求；在中观层面上，中央及国家各个职能部门、公职人员开展学习贯彻落实党的十八大以来历次

---

① 中共中央纪律检查委员会，中共中央文献研究室．习近平关于严明党的纪律和规矩论述摘编［M］．北京：中央文献出版社，2016：97.
② 中共中央纪律检查委员会．中国共产党党风廉政建设文献选编：第3卷［M］．北京：中国方正出版社，2001：37.
③ 中共中央纪律检查委员会．中国共产党党风廉政建设文献选编：第5卷［M］．北京：中国方正出版社，2001：344.

会议精神，落实学习习近平新时代中国特色社会主义思想，贯彻落实习近平总书记关于党的纪律建设的重要讲话精神等；在微观层面上，基层团体或个体开展的贯彻落实中央精神、上级纪律精神及要求的学习教育活动等，这些立体丰富的党内教育活动既有对六大纪律主题内容的呼应，也有对党内法规体系的总体学习，其内蕴着党纪教育的关涉。例如，群众路线教育实践活动对应强化了群众纪律、廉洁纪律等方面的教育，为民务实清廉的要求深刻地阐述了群众纪律的内涵要求，二者共同致力于确保党员干部以人民为中心价值理念的培育；八项规定的严格要求内化为廉洁纪律、工作纪律的主要方面，标示着抓作风、立规矩的纪律红线。再如，"三严三实"专题教育对应强化了生活纪律、工作纪律等方面的教育，"严"和"实"既是对党员个人生活道德方面的约束，也是对工作态度的一种要求，彰显着从严从实治党的纪律遵循。"不忘初心、牢记使命"的主题教育，与政治纪律的教育同频共振，产生共鸣，同向发力。当然，片面地将每次教育活动与纪律要求相对应是一种机械的做法，因为这样忽视了纪律精神的共通性和党内教育的思想性。从思想的传递性来看，只有融入党内教育系统，纪律教育才能实现经常化、常态化发展，也才能达到党内教育的双重效果。

2. 党纪教育制度化。这一方面是指把党纪教育的客体，也即纪律条文规范制度化、体系化；另一方面是指把党纪教育的实践活动纳入党的教育体系中、党的建设体系中，形成制度化规定。这反映了党在十八大以来对教育和制度的关系认识的进一步深化。习近平总书记指出，从严治党既要靠纪律，也要靠制度。二者应该是同向发力、同时发力。党纪教育本质上也是一种思想教育。关于思想教育与制度的辩证关系，党中央早在1991年就明确指出，党风和廉政建设要在治本上下功夫，既要重视思想教育，又要加强制度建设，二者是辩证统一的。过分强调某一方面而忽视另一方面，都达不到预期目的。思想教育离开法规制度的约束和保证作用，法规制度离开思想教育、离开人们的觉悟作基础，就不能发挥应有的作用。① 党的十六大强调教育在反腐败斗争中处于基础性地位，主张建立健全教育、制度、监督并重的惩治和预防腐败体系。党在十八大以来更是将思想教育的基础性地位，通过制度的治本作

---

① 中共中央纪律检查委员会. 中国共产党党风廉政建设文献选编：第4卷[M]. 北京：中国方正出版社，2001：310.

用发挥出来，实现教育与制度在纪律建设方面的有机融合。例如，将"不忘初心、牢记使命"主题教育制度化，便是使党纪教育走向制度化的有益尝试。但是，党纪教育制度化的落实度仍然有待提高，关于纪律教育的体制机制有待进一步深入探索，而这也是党在十八大以来对纪律教育方面进行接续创新的主攻方向。例如，探索建立党纪教育的反馈机制，即如何对融合在党内教育中的党纪教育进行评析，对党内纪律教育落实情况进行评估；探索建立党纪教育的迁移机制，即如何以党纪教育带动党外纪律、社会纪律的教育，从制度上厘清党纪教育和其他领域的纪律教育之间的关系，这也是尤为重要的事情。

3. 党纪教育规范化。党纪教育做到经常化、制度化必然会形成规范化的运行模式和机理。将纪律教育贯穿于违纪事实发生前、执行纪律过程中以及给予惩罚处分之后，形成规范完善、步步衔接的过程链、联动链，这使得纪律教育和纪律监督、纪律教育和纪律处分之间的关系更加衔接顺畅、职能配合得更加紧密。建党之初，教育是对待党内违纪行为发生后的第一步骤，纪律教育更多的是被当作负面案件暴露的训诫方式、统一纪律认识的应急方式。例如，对于张国焘、项英等人暴露出来的违纪事实，党中央强调要在全党加强纪律教育，只有这样才能统一纪律，保证革命胜利①。在解放战争胜利前夕，为避免在进城时发生破坏纪律的现象，要求进行公开的全体的纪律教育。② 以此为基点，随着纪检机关的建立与队伍的完善，新中国成立后纪律教育的职能得以单独分化出来，并被提到与审查处理案件同等重要的地位。这一时期的显著特点是将教育关口前移至违纪行为发生前，与党内宣传工作结合起来，与宣传部门、组织部门联合起来，这就为在党内开展经常性的纪律教育提供了体制机制上的保障，大大提升了党员干部的纪律意识。党反对"教育万能论""教育为主论"等片面认识，强调执行党的纪律和开展党的教育并不矛盾，不仅要进行纪律教育，还要注重纪律处分；不仅要专职对党员进行经常性的纪律教育，还必须在审查案件中向犯错误的党员同志进行必要

---

① 中共中央纪律检查委员会. 中国共产党党风廉政建设文献选编：第3卷 [M]. 北京：中国方正出版社, 2001: 78.
② 中共中央纪律检查委员会. 中国共产党党风廉政建设文献选编：第5卷 [M]. 北京：中国方正出版社, 2001: 95.

的教育。① 这就将纪律教育推后至违纪行为审查和纪律处分的过程中，贯穿于纪律工作的全过程，将纪律"惩前毖后、治病救人"的原则最大化落实，也为接续探索纪律教育的制度化、系统化奠定了基础。

改革开放以来，党不仅在纪律教育和纪律处分的职能区分与融合上下功夫，更加着力在纪律教育的联合机制上下功夫，将纪律教育与党内教育相结合，通过强化组织生活、开展批评与自我批评等形式，通过建立健全党内教育的相关制度，带动党的纪律教育的制度化进程。例如，在建立完善民主集中制的制度体系中，大力普及民主集中制教育，从而深化组织纪律教育。在构建社会主义核心价值体系时，通过认真开展党的政治纪律教育，提高党员干部对境外敌对势力实施西化、分化图谋的自觉警惕能力②。党的十八大以来，纪律教育到达一个集大成、体系化、综合性的阶段。完善党内法规体系、理顺纪检监察的体制机制、明晰纪律教育与处分的职责、明确各方的纪律监督责任等，种种实实在在的举措可以说从内容抓手、关系厘定、机制保障、效果反馈等多方面为纪律教育构筑起坚实的制度堡垒。

（三）纪律教育"形式多样、生动活泼"

一方面，纪律教育要遵从教育的一般传播规律，注重内容和形式上的双重创新，不能顾此失彼；另一方面，纪律教育要把握好纪律的规范属性，注重激发其软约束和硬实力的双重效力，做到软硬兼施。真正实现纪律教育入耳入脑入心入行动。党在推动纪律教育的过程中既要坚守政治性、原则性，也要迎合"大众口味"，形成党内纪律教育与社会大众纪律教育的良性互动，从而提升全党全社会的纪律意识、纪律精神。

1. 运用新媒体、大数据等网络传播方式加强党纪教育

在应对突发违纪事件时，党要及时回应社会舆论关切。例如，2021年1月13日晚，大连"街道干部不配合防疫登记还打电话找卢书记协调"事件引发舆论热议。1月14日晚，地方纪委监委便核实事实，给予涉事双方违纪处分。1月16日晚，中央纪委国家监察委网站深夜发表评论《"卢书记"该咋办，原则不能模糊》，赢得网友称赞好评。通过这个案例，我们能直观地感受

---

① 中共中央纪律检查委员会. 中国共产党党风廉政建设文献选编：第5卷 [M]. 北京：中国方正出版社，2001：628-629.
② 中共中央文献研究室. 十六大以来重要文献选编：下 [M]. 北京：中央文献出版社，2008：860.

到两点变化：一是群众反映违纪线索的速度以及纪委处置违纪案件的效率在网络化、信息化时代都大为提升，形成了高效便捷的沟通和互动方式；二是纪检监察部门教育引导能力大大提升，及时回应舆论关切，其接地气、去神秘化的回应方式使群众乐于接受纪律教育，大大拓宽了社会监督渠道。可以说，纪律教育形式的创新，既涵盖了教育内容的创新，也包括尊重教育客体接受规律、运用教育媒介等方面的创新。纪律教育的客体是全体党员干部，但在不同时期或者同一时期不同范围内，党员干部的素质水平是不同的，这就需要采取有针对性的教育形式。例如，毛泽东在革命战争时期凝练出许多具有标志性的纪律话语口号，其广为流传的"三大纪律八项注意""路线是王道，纪律是霸道"等战斗檄文式的动员口号以及"军队向前进，生产长一寸，加强纪律性，革命无不胜"的朴实话语，不仅在当时极大鼓舞了战士遵守纪律的决心，而且穿透历史，时至当下仍让人印象深刻。这些话语口号之所以能在当时的革命队伍中产生反响、引起共鸣，很大原因在于话语口号符合当时受众的文化接受度和心理承受度。纪律本身带有强制规范属性，在某种程度上很容易被人理解为是种束缚、限制，进而自然排斥它。纪律教育要化解这种内在张力，既凸显出纪律的约束作用、强制力量，又让人接受它并且服从它，这就需要党把握并尊重客体的认知规律。

时至当下，党已经成长为具有九千多万党员的大党，其党员群体的文化素质有了极大的提高。但是，党面对的危机和挑战也更加复杂多样。在这样的大环境下，如果只是对其进行口号式的宣传教育，一方面很难将党的纪律建设思想概括完全，另一方面也很难以理服人，使教育完全"入耳、入脑、入心、入行动"。此时，纪律教育就需要借助媒介手段的创新。从口耳相传式的口号宣传，到积极探索利用党报党刊对广大党员干部进行纪律教育的有效途径①，这是形式上的一大创新，标志着纪律宣传教育走向常规化、定制化。随着改革开放以来科学技术的进步和经济社会的发展，对于那些严重违法乱纪的案件，我们采取通报、举办展览、录制电视节目等多种形式，开展生动形象、有说服力的教育。② 为了取得教育实效，防止教育流于形式，中央纪委

---

① 中共中央纪律检查委员会. 中国共产党党风廉政建设文献选编：第4卷 [M]. 北京：中国方正出版社，2001：40.

② 中共中央纪律检查委员会. 中国共产党党风廉政建设文献选编：第4卷 [M]. 北京：中国方正出版社，2001：278.

在 1994 年更是在增强教育的针对性、实效性上着力创新了教育手段和要求，总结出了 5 条经验①。进入 21 世纪以来，随着网络信息技术的广泛应用，在开展专题教育的时候，注重运用广播、电视、电影等多种形式的宣传途径②。同时，中纪委还将纪律教育融入"大宣教"③的工作格局之中，丰富纪律教育层次，明确学习党章党纪、领导干部关于纪律的重要论述等主线内容，提升教育的理论化程度，这些做法构成了党的十八大以前纪律教育形式的多样化形态。

党的十八大以来，纪律教育形式最为突出的新变化就是运用新媒体、大数据等方式，重新改版中央纪委国家监察委官方网站，开通微信公众号和客户端平台，牢牢抓住宣传主阵地，揭开反腐工作的神秘面纱，采用群众喜闻乐见的方式开展教育引导。中央纪委紧紧围绕党性党风党纪教育的主线，紧扣党员党组织纪律建设方面存在的突出问题，取材于丰富的工作实践，制作播出系列电视专题片（如表 5-1 所示），以此向社会公开立案审查信息，曝光违纪违法典型案件。同时，中纪委推动纪律教育主动融入全党宣传工作格局，发挥中央新闻媒体的平台作用，推出生动活泼的纪律教育漫画（如表 5-2 所示），并结合节前节后的重要时间节点，推出针对性强的反腐倡廉警示漫画，开展廉洁主题的漫画征集等活动。通过生动有趣的视频、漫画等形式，给党员群众在纪律方面以新的启迪和思考。

表 5-1　十八大以来中纪委推出的专题纪录片代表作品

推出时间	专题片名称
2014 年	《作风建设永远在路上——落实八项规定精神正风肃纪纪实》
2015 年	《中国传统中的家规》《聆听大家》《反腐三人谈》《廉洁文化公开课》
2016 年	《永远在路上》《巡视利剑》
2017 年	《打铁还须自身硬》

---

① 中共中央纪律检查委员会. 中国共产党党风廉政建设文献选编：第 5 卷 [M]. 北京：中国方正出版社，2001：842-843.

② 中共中央文献研究室. 十六大以来重要文献选编：上 [M]. 北京：中央文献出版社，2005：54.

③ 中共中央文献研究室. 十六大以来重要文献选编：上 [M]. 北京：中央文献出版社，2005：713.

续表

推出时间	专题片名称
2018年	《红色通缉》《家国》，短视频《你不必，你可以》
2019年	《叩问初心》
2020年	《国家监察》
2021年	《正风反腐就在身边》

表5-2 十八大以来中纪委推出的漫画及漫画短视频等代表作品

推出时间	名称
2013年	第三届中国·桐乡廉政漫画大赛作品展系列
2014年	首届"清廉中国"漫画系列作品展播 "每月e题"追踪漫画说系列 ……
2015年	第二届"清廉中国"漫画系列作品展播 "漫"话组织纪律 ……
2016年	第三届"清廉中国"漫画系列作品展播
2017年	"八项规定"表情包
2018年	"形式主义、官僚主义突出问题画"的51张漫画 "长漫画"系列 "系列漫画"带你认识不一样的马克思 【连环画】系列 AR漫画情景剧 ……
2019年	"漫画说纪"系列 "漫画说法"系列 "长漫画"系列 "清明节，这些'前车之鉴'不能忘" "干部选拔任用这12种情形应当事前报告" "这样选拔干部 领导班子成员将被追责" "变形的月饼千万别吃" "画说违纪"系列 "小林漫画"系列 ……

续表

推出时间	名称
2020 年	"对比漫画"系列 "漫说党纪"系列 "漫访谈"系列 "皮影话廉"系列 "西游·作风篇"系列 耍"官威"的干部们,请注意 "落实全面从严治党责任,有这些情形会被追责"漫画 "第一次收钱,这些理由都是自欺欺人" "警惕民间借贷中的隐形腐败" ……
2021 年	"@党员领导干部,报告个人有关事项,这些错不能犯!" 漫说隐形"四风"系列 "基层选举中的违纪违法行为"系列 "党员干部请注意,这些围猎手段须警惕"系列 "漫访谈"系列 "党员干部请注意,这些违反疫情防控纪律的行为不能有" ……

在中央纪委带头落实"三转"的实践中,各级地方纪检监察机关也纷纷扭转工作思路,牢牢把握主动权,创新纪律教育内容和方式。例如,开辟宣传教育阵地,开通服务微信公众号、网站平台、APP 等,开辟监督专区、信息公开栏目等。同时,推出图文并茂、制作精良、"满满干货"的微信消息、图例展示,向党员干部和社会大众说明应该遵循什么样的纪律、应该怎样遵循纪律、不遵循纪律会有什么后果等。例如,云南省纪委推出的《清除流毒 重拳出击》的反腐专题片,"纪委提醒:20 种饭局不能去""温馨提醒:中纪委再敲警钟!个人有关事项如实报告,包括周末节假日外出都要报备"等消息推送。生动活泼、可读性强又兼具理论深度、现实意义的微视频、微漫画、微短文,丰富了党员群众的纪律认知。同时,通过充分利用微信、微博、客户端等新媒体形式,增强了互动性;通过强化评论的监督功能,收集线索,拓宽了监督渠道。可以说,纪检监督工作开启了向"互联网+"模式转型的新时代。

2. 注重深入开展典型违纪案例的规律性研究和宣传

纪律教育是形式与内容的有机统一。尽管纪律教育借用新兴媒体载体,在教育上取得了显著效果,但是,形式创新最终还是要落脚到提升内容的质量上。即纪律教育应着重阐释清楚是什么纪律、为什么需要纪律,以及如何落实纪律等认识上的问题。纪律教育绝不是"过眼瘾",更为重要的是给人以心灵的震撼和冲击,对广大党员真正起到"当头棒喝"的警醒作用。这就需要发挥理论彻底的说服作用,而彻底的理论需要建构在深入研究的基础上。开展对典型违纪违法案例的规律性研究、对纪检监察工作经验的总结研究,以及开展对习近平总书记关于党的纪律建设重要论述的理论研究、观点阐释等,形成一批理论创新成果,为反腐倡廉、执纪监督工作提供理论支撑和滋养。

党的十八大以来,中央纪委针对不同受众需求,着重在纪律教育的理论深度和覆盖广度上有所创新,以此引导全体党员干部政治素养和理论素养的提升。首先,加强理论阐释和宣传解读。在中央纪委网站、《中国纪检监察报》《中国纪检监察》杂志等媒介载体上开辟专题专栏,聚焦中心工作主题,组织撰写系列理论文章,推出系列评论员文章,交流学习习近平新时代中国特色社会主义思想体会,阐释党中央坚定不移全面从严治党的战略部署。此外,由中国方正出版社策划推出了一系列以纪检监察为主题的高质量图书,既有诸如《〈共产党宣言〉导读》等马克思主义理论类图书,也有习近平关于党风廉政建设和反腐败斗争的重要论述以及关于严明党的纪律和规矩的重要论述摘编;既有《新中国成立以来党风廉政建设纪事》《革命时期的纪律故事》的历史资料类书籍,也有《中国家规》《腐败与历史译丛》等专著论著,同时还有《公职人员廉政教育手册》《落实中央八项规定精神规范手册》等实操宝典。这反映出十八大以来党内理论水平的明显提升,为党的纪律教育奠定了扎实的理论基础。

其次,注重典型案例规律研究和经验教训总结,将正面宣传和警示教育相结合。回顾历史不难发现,党从一开始就很重视通过抓重大违纪案件的宣传教育,带动纪律的警示作用,并主张大张旗鼓地对党员的违纪行为进行处理和宣传,以起到惩一儆百的作用。[1] 改革开放后重建的中央纪律检查委员会,在总结工作经验时也强调要"运用正反两方面典型进行生动、实际的教

---

[1] 中共中央纪律检查委员会.中国共产党党风廉政建设文献选编:第4卷[M].北京:中国方正出版社,2001:38.

育"①。同时，自中央纪律检查委员会在新中国成立伊始，党就十分重视工作经验的总结，在1950年至1955年间，每年都就纪律检查工作的经验总结向党和人民做汇报，在党的十二大之后，中央纪律检查委员会向党的全国代表大会做汇报形成定制，并一直延续到党的十八大以来。

可以说，党十分注重总结经验教训。虽然党内早已认识到负面典型和正面宣传教育相结合的重要性，但在党的十八大之前，党对负面典型案例的公开透明度不够、对先进典型案例的弘扬度不够。其深层次原因在于对这些案件的内在规律把握得不够深入，无法做到以公开促教育，以理论深度引领思想高度。党在十八大以来秉持着公开透明的原则，及时发布重大典型案例，推出相关专题研究，挖掘每个案件的差异性与普遍性，从而形成规律性认识。例如，中纪委网站开设《忏悔与剖析》等专题，开设"警钟""审查调查"等特色栏目，不定期公开党的十八大以来查处的典型案例，深入剖析违纪违法行为产生的政治危害和思想根源。同时，发挥先进典型的引领作用，开设《榜样》《中国日记》等专题，开辟"清风传家"等特色栏目，宣传纪检监察和巡视巡察干部的优秀事迹，树立时代楷模和先进典型，弘扬时代正能量，以此形成负面警示和正向激励相结合的教育大格局。

三、"纪律自觉"：守住为人、做事的基准和底线

党的十八大以来，我国社会主要矛盾发生了转化，这一转化是在社会主义初级阶段"大阶段"上发生的阶段性变化。② 我国的基本国情仍然是社会主义初级阶段，面临的问题依然是发展中的问题。广大党员干部的精神境界和素质仍处于亟待提升的阶段。要使其思想和行动统一到党和国家的事业中来，合乎社会发展和运转的正常秩序，必须依靠外力作用，通过党纪国法对其进行约束。但是，社会发展规律表明，为了向更高的发展阶段推进，实现人自由而全面的发展，纪律约束的外力作用必须内化为自觉遵循，必须培育纪律遵循的内生动力，从根本上筑牢纪律意识的思想根基。唯有如此，党才能不断激励党员干部提升自身修养，筑牢"不想腐"的思想堡垒，带动党内

---

① 中共中央纪律检查委员会.中国共产党党风廉政建设文献选编：第5卷[M].北京：中国方正出版社，2001：784.
② 王向明，王孟秋.以马克思主义时代观分析"新时代"的阶段性特征[J].前线，2018（5）：12-14.

精神面貌焕然一新。

(一) 培育纪律自觉的文化氛围

共产党人的纪律应该是建立在自觉基础上的纪律，这是马克思、恩格斯在指导无产阶级政党实践之初，就已经明确的基本观点。他们曾高度赞扬法国军队是"建立在大家自觉的基础上"，表现出来的"实际纪律非常好"。[①]而对于自觉纪律的来源，恩格斯认为，"心中的大无畏精神""队伍中的纪律"以及"行动中的一致"是一个国家的"国防"。[②] 在充满变数的革命战争年代，只有不惧怕个人得失甚至生死，才会自觉地服从纪律；只有自觉地服从纪律，才能在行动中一致对敌，赢得胜利。可见，马克思、恩格斯告诉我们，自觉纪律的实现需要具有大无畏的"忘我"精神，而这种大无畏的"忘我"精神就是共产主义崇高理想的现实表达。可见，他们在宏观层面上，为自觉纪律标注了理想高线和道德高点。

大无畏的"忘我"精神映射到当下，具有很强的现实意义。即如果共产党人能够始终做到大公无私、不谋私利，正确把握好"大我"与"小我"的关系，秉持着"我将无我"的高尚情操，那就不会害怕有什么失去的，就不会为了个人私利而争取特权、谋取不正当利益，就很容易做到自觉遵守纪律、实现纪律自觉，自然也就不会触碰纪律的红线，打破纪律的底线。鉴于此，党在十八大以来强调，纪律建设不仅需要"树立崇高道德追求""养成纪律自觉"，也要"守住为人、做事的基准和底线"[③]。这表明纪律自觉不只需要标明道德高线，还要划定纪律红线和底线。高线与底线结合，框定纪律遵循的范围，党员干部才能在道德高线和纪律底线之间"随心所欲而不逾矩"。对于党员干部来说，自觉向高线对齐，坚决守住底线，才能真正实现"自由自在"。

列宁也十分重视无产阶级的自觉纪律，他认为自觉纪律的实现要靠共同的理想追求，只有在理想的支撑下，自觉遵守纪律才能如同"听从乐团指挥

---

① 中共中央马克思恩格斯列宁斯大林著作编译局. 马克思恩格斯全集：第38卷 [M]. 北京：人民出版社，1972：410.
② 中共中央马克思恩格斯列宁斯大林著作编译局. 马克思恩格斯全集：第42卷 [M]. 北京：人民出版社，1979：407.
③ 中共中央文献研究室. 十八大以来重要文献选编：下 [M]. 北京：中央文献出版社，2018：224.

者的柔和指挥"那般服从；反之，如果没有理想的支撑，想要实现自觉纪律，只有采取"严厉的独裁形式"。① 同时，对于自觉纪律的实现途径，列宁也作出了独到的说明。他认为，如果"不开群众大会，被压迫群众永远也不能由剥削者强加给他们的纪律转到自觉自愿的纪律"②。即自觉纪律的实现要靠教育。这一思想为中国共产党培养自觉基础上的纪律提供了理论指导和方法遵循。

在中国大地上实际推进自觉纪律的培育时，中国共产党十分注重从人民群众中吸取增强纪律自觉性的力量源泉。例如，毛泽东经常强调"锦州苹果"的例子，认为我们的纪律就是建筑在不吃"人民的苹果"的自觉性基础上，这种自觉纪律展现了无产阶级的革命精神，是党领导和教育的结果。③ 同时，"秋毫无犯""不拿群众一针一线"的纪律精神，"没有民主就不可能有自觉的纪律"④，自觉"抵制剥削阶级思想侵蚀"⑤，自觉做到"四个服从"⑥，自觉"维护党的集中统一"⑦ 的精神等，在教育的作用下逐渐形成一种文化，构成党始终自觉遵守政治纪律、组织纪律、群众纪律、廉洁纪律、工作纪律和生活纪律的精神纽带，彰显了党始终胸怀对人民群众的敬畏之心，始终保持对党内制度规范的敬畏之心，始终怀揣对自身内心道德律令的敬畏之心。

自觉纪律的培育需要发挥教育的教化作用。教育在一定意义上就是在发挥以文化人的力量。习近平总书记多次强调，文化自信是一个民族、一个国家更为基本、更为深沉、更为持久的力量。用纪律教育培育纪律文化，以纪律文化涵养政治生态，是纪律建设的应有之义。十八大以来，党中央虽然并未明确提出"纪律文化"的概念，但是多次提及"廉洁文化""政治文化""政治生态"等范畴，始终重视培育党员干部的纪律意识、党章意识、规矩意识、政治意识、大局意识、底线意识。从筑牢共同思想根基来看，学习教育

---

① 中共中央马克思恩格斯列宁斯大林著作编译局. 列宁全集：第34卷 [M]. 北京：人民出版社，2017：180.
② 中共中央马克思恩格斯列宁斯大林著作编译局. 列宁全集：第34卷 [M]. 北京：人民出版社，2017：181.
③ 毛泽东. 毛泽东文集：第7卷 [M]. 北京：人民出版社，1999：162.
④ 邓小平. 邓小平文选：第2卷 [M]. 北京：人民出版社，1994：83.
⑤ 江泽民. 江泽民文选：第1卷 [M]. 北京：人民出版社，2006：327.
⑥ 江泽民. 江泽民文选：第3卷 [M]. 北京：人民出版社，2006：570.
⑦ 胡锦涛. 胡锦涛文选：第3卷 [M]. 北京：人民出版社，2016：658.

的最终目的在于增强纪律意识,树立起广大党员干部对共产主义理想的敬畏、对人民的敬畏、对权力的敬畏、对纪法的敬畏,促使其常怀律己之心、常修为政之德。通过内外兼施,培育起党员干部遵守纪律的思想自觉和行为自觉。

但是,"自觉纪律"并不直接等同于"纪律自觉"。党在十八大以来更为强调的是"纪律自觉",即不只强调建立在自觉遵守基础上的结果呈现,而且强调纪律遵守是个"入耳、入脑、入心、入行动"的过程自觉。这体现在党内纪律自觉的生成逻辑上,就是首先要认知纪律内容,靠学习教育,使纪律"入脑";其次,要培育纪律意识,靠文化的涵养,使纪律"入心";再次,要外化为自觉行动,靠自觉接受监督,使纪律"入行动"。具体说来,就是要加强纪律教育,引导党员学习党章,牢记党规党纪和党的优良传统作风,充分唤醒党章党规党纪意识,对标相关要求,严格约束自身;同时,强化纪律执行,使党员干部不仅"知边界、明底线",还要"知敬畏、存戒惧、守底线"①;最后,落实最严格的约束和监督,不仅要使党员干部"习惯在受监督和约束的环境中工作生活"②,还要构筑从"不敢腐""不能腐"迈向"不想腐"的政治自觉和文化自觉。

(二)促使纪律转化为日常习惯和自觉遵循

"不敢腐""不能腐"到"不想腐"展现的是从纪律遵守到纪律自觉的思想意识提升路径。严明纪律要求的现实意义在于为反腐工作提供保障,纪律因其天然规范属性而让人生畏,但对纪律的尊崇绝不是因为畏惧而服从,而是因敬畏而维护。十八大以来,党在正风肃纪反腐方面取得的成绩,不仅表现在"打虎""拍蝇"的显性数据上,更加突出地表现在党风政风、社风民风的明显转变上。党员干部的思想、党性、人格在风清气正的政治生态、文化环境中得以升华。党性党风党纪之间的内在逻辑更加明晰,可以说,只有将党的纪律内化为党性修养,才能外化为党内风气。

养成纪律自觉,是抵制不良风气惯性、减少贪污腐败增量的有效途径。对于违反纪律问题的纪律处分是一种"治标"的手段,能起到短时期内的震慑作用,具有过时性的威力,但是,等到风气有所好转,手段有所松懈,其问题往往会"卷土重来""死灰复燃"。以作风问题为例,2012 年 12 月 4 日,

---

① 中共中央文献研究室. 十八大以来重要文献选编:下 [M]. 北京:中央文献出版社,2018:677.

② 陈云. 让纪律教育唤醒敬畏之心 [J]. 中国纪检监察,2017(24):52.

中央八项规定破土而出、重拳出击，直逼最具有直观影响的"四风问题"，专项整治百姓身边的"闹心事"，随即带来了党风政风的一系列新变化。经过多年的集中整顿，中央八项规定深入人心，已经成为党员干部的日常习惯，内化为党员干部的行动自觉。以中央八项规定推出五年来"公款吃喝""公款送礼""公款旅游"这三类问题为例，我们可以发现这些问题的发生率呈现逐年递减的态势（如表5-3所示）。同时，就违纪行为整体发生率来看，其同样呈现出不断递减的态势。如果说在中央八项规定贯彻落实的初期，主要通过纪律惩戒的震慑作用才使得上述问题的发生率急剧下降，那其后在步入稳步开展阶段，上述问题数量的减少、发生率的逐步降低，就在一定程度上说明纪律教育的文化氛围已经初步形成，纪律自觉效应已经初显。

表5-3 2013年至2017年"公款吃喝""公款送礼""公款旅游"问题发生率①

时间	问题数量（件）	占比（%）
2013年、2014年	31223	68.6
2015年	7794	17.1
2016年	4908	10.8
2017年	1577	3.5
总计	45502	100

但是，从2020年"四风"问题的年度报告和月度报告来看，我们仍然能发现一个明显的特征，即违反纪律的问题多集中发生在节前节后等关键时间节点上②。这也说明作风问题并没有在根源上得以解决，还会时常反复，违反廉洁纪律、工作纪律、生活纪律的违纪行为还时常发生。党中央多次强调，作风问题不能"头痛医头，脚痛医脚"，正风肃纪反腐需要"永远在路上"，建立起反腐倡廉的长效机制。长效机制的构建，不仅应该从建立制度法规等"外部长效机制"上着手，还应该注重培育党员干部的"内部长效机制"。发

---

① 佚名. 咬定青山不放松，要留清气满乾坤：五年来纪检监察机关落实中央八项规定精神、纠正"四风"工作综述［EB/OL］. 中央纪委国家监委网站，2017-12-04.
② 张胜军，陆丽环，王卓. 观察：如何读懂2020年"四风"问题年报［R/OL］. （2021-01-27）［2022-08-02］. http://www.ccdi.gov.cn/toutiao/202101/t20210127_234848.html.

挥纪律的"治本"作用，还需要"把他律要求转化为内在追求"①。这种"内在追求"折射出共产党人的世界观、人生观、价值观的"总开关"问题，淬炼着共产党人的自我修养。习近平总书记指出："守纪律本来是一个常识，但就是这个常识也被一些人淡忘了、丢弃了。"② 常识是指从日常生活中总结得出的、约定俗成的判断。守纪律，本身就是一种自然习得的认知与规则，从社会文明中演化而来，是人作为社会人的必然遵循，标示着社会的文明程度。党员干部作为无产阶级先锋队的"队员"，更应该带头遵守规则、遵守纪律，不仅要遵守纪律，还应该遵守着更为严格的纪律。从纪律的本质属性来看，遵守纪律本应该是"习惯成自然"和内化为价值遵循的事情，不需要太多强调。但是，党员干部存在的诸多违纪违法的事实表明，这一认识并没有内化为自身"三观"的一部分。在面对利害关系需要作出选择和抉择时，其"人性中恶的一面""落后的一面""贪婪的一面"往往会因为没有约束或者约束不够而占据上风、支配行为。要解决内心无所约束或者约束不够的问题，就需要使广大党员干部"心存敬畏""手握戒尺"，需要"使守纪律成为浸在骨子里、融在血液中的自觉修养"③。

　　党员要养成纪律自觉，提升自身修养，需要见贤思齐，见不贤而自省。孔子有云："见善如不及，见不善如探汤。"习近平总书记曾解释道，这就是说"见到善要觉得赶不上似的急切追求，见到不善就要像用手试沸水一样赶快躲开"。④ 中国共产党人的修养，内涵丰富，其中讲政治是至关重要的一点。党员干部要有这样的意识与觉悟，将守纪律作为提升自身修养的重要内容，同时要有严明政治纪律、严守组织纪律的意识与觉悟。一个党员党性强不强，关键看能否自觉把思想和行动统一到党中央决策部署上来，能否以高度的政治自觉践行"两个维护"。一个党员修养怎么样，关键看能否守住为人做事的基准和底线，能否做到有所为有所不为，按规矩待人接物。"勿以恶小而为之"，从身边的小事小节抓起，筑牢思想防线，防微杜渐，让自觉遵守纪

---

① 习近平. 在第十八届中央纪律检查委员会第六次全体会议上的讲话 [M]. 北京：人民出版社，2016：18.
② 习近平. 习近平总书记重要讲话文章选编 [M]. 北京：中央文献出版社，2016：80.
③ 习近平. 习近平总书记重要讲话文章选编 [M]. 北京：中央文献出版社，2016：80.
④ 中共中央纪律检查委员会，中共中央文献研究室. 习近平关于严明党的纪律和规矩论述摘编 [M]. 北京：中央文献出版社，2016：76.

律成为党员的一种习惯。如果把纪律视为一种外部约束，遵守纪律必然充满着对抗与张力，但如果能将其上升为习惯行为的高度，党员才不会为非正常的利益关系所累，才能回归本心。在中央八项规定实施多年来，自觉回避非必要的应酬吃喝、习惯回家吃饭陪家人，自觉向党组织申报个人事项，自觉拒收礼品，习惯做到忠诚干净担当的人民公仆等事实，深刻地印证着纪律自觉能够带来政治生态的清新与舒适，回归人与人之间的真情与实意。

养成纪律自觉最终要落脚到干事创业上。德才兼备的干部才是好干部。党员干部不仅要做到"忠诚干净担当"，还应练就"五个过硬"的高强本领。就党内存在的将纪律与创新对立起来的错误思想，习近平总书记指出，我们讲规矩、守纪律"不是要束缚干部的手脚，使干部变得处处谨小慎微、不敢开拓创新，而是要通过规范干部言行，使各方面改革创新更科学、更广泛、更有效地开展起来"①。这其实是对党的历史上早有论述的"纪律"与"自由"辩证关系的当代思考。可以说，强化纪律自觉是破解纪律强约束与党员担当作为不足之间的矛盾的内驱力，同时也是化解遵规守纪与创新干事业之间的内在张力的重要途径，即通过强化纪律的外在约束效力，强制形成慎独慎微的内在自律，并在此基础上将其提升为纪律意识的高度自觉，又在实践中反复践行，从而上升为"无可动摇的行为习惯"②。

---

① 习近平. 习近平总书记重要讲话文章选编［M］. 北京：中央文献出版社，2016：80.
② 姚桓. 对从严治党规律的再认识［J］. 理论探索，2017（3）：62-66.

第六章

新时代党的纪律建设创新特点与经验

党在十八大以来推动纪律建设理论创新、纪律建设实践创新、纪律建设保障机制创新的过程中取得了全方位的显著成果。这些成果的取得既与党的辛勤探索、辛苦付出密不可分，又与十八大以来党的纪律建设创新过程中蕴含的"新特质"息息相关。这些"新特质"主要包括纪律建设创新的特点和经验启示。在探讨纪律建设理论创新、纪律建设实践创新、纪律建设保障机制创新之后，再从中归纳和总结出党在十八大以来推动纪律建设创新的特点以及经验启示，这既是对十八大以来党的纪律建设创新的认识升华，也可为党在新时代继续推进纪律建设创新提供借鉴和参考。

一、新时代党的纪律建设创新的基本特点

创新首先是在继承基础上的创新，守正创新，而非"颠覆性"创新。十八大以来党的纪律建设在继承前人纪律建设理论和实践的基础上，结合新时代党内外的新情况新特点，开启新的探索之旅。创新不仅包括内容观点、方式方法的单独创新，更是集思维理念、体制机制于一体的集合创新。十八大以来党的纪律建设就是集话语内容、制度规范、保障机制等在内的系统创新。创新具有社会价值属性和人民评判标准，即要利国利民利党，不能突破底线原则。讲政治、守底线构成十八大以来党的纪律建设创新的鲜明底色。

（一）贯穿纪、法、权关系问题的思索与解决

对于中国共产党这个百年大党来说，纪律建设是常做常新的永恒课题，即"百年思索，百年不懈探索"。党通过强化纪律约束，实现自我革命的一以贯之。每代人有每代人的历史使命，纪律建设需要解决的具体问题在各个阶段是不尽相同的。综观十八大以来党的纪律建设的创新历程，无疑具有鲜明的问题意识和目标导向。纪律建设的终极目标是通过强化党员干部的纪律意

识、纪律自觉,实现对公共权力的监督约束,永葆共产党员的先进性、纯洁性,从而为新时代条件下加强党的集中统一领导提供坚实的纪律保障。这其中最显著的问题主线是纪律、法律与权力三者之间的关系。十八大以来党的纪律建设理论与实践创新,来源于对纪、法、权三者关系的厘清与运用。紧紧抓住纪律与法律的关系问题,围绕"依规治党"开展党内法规体系的构建与实施。随着纪法关系问题的明晰,依规治党与依法治国、以德治党之间的关系也就清晰起来。紧紧抓住纪律与权力的关系问题,围绕"正风肃纪反腐"加强对党内公共权力配置、使用、监督的纪律约束,强化对不正之风的纪律监督与执行,从而去存量、减增量,为反腐败斗争提供坚实的纪律保障。可以说,把纪律建设摆在突出位置,彰显了党对纪、法、权关系问题的深层次解析。

1. 解决纪、法关系问题主线。可以说,党在十八大前后保持着用法律和纪律解决党内问题的惯性,这一惯性既有思想方面的惰性,认为法律与纪律就规范属性来说,具有同等效力,且法律更具有广延性,其适用范围是所有国家公民,具有至高无上的权威,因而纪法等同或者法大于纪的惯性思维遮蔽了党内纪律发挥更大作用的迫切性和重要性;加之法制化进程的推进惯性,在大力实施依法治国战略的背景下,纪律充当着维护法制化的"护法者",导致国家法律和党内纪律不同步、不协调发展,进而弱化了党纪自身的功能。例如,党的十八大以前遵照执行的《党纪处分条例》共有一百七十八条,其中有七十多条内容是同《刑法》等国家法律相重复,这是杂糅的纪法关系的直接展现。纪律与法律的关系被正视以及被提到问题的层面加以对待,是在党的十八大之后,即党这一阶段不仅从理论上理顺了纪、法之间的关系,而且出台了许多体现纪、法关系变化的实践新举措。

坚持纪法分开的原则,首先从概念厘析、话语界定上,将党纪与国法的边界厘定清楚。这种厘定不同于邓小平时期明确提出的党政分开制度改革基础上的纪法分离,而是遵循纪法自身逻辑基础上的分离;不仅从概念上、重要性上强调纪法分开的必要,更是细化为纪律与法律在严明程度、位阶高度、先后次序上有所不同,从而提炼出"纪严于法""纪在法前""把纪律挺在前面"的话语表达,为纪律不同于法律做了细致的注脚,阐释清楚了纪律在哪些方面不同于法律以及应该如何处理二者之间的关系等。同时,党将这一理念认识落实到实践层面,在修订党章、党纪处分条例等党内法规制度时,着重将涉及法律的条文回归法律，属于纪律关涉的内容，运用纪律的专属语言将其表述为成文规范。综观党的十八大以来新修订的系列党内法规条文，其纪言纪语明显不同于法言法语。无论从内容划定上还是从语言风格上，二者都属于不同的表达范式，具有各自专属领域的特点，这种实质性的区分有利于纪律与法律在各自的执行范围内越来越专业化、规范化、科学化。

实现纪法分开后，纪律在执行的过程中仍然会存在问题。迎难而上地直面问题，驰而不息地解决新问题，彰显着党时不我待的拼搏精神和只争朝夕的实干精神。为了防止"两张皮""边缘地带"的出现，党前瞻性地提出"纪法衔接"的要求。在构建党纪党规的制度体系上，党正是秉持着大格局、法治化、现代化的新思维理念，深刻地认识到现有的党纪党规难以满足现代化建设的需求，认识到补齐强化党纪党规不仅是管党治党建设党的当务之急，也是全面深化改革、全面依法治国、全面建设社会主义现代化强国的内在要求。从明确党章在党内根本大法中的地位，到织密党纪党规的"大法网"，纪法衔接在党和国家治理体系现代化中找到了契合点、融合点。

其次，党在十八大以来还在完善纪律建设的保障机制上下功夫，这体现在从开展纪律检查和国家监察机构改革，实现职能融合，到完善执纪执法队伍、更好地贯彻落实纪法衔接的要求、创新纪法衔接的策略举措等多方面。可以说，党在十八大以来实现的纪法"融合"，不是回归到老路上的纪法"混淆"，而是在厘清纪法边界、明晰二者关系的基础上开展的职能对接、力量整合、机制联动。

2. 解决纪、法、权关系问题主线。党的十九大作出了党的建设总体布局的战略调整，使纪律建设"接管"了反腐倡廉建设的职能，从"治本之策"上强化了全面从严治党，从而实现与党内其他方面的建设共同作用于反腐败斗争。腐败问题的根源在于对公共权力的滥用。权力不受约束，党员干部自然会出现违纪违法现象。过去对公共权力的监督与约束的关注度多集中于公共事务领域，更多的是依赖法律制裁手段，强调把权力放进制度的笼子里。对于那些具有公职人员身份的党员干部对公共权力的使用也应自觉接受法律制度的约束，将公共权力的使用置于公开透明的监督之下。但是，这种监督更多强调的是党外监督。法律监督、人民群众监督、司法监督等，对于党员干部至关重要。但事物最终还是内因起决定性作用，因而党内的自我监督也很必要。这也是党在十八大以来之所以高度强调党要管党、从严治党，发扬自我革命精神的理论依据和现实依据。

用法律制约公共领域的公共权力，着实能起到对广大公职人员的监督惩戒作用，但问题不够聚焦，导致党内公权力的使用难以被完全监督、重点监督。换句话说，由于纪法关系的不明晰，缺乏纪律约束的特有制度规范，党内在长期以来形成了重法轻纪的惯性，这使得本应对权力起监督作用，甚至应起到主要监督作用的党内纪律长期处于弱化的地位。单就作用力来看，纪、法、权三者之间的关系可以用"跷跷板"原理来解释。这三者构成了权力制衡的动态平衡机制。如图6-1所示，法律对权力的制衡效力处于高位时，纪律对权力的制衡就会处于低位。如果关系长期不能得以正确处理，达不到平衡，那么整个权力的运行就会处于失衡状态。

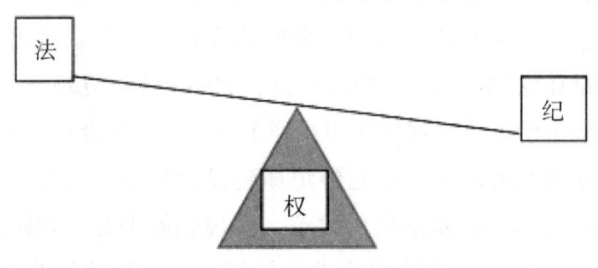

图6-1 纪、法、权关系图

纪律对党内权力监督约束的效力弱化，导致党内普遍存在着违纪只是小事小节而违法才需要处理的错误认识，即部分党员干部认为只要不触碰法律，权力也是可以在一定程度上"寻租""滥用"的。这种错误认识的直接表现，就是党员干部在工作、生活等方面出现大量的作风问题，发生情节或轻或重的违纪行为。对于党员干部滥用权力的行为，仅靠法律约束，等着法律制裁，必然会导致党内纪律约束无力，进而造成纪律长期失之于宽、失之于软。纪律成了摆设、"稻草人"，使原本应对权力进行党内监督、自我监督的作用也流于形式。强化纪律对党内权力的监督，发挥纪律监督关口前移，能够抓小抓早、防微杜渐。将纪律与法律对公共权力的监督实现衔接，用好用强双重监督，体现了十八大以来党对纪律、法律与权力关系的深刻认识。可以说，对纪律和法律、权力之间关系问题的认识，构成了十八大以来党的纪律建设的问题主线。正是在对这些关系问题的回答中，纪律建设实现了与时俱进的理论与实践创新。

(二) 坚持纪律话语和体制机制的系统创新

在解决纪、法、权关系问题的实践探索中，我们逐渐形成了新时代党的纪律认知的话语表达。这一认知不仅包括对纪律概念的认知，也包括对纪律内涵的认知，还包括对纪律重要性、必要性、紧迫性的认知，可以说体现了全方位、综合性的认知域。正是在厘清纪律与法律、纪律与规矩、纪律与道德等概念范畴的过程中，我们明确了纪律的概念认知，并从它们之间的关系中凝练出关于纪律内涵、作用、意义的标志性话语表达。例如，对于纪律与法律的关系，强调要把纪律挺在法前，党规党纪严于国家法律；对于纪律与规矩的关系，强调党的纪律是党内规矩，纪律不可能囊括所有的规矩；对于纪律与道德的关系，强调光靠纪律是守不住的，还要筑牢思想道德防线，等等。这些话语折射出新时代条件下党对纪律的认知达到新的理论高度，尤其是对党纪与国法关系的认识向前推进了一大步，反映出全面从严治党管党思维理念的变化，体现了通过注重严明纪律加强对党内权力的监督约束作用、警醒教育意义，进一步彰显了权力源于人民、用之于人民、接受人民监督的坚定立场和为民情怀。

在明晰纪律概念、内涵、意义等话语表达的基础上，纪律建设的话语体系也逐渐被构筑起来。例如，在厘清纪律建设与党的建设的关系时，把纪律建设摆在突出位置，将其作为"独立一位"纳入党的建设总体布局，并通过更合理的功能划定，明确其与党内其他方面建设之间的关系；在厘清纪律建设与全面从严治党的关系时，强调纪律建设是全面从严治党的"治本之策"，要想使纪律成为真正带电的"高压线"，必须严明纪律要求；在厘清纪律建设与反腐倡廉建设、作风建设和反腐败斗争之间的关系时，强调纪律建设在"正风肃纪反腐"中标本兼治的"利器"作用。同时，纪律建设的话语体系不仅包括多方面的关系厘定，也包括对于纪律建设自身内容要求的重新界定。"六项纪律"的归纳概括，为十八大以来党的纪律建设这把"戒尺"标明了刻度线。其中，政治纪律建设和组织纪律建设是党中央高度重视、多次强调的重要内容，蕴含着许多具有鲜明时代特征和创新特点的观点表达。例如，政治纪律是最重要、最根本、最关键的纪律，这"三个最"标志着政治纪律在"六项纪律"中的总括地位；政治纪律是维护党的团结统一的根本保障，这就从团结统一的政治高度阐明了纪律建设的重大意义；组织纪律则关乎党性修养，能否按规定向组织请示报告是检验干部的"试金石"等。这些对纪律建设的布局定位、内容要求、观点表达等内容，构成了十八大以来党的纪律建设的话语体系创新。

在明晰了"纪律是什么""纪律建设是什么"的话语表达后，"如何加强纪律建设"，即"怎么做"的问题就成为党的纪律建设面临的重要课题。可以说，在实践领域，纪律建设也有着一套完整严密的构建逻辑。首先，纪律建设在制度体系构建方面有着诸多创新之处。一方面，有纪可依是前提。将纪律建设作为"独立一位"提列出来，是为了发挥纪律对党员干部的监督执纪问责职能。无论是监督职能的发挥还是执行纪律处分、强化问责，都需要有明确的纪律标准。随着纪法关系认识的深化，坚持纪法分开，着手构建专属党内领域的党纪规范、制度体系，就十分必要；坚持纪法衔接，将党纪规范纳入党内法规体系的构建中，实现法理逻辑上的自洽与融合，从而通过构筑系统完备的党内法规体系，丰富完善纪律建设的制度规范体系。党在十八大以来新修订的党章、《纪律处分条例》、《巡视工作条例》、《廉洁自律准则》、《党内政治生活若干准则》等，既是纪律制度体系的主体内容，也是党内法规体系的重要组成部分。另一方面，执纪必严、执纪有方关系纪律建设的成效。纪律是党的生命[1]，科学完备的纪律规范体系只是前提，因为保持党内生机和活力既需要将纪律立起来，更需要严起来，只有"严管"才能有效防止党内违纪行为的"破窗效应"，才是对党员干部"厚爱"；同时还需要将纪律执行起来、落实到位。新问题需要新办法。党要结合实际创新执纪策略，保证纪律执行的效果。政策和策略也是党的生命[2]。"四种形态"的划定是对监督执纪策略的重大创新，而"三个区分开来"也为执纪提供了方法遵循。这些举措，是件件击中纪律建设问题的主要矛盾、条条解决纪律建设问题的核心问题，处处充满着创新的"味道"。

其次，纪律建设在保障机制完善方面也有着诸多创新之处。从组织机构上来看，纪检和监察机关通过机构改革、力量整合，不仅实现了"形的重塑"，而且通过理顺体制机制、明晰职权，实现了"魂的重铸"。特别是落实纪律检查垂直化领导体制改革，成立国家监察委员会，制定国家监察法，与

---

[1] 中共中央文献研究室. 十八大以来重要文献选编：中 [M]. 北京：中央文献出版社，2016：339.
[2] 中共中央文献研究室. 十九大以来重要文献选编：上 [M]. 北京：中央文献出版社，2019：78.

中央纪律检查委员会合署办公等，真正将纪法分开、纪法衔接的理念落到实处，为监督执纪问责的纪律职能发挥提供了组织机构和体制机制上的保障。党在十八大以来不仅通过组织机构方面的改革创新为纪律建设提供了保障机制，还建立完善了纪律教育的体制机制。通过与时俱进地创新纪律教育的内容和方式方法，运用新媒体等技术开展多样态、常态化的宣传教育，确保纪律意识、纪律精神普及深入到党员和干部头脑里、心田间，并落实到行动上；通过教育培育起遵规守纪的文化风气，以此滋养党内政治生态，形成纪律自觉，促使纪律转化为日常习惯和自觉遵循。可以说，立纪、执纪、普纪，构成了纪律建设的多维角度和立体层次。落实到实践层面，纪律规范的制度体系、执纪策略手段、组织保障机构、教育文化机制等的建立和完善，标志着十八大以来党的纪律建设的创新路径。其与纪律建设的话语体系共同谱写了纪律建设的创新篇章。可以说，体系化、系统化是纪律建设内在逻辑演化的必然结果，也是其外在形式表达的显著特点。

（三）突出纪律建设的政治属性和战略高度

党在纪律建设方面的一个显著着力点在于提高纪律建设的政治站位和战略地位。党的十九大在把纪律建设摆在突出位置的同时，把政治建设也单独提列出来，并将其摆在党的建设总体布局中的首要位置。从战略高度来看，这表明党对党的建设需要提高政治站位、保持政治方向、严明政治要求在认识上实现的深化，将"讲政治"的优良传统和独特优势旗帜鲜明地摆出来。从布局定位来看，这也表明党要处理好纪律建设与党内其他建设，特别是与政治建设的关系，必须把牢固树立政治意识、维护政治大局、落实政治要求贯穿于纪律建设始终，将党严明纪律的政治决心和全面从严治党的政治逻辑展示出来。同时，纪律建设在调整自身发展策略与结构时，强调政治纪律在"六项纪律"中的首要和第一位置，这与党的建设将政治建设摆在首位形成呼应，是对纪律建设政治性要求的贯彻与落实，同时也创新性地解决了政治纪律与其他纪律的关系问题，指明了纪律建设的政治方向、原则立场。

与政治建设"混合"出场的方式，使得纪律建设一开始就把"讲政治"作为开展自身体系构建的首要原则，把政治要求贯穿于纪律建设的理论与实践中。高起点、高标准、高要求决定了纪律建设的政治站位必须要高。纪律本身作为一种政治上层建筑，带有鲜明的阶级属性，属于阶级统治的重要策略和工具，这就决定了纪律建设必然要回归政治属性。可以说，党在十八大以来更加鲜明地突出了纪律建设的政治性特征。在认识层面,纪律建设的政治性突出地表现在:一方面,党始终从政治大局出发,秉持着强烈的政治意识和较高的政治站位,不仅将政治纪律作为纪律建设的主要内容方面提列出来,强调讲政治、遵守政治纪律永远排在首要位置,而且党对于政治纪律本身的内容划定也有着清醒的认识,强调把"两个维护"作为首要的政治纪律,对于妄议党中央大政方针的"两面人"等恶劣行为,给予严厉的纪律处分。这不仅是一种"讲政治",同时是坚守底线思维的彰显。另一方面,党始终秉持着"为人民谋幸福、为民族谋复兴"的初心和使命,回归无产阶级政党纪律建设的政治属性,强调纪律建设只有始终保持维护党的团结统一的政治定力,自觉为党的建设服务,才能担负起全面从严治党的政治责任;只有教育引导广大党员干部时刻绷紧政治纪律之弦,才能为实现人民幸福、国家富强、民族振兴提供坚强的政治保障。

在实践层面,纪律建设的政治性突出地表现在将监督执纪问责视为一项政治工作①,作为全面从严治党的战略工程。首先,党将政治纪律的相关要求及时更新到纪律制度规范体系中,充分反映了新修订的党纪党规对标准尺度的更新,解决以前党章党规党纪对政治纪律规定不突出的问题。可以说,这是与党中央保持一致、自觉维护政治纪律的最直观表达。其次,党将政治性要求体现到纪律执行中,重点审查党员干部违反政治纪律的行为,在加强巡视工作中强化对违反政治纪律、破坏政治规矩行为的查处力度,特别强调对腐败问题应从政治问题上审视,深化二者相伴而生的规律性认识。通过发挥纪律教育的正面激励作用、纪律处分的警醒作用,引导广大党员干部时刻保持政治上的清醒,自觉遵守政治纪律,做政治上的明白人。同时,党强调纪律建设应体现思想政治水平,重视党章党纪在监督执纪问责中的思想政治教育作用,这也是"尊崇党章是最根本、最重要的政治纪律"② 的现实写照。围绕党章构建党纪党规,围绕党章开展纪律教育,根据党章执行纪律处分。可以说,党章构成了十八大以来党的纪律建设的制度主线,也因此成为自觉遵守政治纪律的制度抓手。就党章标注的政治性规定来看,在构筑党纪党规

---

① 中共中央文献研究室.十九大以来重要文献选编:上 [M].北京:中央文献出版社,2019:78.

② 中共中央文献研究室.十九大以来重要文献选编:上 [M].北京:中央文献出版社,2019:197.

体系中，需要注重以党章为纲，纲举目张，以党章为主干，固本强基。

党的十八大以来，党章的修订始终坚持继承与创新相统一的基本原则，严明中国特色社会主义的纪律要求，坚持马克思主义的纪律立场、观点和方法，是永不蜕变的政治主色调。及时将党内形成的重大理论成果吸收进党章，实现纪律建设指导思想的与时俱进，实现纪律教育内容的更新，保证纪律执行的成效，都彰显着鲜明的政治特点。在开展纪律教育时，将学习党章、对标党章、贯穿于纪律教育的全过程，形成以党章为主要内容的教育链条，注重发挥党章党纪对思想认识尤其是政治认识的教化作用。不同于江泽民时期从理论上认识到党章与党的政治纪律的重要关联，党中央在十八大以来通过切实的实践举措，将对党章的尊崇提升至政治纪律的高度，这既是对党章政治地位的确认与提升，也是对政治纪律认识的深化，可谓意义重大。这一创新观点和创新举措，既解决了过去讲政治没有制度抓手、全靠理想信念支撑的问题，也解决了过去讲政治制度抓手不明确、执行纪律政治标准不统一的问题，还解决了过去政治纪律教育重点不突出、主题不聚焦等问题。

二、新时代党的纪律建设创新的经验启示

党在十八大以来推进纪律建设创新的过程中孕育了宝贵的经验启示，即坚持革命精神与政治定力相统一，坚持战略思维与辩证思维相统一，坚持推动创造与继承延续相统一，坚持理论维度与实践维度相统一，坚持吸收国内与国外经验相统一。这些宝贵的经验启示为我们党在新时代继续推动纪律建设创新提供了指引和借鉴。

（一）坚持革命精神与政治定力相统一

但凡重要领域和重要方面的创新，往往会因利益牵绊、前方状况的不确定性以及安于现状的心理而面临着较大的阻力。因此，要在重要领域和重要方面不断进行创新，实现以"新事物"代替"旧事物"、以"新状态"代替"旧状态"，就必须充分发扬敢于拼搏、不断进取的革命精神。这种革命精神的推动作用在党的十八大以来的纪律建设创新中体现得尤为明显。首先，十八大以来党的纪律建设创新是"自我革命"性质创新的直接体现。党的纪律建设创新与各领域各方面的一般意义上的创新还存在显著的区别，其显著区别之一在于党的纪律建设创新不是创新主体对创新主体以外的事物进行创新，而是创新主体对与创新主体直接相关的对象进行创新，即党对约束和规范自身行为的纪律条款、纪律监督和执行机制、纪律保障机制等进行创新。这显然是"刀刃向内"的创新,是典型的"自我革命"性质的创新,而不是"刀口向外"的"社会革命"性质的创新。党的十八大以来的纪律建设创新涵盖了纪律与纪律建设的方方面面,是系统化、整体性意义上的纪律建设创新,而不是对纪律建设方面的"小修小补"。整体形态的纪律建设创新而不是纪律建设内部某一方面的创新更加体现了党的自我革命的力度,直接体现了十八大以来党的纪律建设创新属于"自我革命"性质的创新,这恰恰是在纪律建设创新过程中"千万不能在一片喝彩声、赞扬声中丧失革命精神和斗志"①而是要充分发挥革命精神的体现。其次,十八大以来党的纪律建设在关键理论与实践节点上进行创新,更是体现了发扬革命精神的重要性。例如,将"纪律建设"作为独立"一位"纳入党的建设总布局、将加强"纪律建设"作为"全面从严治党的治本之策"、将党的纪律内容由"四个方面"丰富为"六个方面"、提出实践好监督执纪"四种形态"、明确区分"纪律"和"规矩"的内涵边界等都是十八大以来党在纪律建设领域的重大创新,是十八大以来党在纪律建设理论与实践方面的关键性环节的重大突破。这些关键性环节的理论创新和实践创新都是需要一往无前、敢于拼搏、"大破大立"的革命精神才能够实现,也恰恰是党在十八大以来在纪律建设领域的创新过程中坚持和发扬革命精神的真实体现。而且,从"创新""改革"与"革命"之间的关系来看,"创新"与"改革"是两个紧密相连的话语概念,甚至在大多数情况下还是两个意义相同的用语。"改革也是革命"② 决定了党必须以革命精神来推动改革不断前进,从而也决定了与"改革"意义相近或意义相同的"创新"落实到纪律建设领域时同样需要以革命精神作为推动力和保障。这是被党的十八大以来纪律建设创新过程所充分检验和证明的正确做法,也是十八大以来党推动纪律建设创新的重要经验。

党的纪律建设创新与各领域各方面的一般意义上的创新之间存在的另一显著区别在于纪律建设创新更多地属于制度方面的创新、政治方面的创新范畴。这就决定了党在推动纪律建设方面的创新时不能任意作为,不能随意创新,而是要保持强大的政治定力。因为制度范畴和政治范畴的创新必须始终

---

① 习近平. 全党必须始终不忘初心　牢记使命　在新时代把党的自我革命推向深入 [N]. 人民日报, 2019-6-26 (1).

② 邓小平. 邓小平文选:第 3 卷 [M]. 北京:人民出版社, 1993:113.

坚持正确的大方向大原则，否则就可能导致创新和改革犯根本性、颠覆性的错误。党在十八大以来推动纪律建设创新的过程中始终都保持了强大的政治定力。例如，在纪律创新的过程中始终以马克思主义执政党作为基本参照和标准，始终贯穿党性原则和为人民服务的价值理念，始终以增强党的凝聚力战斗力为目标导向，始终以巩固和增强党的纯洁性和团结性为基本方向等都是党在纪律建设创新方面坚持正确政治导向的体现，也是保持强大政治定力的体现。党在坚持正确政治导向的前提下对方向性、根本性、政治性的纪律条款、纪律监督和执行机制、纪律保障机制采取"保留""不动"的做法，更是党在十八大以来的纪律建设创新过程中保持强大政治定力的直接体现。习近平总书记明确指出："问题的实质是改什么、不改什么，有些不能改的，再过多长时间也是不改。"[①] 习近平总书记的这一论述是对包括纪律建设创新与改革在内的改革创新要保持强大政治定力的要求。正是党在十八大以来推动纪律建设创新的过程中严格遵循了习近平总书记的明确要求，始终保持了强大的政治定力，才在纪律建设的理论与实践创新中既取得了历史性的成就，又坚持了正确的方向。

党始终坚持和发扬革命精神，才能不断推动纪律建设理论创新和纪律建设实践创新取得突破性成果。党只有始终保持强大的政治定力，才能在推动纪律建设理论创新和纪律建设实践创新的过程中不偏离正确的价值和目标导向。只有将坚持革命精神与政治定力相统一，党才能更好地推动纪律建设理论创新和纪律建设实践创新。这是党在十八大以来推动纪律建设创新所孕育的一条重要经验，也是党在新时代继续更好地推动纪律建设创新应当遵循的基本路径。

（二）坚持战略思维与辩证思维相统一

战略思维是指从战略的高度前瞻性认识和把握事物发展趋势和方向的科学思维方法。正因为战略思维在看待问题、把握事物上具有前瞻性、高度性、全局性，能够科学预见事物发展的总体方向和趋势，党将其作为推动重要领域重要方面改革创新的重要思维方法。以习近平同志为核心的党中央在十八大以来所推动的纪律建设创新在多方面体现了对战略思维的科学运用。首先，

[①] 中共中央文献研究室. 习近平关于全面深化改革论述摘编［M］. 北京：中央文献出版社，2014：15.

将纪律建设创新放在世界性难题治理的高度体现了党对战略思维的运用。习近平总书记从战略的高度前瞻性预见了三大世界性治理难题，即政党治理世界性难题、国家治理难题、全球治理难题①。只有首先解决好政党治理世界性难题，才能推动国家治理难题、全球治理难题的有效解决，因为当今世界的绝大多数国家都是政党政治。鉴于此，习近平总书记在十八大以来将推动纪律建设创新作为解决好政党治理世界性难题的重要抓手。这是从战略的高度认识和推动纪律建设创新的重要体现。事实证明，这一战略性认识和从战略高度推动纪律建设创新是完全正确的，不仅推动纪律建设理论创新和实践创新取得全方位新成果，而且与其他举措一起使中国共产党的整体面貌、政治生态得以革命性重塑，为世界政党治理世界性难题的解决贡献了行之有效的方案，事实上破解了政党治理世界性难题。其次，纪律建设理论和实践创新的具体内容体现了对战略思维的科学运用。例如，以习近平同志为核心的党中央充分认识到推动纪律建设创新在推动全面从严治党中的战略性地位，明确将"纪律建设"纳入党的建设总体布局之中，使党的建设总体布局在战略上得以完善。例如，党中央在十八大以来越来越认识到群众纪律和廉洁纪律对于整个纪律建设的重要性，从战略的高度将其纳入纪律建设的内容之中，实现党的纪律建设由"四位一体"演变为"六位一体"新布局。例如，十八大以来的党中央不仅从战略的高度将"全面从严治党"作为管党治党的重要路径，而且充分认识"纪律建设"在"全面从严治党"中的重要作用，从战略的高度将"纪律建设"作为"全面从严治党的治本之策"，使"纪律建设"在"全面从严治党"中发挥的关键性作用越来越明显。这也是党在十八大以来推动全面从严治党能够取得历史性成就的重要原因。例如，十八大以来的党中央充分认识党章的重要地位，将其从战略上作为严明政治纪律的关键性抓手。可见，党的十八大以来，无论是纪律建设理论创新方面还是纪律建设实践创新方面，不管是大的纪律建设创新方面还是小的纪律建设创新方面，都蕴含着党对战略思维的科学运用。习近平总书记曾经指出："战略问题是一个政党、一个国家的根本性问题。战略上判断得准确，战略上谋划得科学，战略上赢得主动，党和人民事业就大有希望。"② 正是以战略思维审视世界性

---

① 李捷．世界性三大治理难题与习近平总书记治国理政新理念新思想新战略［N］．新华日报，2017-9-6（15）．

② 习近平．习近平谈治国理政：第2卷［M］．北京：外文出版社，2017：10.

难题、以战略思维考察党的建设、以战略思维认识党的纪律建设,我们才能科学性、前瞻性地预见纪律建设创新的战略价值,才能处理好纪律建设创新中的重点与难点,才能使纪律建设创新在整体上取得突破性成果。

党在十八大以来并不是单独运用战略思维审视和推动纪律建设创新,而且运用了辩证思维,在将辩证思维与战略思维有机结合中审视和推动纪律建设创新。所谓"辩证思维"就是矛盾思维,就是承认矛盾、分析矛盾,抓关键、抓重点,突破现象而洞察事物的内在规律。首先,十八大以来党的纪律建设创新体现了承认矛盾、重视问题的辩证思维。例如,党在十八大以来重视党的建设所面临的各种问题,重视纪律建设在党的建设中存在的诸多问题,进而将纪律建设创新作为应对政党治理难题的战略性抓手的决定等,都体现了党敢于承认矛盾、重视现实问题分析与解决的辩证思维。例如,十八大以来的党中央高度重视纪律条款与法律条文存在重复杂糅的问题,通过及时修订纪律和法律条款划清二者界限,既体现了从纪律与法律关系的战略角度分析和解决问题,又体现了高度重视问题、善于解决问题的辩证思维。其次,十八大以来党的纪律建设创新体现了"两点论"与"重点论"相统一的辩证思维。例如,党在十八以来将"廉洁纪律""群众纪律"纳入纪律建设总体布局,但是仍然将"政治纪律"和"组织纪律"作为"六大纪律"建设中的重点,这既充分体现了党对战略思维的运用,又体现了党在处理纪律建设布局的问题上真正坚持了"两点论"与"重点论"相统一的辩证思维。实际上,在纪律建设与党的建设的关系上、在纪律建设与全面从严治党的关系上、在党章与严明纪律的关系上、在纪律与规矩的关系上都体现了党运用战略思维审视和考察纪律建设创新问题,也体现了党将"重点论"与"两点论"相结合的辩证思维运用于纪律建设创新的过程之中。

总之,坚持在运用战略思维考察问题中兼具辩证思维,坚持在运用辩证思维考察和解决问题中兼具战略思维,切实实现战略思维与辩证思维相统一,是党在十八大以来推动纪律建设创新所孕育的又一条宝贵经验。

(三)坚持推动创造与继承延续相统一

纪律建设创新是纪律建设方面的重要内容,也是创新领域的重要方面,因而推进纪律建设创新必须处理好继承延续与推动创造之间的关系。将党在2016年制定的《关于新形势下党内政治生活的若干准则》与党在1980年制定的《关于党内政治生活的若干准则》进行对比不难发现,党在十八大以来推进纪律建设创新的过程中正确处理了"继承延续"与"推动创造"之间的关系，真正实现了继承延续与推动创造相统一。例如，1980年制定的《关于党内政治生活的若干准则》明确要求每个党员"严格遵守党的纪律"①，而2016年制定的《关于新形势下党内政治生活的若干准则》有"每一个党员对党的纪律都要心存敬畏、严格遵守"②的表述。这两处表述存在着明显的继承延续关系。2016年制定的《关于新形势下党内政治生活的若干准则》还明确作出了"用铁的纪律从严治党""把纪律挺在前面"等新规定，这显然是对1980年制定的《关于党内政治生活的若干准则》的相关规定的创造性发展。可见，坚持继承延续与推动创造相统一，的确是2016年制定的《关于新形势下党内政治生活的若干准则》在纪律建设创新方面的显著特点。习近平总书记也明确强调，2016年制定的《关于新形势下党内政治生活的若干准则》，其"文件稿最鲜明的特点就是继承与创新的有机统一"③。事实上，十八大以来党的纪律建设创新的具体内容体现了坚持继承延续与推动创造相统一。例如，在政治纪律建设方面，党在改革开放初期就已经明确要求"将政治纪律放在首位"④，但党在十八大以来不仅继承了之前关于"将政治纪律放在首位"的思想，还将政治纪律的重要性上升到新高度，在理论上不仅以"最根本""最重要""最关键"三个程度最重的词汇来表达政治纪律的地位，而且首次将"遵守所有纪律"的基础条件归结为"遵守政治纪律"⑤。此外，党在十八大召开以前的相当长一段时间里都将维护党的团结和统一的根本路径归结为"加强组织纪律建设"，党在十八大以来虽然继续将"加强组织纪律建设"作为维护党的团结和统一的重要路径，但创造性地将"加强政治纪律建

---

① 中共中央纪律检查委员会. 中国共产党党风廉政建设文献选编：第1卷[M]. 北京：中国方正出版社，2001：743.
② 中共中央文献研究室. 十八大以来重要文献选编：下[M]. 北京：中央文献出版社，2018：425.
③ 中共中央文献研究室. 十八大以来重要文献选编：下[M]. 北京：中央文献出版社，2018：411.
④ 中共中央纪律检查委员会. 中国共产党党风廉政建设文献选编：第4卷[M]. 北京：中国方正出版社，2001：197.
⑤ 中共中央文献研究室. 十八大以来重要文献选编：上[M]. 北京：中央文献出版社，2014：131-132.

设"作为维护党的团结和统一的根本路径①。十八大以来党在政治纪律建设方面的创新充分诠释了坚持继承延续与推动创造相统一的重要性。

实际上,坚持继承延续与推动创造相统一不仅体现在 2016 年制定的《关于新形势下党内政治生活的若干准则》和政治纪律建设方面,还贯穿在其他纪律建设的方方面面,贯穿在十八大以来其他纪律建设理论创新和实践创新的各方面。例如,在纪律建设总体要求方面,党在十八大以来创造性地将"纪律建设"纳入党的建设总体布局之中,但同时保留了党的十八大召开以前党建布局中的"政治建设""组织建设""思想建设"等内容;创造性地将全面从严治党的"治本之策"归结为加强"纪律建设"②,但同时将"加强政治建设""加强思想建设"等仍然作为全面从严治党的重要策略;创造性地将"廉洁纪律"和"群众纪律"纳入纪律的总体内容之中③,但仍然保留了党的十八大以前的"生活纪律""政治纪律""工作纪律""组织纪律"等纪律内容。在组织纪律建设方面,党在十八大以来创造性地将"按规定向组织请示报告"作为"检验干部是否合格"的"试金石"④,继续保留了把党性状况、领导能力等作为"检验干部是否合格"的既有标准。党在十八大以来推动纪律建设创新的过程中没有抛弃十八大召开以前党的建设领域、特别是纪律建设领域取得的成果,而是对其中没有过时的部分、精华部分进行了充分保留和继承,使十八大以来党的纪律建设和创新建立在无比深厚、无比坚实的根基之上。同样,党在十八大以来推动纪律建设创新的过程中并没有囿于十八大召开以前党的建设领域,特别是党的纪律建设领域取得的成果,而是根据党内外实践情况的新变化以及管党治党新需要对党的纪律条款、纪律监督和纪律执行机制、纪律相关保障机制等进行了大力创新,诞生了一大批新条款、新规定、新机制,实现了党的纪律与纪律建设的与时俱进,为党在十八大以来开展全面从严治党活动和推动党内政治生态实现明显好转提供了坚实的保障。

---

① 中共中央纪律检查委员会,中共中央文献研究室. 习近平关于严明党的纪律和规矩论述摘编 [M]. 北京:中央文献出版社,2016:13.
② 中共中央纪律检查委员会,中共中央文献研究室. 习近平关于严明党的纪律和规矩论述摘编 [M]. 北京:中央文献出版社,2016:9.
③ 中国民族语文翻译局. 中国共产党章程 [M]. 北京:人民出版社,2017:56.
④ 中共中央纪律检查委员会,中共中央文献研究室. 习近平关于严明党的纪律和规矩论述摘编 [M]. 北京:中央文献出版社,2016:41.

党在十八大以来推动纪律建设创新的过程中切实坚持继承延续与推动创造相统一，是尊重事物发展规律的体现，是尊重改革创新规律的体现，是切实坚持贯通"历史—现实—未来"的大历史观的具体体现，使纪律建设与发展始终具有深厚的根基，又始终不会停留于已有的结论和状态，从而确保纪律建设始终充满生机活力，始终发挥好对党员言行的约束力。坚持继承延续与推动创造相统一，是十八大以来党的纪律建设创新取得历史性成就的重要原因，也是十八大以来党的纪律建设创新所孕育的一条重要经验。

（四）坚持理论维度与实践维度相统一

理论与实践是一对永恒的范畴，理论维度与实践维度是包括推动党的纪律建设创新在内的创新领域时常会遵循的基本路径。党在十八大以来推动纪律建设创新不仅遵循了理论维度，还遵循了实践维度，切实坚持了理论维度与实践维度相统一。首先，十八大以来党的纪律建设创新活动是在理论维度与实践维度双向互动中开启的。党在十八大以前形成的纪律建设相关理论对于指导党开展纪律建设的实践活动起到了重要作用，对于形成十八大前后党的纪律建设的实践状态和局面奠定了坚实基础。但是，党外的实践活动状态所发生的新变化对党的凝聚力和战斗力、执政能力等提出了更高要求；党内在实践中出现的组织涣散、纪律松弛、贪污腐败、拉帮结派、官僚作风等严重违反纪律的现象，对党的凝聚力、战斗力和执政能力等也造成了明显的消极影响。党内外实践状态的新变化要求党大力推动纪律建设领域的创新，以此增强对党员、党组织的纪律约束。党的纪律和纪律建设理论与各种机制已经出现了发展滞后、不能有效指导和推动纪律建设实践的问题。正是在理论维度与实践维度双向互动的促动下，党在十八大以来对纪律建设各方面进行了全面、整体的创新。其次，十八大以来党的纪律建设创新在理论维度与实践维度双向互动中取得了丰硕成果。习近平总书记指出："世界每时每刻都在发生变化，中国也每时每刻都在发生变化，我们必须在理论上跟上时代，不断认识规律，不断推进理论创新、实践创新、制度创新、文化创新以及其他各方面创新。"[①] 党在十八大以来依据党内外实践状态的新变化以及党的纪律建设实践的新要求，切实解放思想，在纪律建设的理论创新上取得重要突破。

[①] 中共中央文献研究室.十九大以来重要文献选编：上 [M].北京：中央文献出版社，2019：19.

这些理论创新不仅极大地解放了全党上下的思想，而且为十八大以来党的纪律建设的实践创新提供了科学的理论指导，有助于全党上下更加明白推动纪律建设创新的方向和重点。正是党在纪律建设多方面强化了理论创新力度，并以纪律建设各方面的创新理论指导纪律建设实践创新活动，才推动了纪律建设实践创新同样取得了重大成就。正是因为关于纪律建设的部分理论难以解答党的纪律建设实践领域存在的诸多问题，难以有效指导党的纪律建设领域的实践创新，促使党在十八大以来不断创新纪律建设领域的理论，再以纪律建设领域不断创新的理论来指导和促进十八大以来党的纪律建设领域的实践创新，从而实现了纪律建设理论创新和实践创新的整体突破。

马克思主义哲学是指导各门具体学科不断发展和各类具体领域进行理论和实践创新的总体方法论。作为马克思主义哲学的重要组成部分，辩证唯物主义认识论，即认识与实践的辩证关系原理，是包括党的纪律建设理论创新和实践创新在内的创新领域必然会遵循的方法论，因为无论是党的纪律建设理论创新还是党的纪律建设实践创新在本质上都属于人的认识活动。可见，党在十八大以来推动纪律建设创新的过程中坚持理论维度与实践维度相统一，符合马克思主义哲学原理，是对辩证唯物主义认识论的切实遵循。党在十八大以来纪律建设创新历程充分证明：不及时关注党内外实践情况的新变化可能导致纪律建设的创新失去必要的动力，而不及时审视纪律建设理论是否存在滞后甚至过时的问题可能会导致纪律建设实践创新缺乏必要的思想指导，可能会导致纪律建设实践创新偏离正确方向。同时，在纪律建设创新的过程中只注重理论创新而不注重实践创新，往往会导致难以将纪律建设的新思想新要求落到实处，因为纪律建设新思想新认识必须通过实践层面的机制、措施才能真正变为现实；在纪律建设创新的过程中只注重实践创新而不注重理论创新，往往又会导致纪律建设的实践创新缺乏目标性指引，缺乏思想保障。党只有在纪律建设创新之前以及在创新的过程中都切实坚持理论维度与实践维度相统一，才能在二者的优势互补中更好地推动纪律建设的正确、全面、整体创新，才能更好地实现纪律建设创新的初衷和目标。在纪律建设创新过程中坚持理论维度与实践维度相统一，是十八大以来党的纪律建设创新方面孕育的重要经验。实践创新和理论创新永无止境。继续坚持好理论维度与实践维度相统一，是党在新时代继续开展好纪律建设创新的重要保障。

（五）坚持吸收国内与国外经验相统一

世界上不存在"普世"良方，但存在相互可资借鉴的经验和方案。不光是在科技领域、管理领域，在党的建设领域特别是在党的纪律建设领域也应该实现不同国家间、不同政党间的经验互鉴。党在十八大以来的纪律建设和创新正确处理了国内经验与国外经验的关系，实现了国内经验与国外经验的互鉴与结合。例如，党在纪律建设创新过程中很好地吸收了苏联共产党在纪律建设方面的经验教训。实际上，回顾党的建设史不难发现，中国共产党的纪律建设在一开始就受苏联的影响。例如，共产国际代表马林和赤色职工国际代表尼克尔斯基出席了中共一大。中共二大决定党加入共产国际，成为共产国际的一个支部，接受共产国际的指导。在此情况下，中国共产党的纪律建设创新更容易受苏联共产党纪律建设的影响。毛泽东在全面抗战时期还强调："建设一个全国范围的、广大群众性的、思想上政治上组织上完全巩固的布尔什维克化的中国共产党。"①

党的十八大以来，以习近平同志为核心的党中央充分吸收了苏联共产党在党的建设特别是党的纪律建设方面的基本经验和失误教训，加快了党的纪律建设创新的步伐，强化了纪律建设创新的力度。习近平总书记明确指出："苏联共产党作为一个有着90多年历史、连续执政70多年的大党老党轰然倒塌，其中很重要的一个原因就是政治纪律被动摇了，谁都可以言所欲言、为所欲为。"② 这直接证明了党在十八以来的纪律建设创新过程中确实借鉴了苏联共产党的经验教训。尽管国外资产阶级政党与作为马克思主义执政党的中国共产党在经济基础、性质宗旨、价值追求等方面事实上存在着本质的差别，但由于二者处于"历时态"和"共时态"的事实，使得中国共产党在加强党的建设创新特别是加强党的纪律建设创新的过程中可以吸收西方国家政党建设特别是纪律建设的经验教训。例如，习近平总书记透过西方国家的政党议员要么都投反对票，要么都投赞成票的奇怪现象明确指出："西方国家政党也是要执行纪律的，甚至给予开除处分。"③ 可见，以习近平同志为核心的党中

---

① 毛泽东. 毛泽东选集：第2卷[M]. 北京：人民出版社，1991：602.
② 中共中央文献研究室. 十八大以来重要文献选编：上[M]. 北京：中央文献出版社，2014：134.
③ 中共中央文献研究室. 十八大以来重要文献选编：上[M]. 北京：中央文献出版社，2014：133.

央在十八大以来推动纪律建设创新的过程中的确注重对西方国家政党的纪律建设经验教训的吸收。

实际上，党在十八大以来加强纪律建设创新的过程中，无论是吸收国外社会主义政党的纪律建设经验还是吸收西方国家政党的纪律建设经验，都体现了中国共产党对联系的普遍性和客观性哲学原理的遵循，对政党治理世界性难题及其应对策略的共性与差异性状况的尊重。当然，党在十八大以来加强纪律建设创新的过程中对国外政党纪律建设经验的吸收，还体现了中国共产党开放包容、海纳百川的世界性大党气派以及在进入强起来时代后更加强大的政党自信和制度自信。总之，坚持吸收中国共产党纪律建设的历史经验与吸收国外政党纪律建设的经验相统一，是党在十八大以来推动纪律建设创新所孕育的一条重要经验。

参考文献

一、经典原著和文献资料

[1] 中共中央马克思恩格斯列宁斯大林著作编译局. 马克思恩格斯选集：第1卷 [M]. 北京：人民出版社，2012.

[2] 中共中央马克思恩格斯列宁斯大林著作编译局. 马克思恩格斯文集：第1卷 [M]. 北京：人民出版社，2009.

[3] 中共中央马克思恩格斯列宁斯大林著作编译局. 马克思恩格斯全集：第2卷 [M]. 北京：人民出版社，1957.

[4] 中共中央马克思恩格斯列宁斯大林著作编译局. 马克思恩格斯全集：第21卷 [M]. 第二版. 北京：人民出版社，2003.

[5] 中共中央马克思恩格斯列宁斯大林著作编译局. 列宁专题文集：论无产阶级政党 [M]. 北京：人民出版社，2009.

[6] 中共中央马克思恩格斯列宁斯大林著作编译局. 列宁全集：第2卷 [M]. 北京：人民出版社，2013.

[7] 毛泽东. 毛泽东选集：第1卷 [M]. 北京：人民出版社，1991.

[8] 毛泽东. 毛泽东文集：第2卷 [M]. 北京：人民出版社，1993.

[9] 毛泽东. 毛泽东年谱（1893—1949）：上 [M]. 修订本. 北京：中央文献出版社，2013.

[10] 毛泽东. 毛泽东年谱（1949—1976）：第1卷 [M]. 北京：中央文献出版社，2013.

[11] 邓小平. 邓小平文选：第3卷 [M]. 北京：人民出版社，1993.

[12] 邓小平. 邓小平年谱（1904—1997）：第1卷 [M]. 北京：人民出版社，2019.

[13] 江泽民. 江泽民文选：第1卷 [M]. 北京：人民出版社，2006.

［14］胡锦涛．胡锦涛文选：第1卷［M］．北京：人民出版社，2016．

［15］习近平．习近平谈治国理政：第2卷［M］．北京：外文出版社，2017．

［16］中央档案馆，中共中央文献研究室．中共中央文件选集：第13卷［M］．北京：中共中央党校出版社，1989．

［17］中共中央文献研究室，中央档案馆．建党以来重要文献选编（1921—1949）：第1卷［M］．北京：中央文献出版社，2011．

［18］中共中央文献研究室．建国以来重要文献选编：第5卷［M］．北京：中央文献出版社，1993．

［19］中共中央文献研究室．十六大以来重要文献选编：上［M］．北京：中央文献出版社，2005．

［20］中共中央文献研究室．十七大以来重要文献选编：上［M］．北京：中央文献出版社，2013．

［21］中共中央文献研究室．十八大以来重要文献选编：上［M］．北京：中央文献出版社，2014．

［22］中共中央文献研究室．十九大以来重要文献选编：上［M］．北京：中央文献出版社，2019．

［23］中共中央纪律检查委员会．中国共产党党风廉政建设文献选编（1921—2000）：第8卷［M］．北京：中国方正出版社，2001．

［24］中共中央纪律检查委员会，中共中央文献研究室．习近平关于严明党的纪律和规矩论述摘编［M］．北京：中央文献出版社，2016．

［25］中共中央文献研究室．习近平关于全面从严治党论述摘编［M］．北京：中央文献出版社，2016．

［26］中共中央纪律检查委员会，中共中央文献研究室．习近平关于党风廉政建设和反腐败斗争论述摘编［M］．北京：中央文献出版社，2015．

［27］中央纪委办公厅，中央纪委研究室．党的十四大以来中共中央纪律检查委员会历次全会工作报告汇编［M］．北京：中国方正出版社，2017．

［28］中央纪委办公厅，中央纪委研究室．党的十八大以来中央纪委历次全会工作报告汇编［M］．北京：法律出版社，2016．

［29］中国民族语文翻译局．中国共产党章程［M］．北京：人民出版社，2017．

[30] 中国法制出版社. 党政干部党内监督和纪律处分规定 [M]. 北京：中国法制出版社, 2004.

[31] 中央纪委法规室. 中国共产党纪律处分条例 [M]. 北京：中国方正出版社, 1997.

[32] 中央纪委法规室. 中国共产党纪律处分条例 [M]. 北京：中国方正出版社, 2004.

[33]《中国共产党纪律处分条例》编写组. 中国共产党纪律处分条例 [M]. 北京：中国方正出版社, 2018.

[34]《中国共产党纪律审查工作现行法规规范性文件汇编》编写组. 中国共产党纪律审查工作现行法规规范性文件汇编 [M]. 北京：法律出版社, 2017.

[35] 中共中央纪律检查委员会 中华人民共和国国家监察委员会 党风政风监督室. 纠治"四风"法规制度选编 [M]. 北京：中国方正出版社, 2019.

[36] 中共中央党史研究室第一研究. 联共（布）、共产国际与中国国民革命运动：第1卷 [M]. 北京：中共党史出版社, 2020.

二、地方史料和学术著作

[1] 习近平. 摆脱贫困 [M]. 福州：福建人民出版社, 1992.

[2] 习近平. 干在实处，走在前列：推进浙江新发展的思考与实践 [M]. 北京：中共中央党校出版社, 2006.

[3] 习近平. 之江新语 [M]. 杭州：浙江人民出版社, 2007.

[4] 习近平. 知之深 爱之切 [M]. 石家庄：河北人民出版社, 2015.

[5] 中央党校采访实录编辑室. 习近平的七年知青岁月 [M]. 北京：中共中央党校出版社, 2017.

[6] 中央党校采访实录编辑室. 习近平在正定 [M]. 北京：中共中央党校出版社, 2019.

[7]《梁家河》编写组. 梁家河 [M]. 西安：陕西人民出版社, 2018.

[8] 中共河南省委宣传部学习室. 党政干部三大纪律八项注意讲话 [M]. 郑州：河南人民出版社, 1962.

[9] 中共辽宁省委整党办公室. 怎样加强纪律 [M]. 沈阳：辽宁人民出

版社，1985.

[10] 白文祥. 怎样执行党的纪律 [M]. 沈阳：辽宁人民出版社，1958.

[11] 侯永. 谈谈纪律和自由 [M]. 武汉：湖北人民出版社，1958.

[12] 侯永. 党的纪律和党员的纪律性修养 [M]. 北京：中国青年出版社，1963.

[13] 原中人. 党的纪律漫谈 [M]. 沈阳：辽宁人民出版社，1985.

[14] 中共中央党校科研办公室. 论理想和纪律：马克思主义经典作家和我国领导人言论摘录 [M]. 北京：中共中央党校出版社，1986.

[15] 中共中央纪律检查委员会. 党的纪律检查工作概论 [M]. 北京：中共中央党校出版社，1987.

[16] 冯毅. 党的纪律教育概论 [M]. 北京：中共中央党校出版社，1990.

[17] 沈永社. 党内民主和党的纪律 [M]. 北京：法律出版社，1990.

[18] 魏明铎. 中国共产党纪律检查史 [M]. 石家庄：河北人民出版社，1993.

[19] 王仁琴，凌传茂. 党章学研究 [M]. 北京：党建读物出版社，2000.

[20] 王长江，姜跃. 世界政党比较概论 [M]. 北京：中共中央党校出版社，2003.

[21] 王长江. 政党现代化论 [M]. 北京：人民出版社，2009.

[22] 郑荣华. 中国共产党纪律学 [M]. 北京：人民出版社，2009.

[23] 金吾伦. 创新的哲学探索 [M]. 上海，东方出版中心，2010.

[24] 李君如. 中国共产党建设史：上 [M]. 福州：福建人民出版社，2011.

[25] 王韶兴. 政党政治论 [M]. 济南：山东人民出版社，2011.

[26] 孙占元. 中国共产党理论创新史 [M]. 济南：山东人民出版社，2012.

[27] 余实践. 纪律简说 [M]. 天津：天津社会科学出版社，2012.

[28] 欧阳淞. 党史学基本问题研究 [M]. 北京：中共党史出版社，2014.

[29] 俞可平，托马斯·海贝勒，安晓波. 中共的治理与适应：比较的视

野[M].北京:中央编译出版社,2015.

[30]周敬青.国家治理视角下的中外政党比较研究[M].上海:上海人民出版社,2015.

[31]袁周.政治纪律和政治规矩党员干部读本[M].北京:北京联合出版公司,2015.

[32]张荣臣.马克思主义党的学说史[M].北京:中共中央党校出版社,2016.

[33]王希鹏.中国共产党纪律检查工作概论[M].北京:中国社会科学出版社,2016.

[34]祝猛昌.中国共产党纪律建设的理论与实践[M].北京:北京理工大学出版社,2016.

[35]石国亮.纪律和规矩的底线[M].杭州:浙江人民出版社,2017.

[36]廖冲绪.中国共产党组织纪律建设研究[M].成都:西南交通大学出版社,2017.

[37]中国纪检监察报社.以案示警75个违纪违法典型案例剖析[M].北京:中国方正出版社,2018.

[38]韩庆祥,黄相怀.建设世界上最强大的政党[M].北京:中国人民大学出版社,2018.

[39]沈传亮.党史上的纪律和规矩[M].北京:中国方正出版社,2018.

[40]王湘棣.用纪律和制度说话[M].北京:中国商业出版社,2018.

[41]戚义明.党的纪律建设简史[M].北京:中国方正出版社,2019.

[42]徐嘉.革命时期的纪律故事系列[M].北京:中国方正出版社,2019.

[43]中央纪委国家监委研究室.新中国成立以来党风廉政建设纪事[M].北京:中国方正出版社,2019.

[44]季珐彦.党纪与国法的对话:违纪行为与违法犯罪行为比较分析[M].北京:中国方正出版社,2019.

三、期刊论文

[1]李晓明.从行政监察到国家监察及其学科原理的建构[J].法治研

究，2021（1）：60-68.

[2] 赵慧礼. 新时代党的纪律建设：问题症候、成因分析、实践进路：以运行机理为视域 [J]. 理论导刊，2020（12）：36-44.

[3] 吴瑛琪. 党的纪律建设制度化的实现路径 [J]. 党的建设，2020（10）：11-19.

[4] 吕品. 党规严于国法：主要依据、基本要求和践行原则 [J]. 理论探索，2020（6）：47-53.

[5] 刘佳，韩强. 海外中国共产党党内法规制度建设研究 [J]. 国外理论动态，2020（5）：162-169.

[6] 张瑞. 改革开放以来党内政治生活准则的演进：基于新旧《准则》的文本比较研究 [J]. 当代世界社会主义问题，2020（2）：50-56.

[7] 马福运，上官楚瑜. 中国共产党党内政治文化的内涵、要素及其建构 [J]. 思想教育研，2019（9）：47-52.

[8] 费优芬. 列宁关于无产阶级政党铁的纪律思想及其现实启示 [J]. 科学社会主义，2019（7）：5-9.

[9] 刘洁，王雯姝. 习近平关于提高党的建设质量思想的提出及时代内涵 [J]. 理论视野，2019（6）：39-45.

[10] 赵付科，季正聚. 习近平关于提高党的建设质量重要论述的辩证统一性 [J]. 中共中央党校（国家行政学院）学报，2019（5）：5-11.

[11] 唐皇凤，任婷婷. 新中国70年中国共产党的自我革命：实践历程、基本经验与战略路径 [J]. 江苏社会科学，2019（5）：4-12.

[12] 单伟. 从自我革命的视角探析全面推进党的建设 [J]. 党的文献，2019（5）：24-29.

[13] 中央纪委国家监委纪检监察干部监督室. 加强政治建设　强化自我监督 [J]. 中国纪检监察，2019（4）：26.

[14] 蔡志强. 党的纪律建设与政德建设的理论与实践逻辑 [J]. 中共福建省委党校学报，2019（4）：64-73.

[15] 廖秀健，雷浩伟. 完善中国共产党党内法规解释体系 [J]. 长白学刊，2019（4）：80-86.

[16] 刘卫东，王建华. 新时代党的纪律建设的生成动因与实践要求 [J]. 中共福建省委党校学报，2019（1）：24-31.

[17] 韩强．海外学者对改革开放以来中国共产党执政规律的研究评析[J]．治理现代化研究，2019（2）：38-44．

[18] 夏静雷，金民卿．中央苏区党的政治纪律建设研究[J]．河南师范大学学报（哲学社会科学版），2019（2）：15-21．

[19] 包心鉴．新时代加强党的政治建设的理论逻辑[J]．理论与改革，2019（1）：1-5．

[20] 夏金梅，杨柳缨子．英美主流媒体对中国共产党的认知与评价[J]．红旗文稿，2018（15）：13-15．

[21] 刘舒．新时代党的纪律建设的内在逻辑与功能定位[J]．学习与实践，2018（12）：44-50．

[22] 戚义明．着力提高党的纪律建设的政治性[J]．党建研究，2018（12）：49-50．

[23] 廖建宇．用铁的纪律管党治党[J]．党建研究，2018（11）：12-14．

[24] 中共中央对外联络部研究室．转折性变化 历史性提升：国外政党眼中中国改革开放以来党的建设[J]．当代世界，2018（11）：4-8．

[25] 管仕廷．党的纪律规矩视阈中的特权现象及其防治之道[J]．理论学刊，2018（9）：4-9．

[26] 韩云霄，王树荫．中共五大对加强纪律建设的探索与创新[J]．北京党史，2018（5）：22-26．

[27] 张世飞，齐永悦．改革开放以来中国共产党加强纪律建设的历程与经验[J]．北京党史，2018（5）：27-32．

[28] 陈世润，胡喜如，陈晨．论习近平纪律立党新理念[J]．科学社会主义，2018（5）：78-84．

[29] 李斌雄，魏新欣．改革开放以来中国共产党纪律处分制度的重大发展[J]．探索，2018（5）：101-111．

[30] 高建民．论改革开放40年来党的纪律建设[J]．学术论坛，2018（5）：68-74．

[31] 陶季邑．国外对中国共产党新时代党内法规建设的积极评价及其意义[J]．武汉科技大学学报（社会科学版），2018（5）：497-502．

[32] 陈海燕，王晨．新时代全面从严治党的价值认知与实践推进[J]．

当代世界社会主义问题，2018（3）：3-13.

[33] 张灿. 列宁无产阶级政党的纪律思想及其现实启示［J］. 社会主义研究，2018（3）：12-17.

[34] 杨晓曦. 公共服务动机视角下党政干部纪律约束制度研究［J］. 河南社会科学，2017（6）：70-74.

[35] 洪江如. 新形势下必须坚定的守纪律和讲规矩：深入学习习近平总书记关于严明党的纪律和规矩的重要论述［J］. 安徽理工大学学报（社会科学版），2017（5）：19-24.

[36] 陈世润，胡喜如. 中国共产党纪律检查的历史沿革、特点与经验［J］. 南昌大学学报（人文社会科学版），2017（4）：38-44.

[37] 钟宪章. 中国共产党加强纪律建设的历程与经验研究［J］. 中共福建省委党校学报，2017（4）：40-46.

[38] 陈坚. 十八大以来中共关于严明党纪重要思想述略［J］. 中共党史研究，2017（2）：14-21.

[39] 杨莉芸. 新形势下依规治党的关键及实现路径［J］. 长白学刊，2017（2）：16-20.

[40] 王芳. 习近平总书记关于纪律建设的新认识新思路新举措［J］. 中国领导科学，2017（1）：39-41.

[41] 刘焕明. 坚持纪在法前推动纪法衔接［J］. 红旗文稿，2016（24）：17-18.

[42] 祝猛昌. 改革开放以来中国共产党纪律建设历史经验［J］. 社科纵横，2016（11）：5-9.

[43] 郝潞霞. 习近平对党的纪律建设思想的理论创新［J］. 思想理论教育导刊，2016（10）：40-46.

[44] 魏晓文，魏梓桐. 习近平全面从严治党思想的理论创新［J］. 理论探讨，2016（6）：106-111.

[45] 陶厚勇. 中国共产党党纪建设的历史探索与现实要求［J］. 理论学刊，2016（6）：48-51.

[46] 苑秀丽. 新形势下加强党的纪律建设的思考［J］. 中国特色社会主义研究，2016（1）：100-104.

[47] 赵绪生. 严明党的纪律和规矩必须处理好四个关系［J］. 理论视

野，2016（1）：35-37.

[48] 丁俊萍. 党的纪律建设的历史考察［J］. 武汉大学学报（人文科学版），2016（1）：22-27.

[49] 齐卫平. 党的十八大以来推进全面从严治党的新理念［J］. 中国井冈山学院学报，2016（2）：28-34.

[50] 何毅亭. 加强纪律建设是全面从严治党的治本之策［J］. 中国纪检监察，2016（1）：47-48.

[51] 龚上华. 健全党员干部守纪律讲规矩的刚性约束机制［J］. 浙江学刊，2016（1）：26-30.

[52] 汤涛. 党在创建时期和大革命时期加强纪律建设的启示［J］. 上海党史与党建，2015（10）：8-10.

[53] 郑永年. 不能有官场新秩序已建成的麻痹思想［J］. 人民论坛，2015（4）：23-25.

[54] 刘汉峰，管永前. 党的纪律文化研究［J］. 前线，2015（2）：46-48.

[55] 孔根红. 全球视野中的中国共产党［J］. 求是，2013（19）：56-58.

[56] 郑永年，陈超. 新时期的中国共产党：挑战与机遇［J］. 武汉大学学报（哲学社会科学版），2013（3）：10-18.

[57] 袁志平，周奕韵，白璇煜. 严明党的纪律：历史经验启示探寻［J］. 上海党史与党建，2013（2）：22-25.

[58] 胡键. 中国共产党需要在新的情况下进行调适：对话乔治·华盛顿大学沈大伟教授［J］. 社会观察，2012（4）：20-21.

后 记

2017年9月，我在工作两年后重新回到中国人民大学马克思主义学院学习，成为马克思主义中国化研究方向的一名博士研究生，师从王向明教授。直到2021年7月博士毕业来到中共中央宣传部《党建》杂志社工作，我在中国人民大学的校园里度过了将近四个春秋。我们这一届博士毕业生亲身经历和亲眼见证了历史上的几件大事：抗击突如其来的新冠肺炎疫情，全面脱贫攻坚取得决定性胜利，共同迎来全面建成小康社会的伟大时刻。凡此过往，皆成序章。但是每每回想起那一幕幕、一帧帧，我们的内心还是会为之颤动，变得柔软起来。或许，只有切身体悟到人民至上的家国情怀，才能在心底沉淀下"没有国哪有家"的坚定信念；只有身处这个伟大变革的时代，才能在心田间回荡着"我爱你，中国"的真挚情怀。艰难困苦，玉汝于成。这些磨难终究会成为一种历练，转化成激励我们前行的无限动力。虽然无法白衣为甲，奔赴战"疫"第一线；虽然与病毒学研究隔行甚远，无法攻克相关的科研难题；虽然身处学堂，无法用脚步丈量广袤的祖国大地，但这些载入史册的大事件所传递的久久感动和持续的正能量，激励着我笔耕不辍，勇往直前，使我笃信：这世间，没有不可逾越的困难，没有不可攀登的高峰。

在王向明老师的指导下，我选定"十八大以来党的纪律建设理论与实践创新研究"作为博士论文的题目。2019年9月30日，在欧阳奇老师担任组长的开题答辩组通过正式开题答辩后，我进行了更加全面的资料收集、更加深入的资料阅读与分析工作，并进行了艰苦的论文撰写工作。2021年1月22日，在郑吉伟老师担任组长的预答辩组通过毕业论文预答辩后，我结合专家的意见对毕业论文进行了认真修改，并在学校组织的外审中获得了较好的成绩。2021年5月17日，郑吉伟老师担任主席的包括韩振峰老师、邱吉老师、杨生平老师、祝志男老师、韩海涛老师在内的答辩委员会正式通过答辩后，我结合专家的意见对毕业论文的格式和一些表述进行了细致修改。博士论文"十八大以来党的纪律建设理论与实践创新研究"总字数达到20余万字。在正式出版前，我花了大量时间和精力对书稿进行数据资料更新，对有些表述进行了反复推敲和打磨，对注释、参考文献的格式进行了认真修改。

能将博士论文在修改的基础上得以出版，我感到非常开心！遵循注重运用经典作家的相关论述分析问题、注重在尚付阙如的问题上投入更多精力、注重对实证研究法和比较研究法的运用、注重将研究视野由国内向国际拓展延伸等科学进路和方法，书中在探讨十八大以来党的纪律建设创新的内在机理，十八大以来党的纪律建设的理论创新、实践创新、保障机制创新以及十八大以来党的纪律建设创新特点与经验等方面的研究取得了实质突破，为进一步深化新时代党的纪律建设的相关问题研究打下了良好基础。由于笔者研究能力和水平有限，书中还存在一些不到位之处，还请各位专家学者和读者朋友多加批评指正！

这本书不仅承载了我个人在研究新时代党的纪律建设创新方面的一些收获和体会，还蕴含着指导、关心和帮助我的很多人的付出和心血。衷心感谢王向明、徐志宏、郑吉伟、王海军、韩振峰、杨生平、邱吉、祝志男、欧阳奇、韩海涛、张飞岸等师长对本书的直接指导和帮助。衷心感谢光明日报出版社刘玉洁编辑提供的诸多帮助。衷心感谢爱人张廷广在资料收集、思路形成、格式修改、后勤保障等方面给予我的无私支持和帮助。

王孟秋
2023 年 5 月 10 日
于良乡东路 56 号